SCHRIFTEN
n internationalen und zum öffentlichen
RECHT

Herausgegeben von Gilbert Gornig

Band 85

PETER LANG

urt am Main · Berlin · Bern · Bruxelles · New York · Oxford · Wien

Rechtsnachfolge bei zwischenstaatlich

zu

Frank

Tobias Nord

Rechtsnachfolge bei zwischenstaatlichen Organisationen

PETER LANG
Internationaler Verlag der Wissenschaften

Bibliografische Information der Deutschen Nationalbibliothek
Die Deutsche Nationalbibliothek verzeichnet diese Publikation in der Deutschen Nationalbibliografie; detaillierte bibliografische Daten sind im Internet über http://dnb.d-nb.de abrufbar.

Zugl.: Marburg, Univ., Diss., 2009

Gedruckt auf alterungsbeständigem,
säurefreiem Papier.

D4
ISSN 0943-173X
ISBN 978-3-631-59742-2

www.peterlang.de

„Rechtsnachfolge bei zwischenstaatlichen Organisationen“

Inaugural-Dissertation
zur
Erlangung der juristischen Doktorwürde

dem

Fachbereich Rechtswissenschaften
der Philipps-Universität zu Marburg

vorgelegt von

Tobias Nord

Rechtsassessor aus Marburg

Marburg
2009

Druck von Peter Lang Verlag in Frankfurt am Main

Als Dissertation von dem Fachbereich Rechtswissenschaften

angenommen am:	**06.05.2009**
Berichterstatter:	**Professor Dr. Dr. h.c. Gornig**
Mitberichterstatter:	**Professor Dr. Safferling**
Tag der mündlichen Prüfung:	**20.05.2009**

Meinen Eltern

„Der göttliche Baumeister der Erde hat die Menschheit nicht geschaffen als ein gleichförmiges Ganzes. Er gab den Völkern verschiedene Blutströme, er gab ihnen als Heiligtum ihrer Seele ihre Muttersprache, er gab ihnen als Heimat Länder verschiedener Natur. Aber es kann nicht der Sinn einer göttlichen Weltordnung sein, dass die Menschen ihre nationalen Höchstleistungen gegeneinander kehren und damit die allgemeine Kulturentwicklung immer wieder zurückwerfen. Der wird der Menschheit am meisten dienen, der, wurzelnd im eigenen Volk, das ihm seelisch und geistig Gegebene zur höchsten Bedeutung entwickelt und damit, über die Grenzen des eigenen Volkes hinauswachsend, der ganzen Menschheit etwas zu geben vermag, wie es die Großen aller Nationen getan haben, deren Namen in der Menschheitsgeschichte niedergeschrieben sind. So verbindet sich Nation und Menschheit auf geistigem Gebiet, so kann sie sich auch verbinden in politischem Streben, wenn der Wille da ist, in diesem Sinne der Gesamtentwicklung zu dienen."

(Aus der Rede des Außenministers Stresemann bei der Aufnahme Deutschlands in den Völkerbund am 10. September 1926)

Vorwort

Die vorliegende Arbeit wurde im Sommersemester 2009 vom Fachbereich Rechtswissenschaften der Philipps-Universität Marburg als Dissertation angenommen.

Ich möchte mich an dieser Stelle bei allen, welche mich bei der Durchführung meiner Arbeit unterstützt haben, herzlich bedanken.

Ganz besonders danke ich meinem Doktorvater, Herrn Professor Dr. Dr. h.c. mult. Gilbert Gornig, Professor für Öffentliches Recht, Völkerrecht und Europarecht an der Philipps-Universität Marburg.

Für die Erstellung des Zweitgutachtens bedanke ich mich herzlich bei Herrn Professor Dr. Safferling, Professor für Strafrecht, Strafprozessrecht, Internationales Strafrecht und Völkerrecht.

Schließlich danke ich meinen Eltern für ihre moralische und finanzielle Unterstützung bei der Fertigstellung meiner Arbeit.

Marburg, im Oktober 2009

Tobias Nord

Inhaltsverzeichnis

Abkürzungsverzeichnis

AJIL	American Journal of International Law
ALADI	Latin American Integration Association
ALALC	Asociación Latinoamericana de Libre Comercio
Anm.	Anmerkung
Art.	Artikel
AU	African Union
BGB	Bürgerliches Gesetzbuch
BGH	Bundesgerichtshof
BIRPI	Bureaux Internationaux Réunis pour la Protection de la Propriété Intellectuelle
Bull.	Bulletin
CARICOM	Caribbean Community
CARIFTA	Caribbean Free Trade Association
CCIF	International Telephone Consultative Committee
CCIT	International Telegraph Consultative Committee
C.E.E.C.	Committee of European Economic Co-operation
COFAP	Council for Finance and Planning
COFCOR	Council for Foreign and Community Relations
COHSOD	Council for Human and Social Development
COTED	Council for Trade and Economic Development
CSCE	Conference on Security and Co-operation in Europe
CSME	CARICOM Single Market and Economy
DDR	Deutsche Demokratische Republik
DVBl.	Deutsches Verwaltungsblatt
ECA	American Economic Co-operation Administration
EFTA	European Free Trade Association
EG	Europäische Gemeinschaft

EGKS	Europäische Gemeinschaft für Kohle und Stahl
EGV	Vertrag zur Gründung der Europäischen Gemeinschaft vom 25.03.1957
ENEA	European Nuclear Energy Agency
EPIL	Encyclopedia of Public International Law
ERP	European Recovery Program
etc.	et cetera
EuGH	Gerichtshof der Europäischen Gemeinschaften
EWG	Europäische Wirtschaftsgemeinschaft
f.	folgende
FAO	Food and Agriculture Organisation
ff.	fortfolgende
Fn.	Fußnote
FS	Festschrift
FSK	Forum für Sicherheitskooperation
GATT	General Agreement on Tariffs and Trade
GPU	General Postal Union
HS	Halbsatz
IAEA	International Atomic Energy Agency
ICEM	Inter-Governmental Committee for European Migration
ICJ	International Court of Justice
i. d. R.	in der Regel
IEA	International Energy Agency
i. e. S.	im eigentlichen Sinne
IFTU	International Radiotelegraph Union
IGH	Internationaler Gerichtshof
IIA	International Institute of Agriculture
ILO	International Labour Orgnaization (Internationale Arbeitsorganisation)
IMO	International Meteorological Organization
IRO	International Refugee Organization
i. S. d.	im Sinne des
ITO	International Trade Organisation
ITU	International Telegraph Union (vor 1932)
ITU	International Telecommunication Union (nach 1932)
JuS	Juristische Schulung
JZ	JuristenZeitung
KSZE	Konferenz für Sicherheit und

	Zusammenarbeit in Europa
KVZ	Konfliktverhütungszentrum
LAFTA	Latin American Free Trade Association
lit.	littera
MERRCAC	Middle Eastern Regional Radioisotope Centre for the Arab Countries
NGO	Non-Governmental Organization
NJW	Neue Juristische Wochenschrift
OAS	Organization of American States
OAU	Organization of African Unity
OECD	Organisation for Economic Co-operation and Development
OEEC	Organisation for European Economic Co-operation
OIHP	Office international d'hygiène publique
OSZE	Organisation für Sicherheit und Zusammenarbeit in Europa
PCIJ	Permanent Court of International Justice
PVÜ	Pariser Verbandsübereinkunft
R-CARICOM- Übereinkommen	revisioniertes CARICOM-Übereinkommen
Rn.	Randnummer
S.	Seite
s. a.	siehe auch
s.o.	siehe oben
St.	Sankt
StIGH	Ständiger Internationaler Gerichtshof
UdSSR	Union der Sozialistischen Sowjetrepubliken
UN	United Nations
UNDP	United Nations Development Programme
UNHCR	UN High Commissioner for Refugees
UNIDO	United Nations Development Organization
UNO	United Nations Organization
UNRRA	United Nations Relief and Rehabilitation Administration
UNTS	United Nations Treaty Series
UNYB	United Nations Yearbook
UPU	Universal Postal Union
US	United States
USA	United States of America
Verf.	Verfasser
vgl.	vergleiche
Vorbem.	Vorbemerkung

VRÜ	Verfassung und Recht in Übersee
VwVfG	Verwaltungsverfahrensgesetz
WEU	Westeuropäische Union
WFP	World Food Programme
WHO	World Health Organization (Weltgesundheitsorganisation)
WIPO	World Intellectual Property Organization
WMO	World Meteorological Organization
z.B.	zum Beispiel

A. Einleitung

I. Themenüberblick und Darstellung der Begrifflichkeiten

Immer wieder in der Geschichte haben sich Staaten zwecks Erreichung gemeinsamer Ziele zusammengeschlossen und diese Ziele und die Wege zu ihrer Erreichung vertraglich kodifiziert. Bedingt durch den starken wirtschaftlichen Aufschwung der letzten 150 Jahre und die damit einhergehenden Veränderungen und Anforderungen in Bezug auf Außenpolitik sowie die enorme Steigerung der Vernichtungskraft der Waffen ließen den Bedarf für internationale Zusammenschlüsse enorm ansteigen.[1] Hinzu trat die Erkenntnis, dass manche klassischen Aufgaben aufgrund ihres „staatenübergreifenden Charakters nicht länger von den einzelnen Staaten allein bewältigt werden konnten" und dass diese folglich eine neue Ebene der institutionalisierten zwischenstaatlichen Zusammenarbeit benötigten.[2] Im Laufe der Zeit kann es jedoch vorkommen, dass sich die Anforderungen an Internationale Organisationen wandeln oder dass ihre Mitglieder mit der bisherigen Zielsetzung der Organisation nicht mehr einverstanden sind. Dies zieht in aller Regel Reformen nach sich.

Wenn grundsätzlich einmal der Bedarf für zwischenstaatliche Zusammenarbeit in einem Gebiet besteht, überlebt diese meistens auch gravierende politische Veränderungen, weswegen eine grundsätzliche Vermutung für den Fortbestand der Rechtspersönlichkeit der Organisation spricht.[3] Dies ist damit zu erklären, „dass die Umstände, die zur Gründung einer Organisation geführt haben, sich nur äußerst selten dergestalt ändern, dass die Rücknahme der von der Organisation übernommenen Aufgaben in den Kompetenzbereich der Mitgliedsstaaten als wünschenswert erscheint".[4]

Finden daher Veränderungen im Existenzgefüge Internationaler Organisationen statt, so stellt sich die Frage, wie diese juristisch zu bewerten sind. Es gilt zu klären, ob eine Internationale Organisation tatsächlich weiterexistiert, oder aber ob

---

1 Seidl-Hohenveldern / Loibl, Internationale Organisationen, Rn. 0101.

2 Hobe / Kimminich, Völkerrecht, S. 123; Kokott / Doehring / Buergenthal, Grundzüge, Rn. 73.

3 Seidl-Hohenveldern / Stein, Völkerrecht, Rn. 829.

4 Seidl-Hohenveldern / Wolfrum, Lexikon des Rechts, S. 191.

es sich um eine Funktionsnachfolge handelt, bei der lediglich die Aufgaben und Zielsetzungen durch eine andere, neu gegründete Organisation übernommen werden, ohne dass Rechtsidentität besteht. Für einen solchen Fall muss Klärung finden, ob Sonderorganisationen Internationaler Organisationen weiter bestehen sollen, was mit bestehendem Eigentum (z.B. Stiftungen, Bibliotheken, Immobilien, Barvermögen etc.) geschehen soll, wer für eventuelle Verbindlichkeiten aufkommen soll und inwieweit Verträge, durch bzw. an welche die Organisation gebunden ist, weiterhin Rechte und Pflichten erzeugen. Insbesondere ist ungeklärt, ob Schulden auf Nachfolgeorganisationen übergehen.[5]

II. Begriff der Rechtsnachfolge im Völkerrecht

Rechtsnachfolge wird ganz allgemein definiert als der „Übergang von Rechten und Pflichten auf eine andere Person"[6] bzw. die „Nachfolge einer anderen Person in Bezug auf ein Recht", wobei es sich um Sonderrechtsnachfolge (Singularsukzession) oder um Gesamtrechtsnachfolge (Universalsukzession) handeln kann.[7] Die Rechtsnachfolge resultiert immer aus einer Rechtsübertragung.[8] Unter Bezugnahme auf das deutsche öffentliche Recht wird als Beispiel für die Universalsukzession die Auflösung oder der Wegfall einzelner Behörden oder Verwaltungsträger angeführt. Sollten als Folge des Wegfalls von Behörden oder Kraft Gesetzes Aufgaben auf andere Behörden übergehen, so wird von Funktionsnachfolge gesprochen, welche im deutschen Recht „im Zweifel den entschädigungslosen Übergang des zugehörigen Verwaltungsvermögens zur Folge hat".[9] Unter Staatensukzession oder Staatennachfolge versteht man ganz allgemein die Tatsache, „dass ein Staat in eine Rechtsposition einrückt, die vorher ein anderer Staat innegehabt hat".[10] Rechtsnachfolge zwischen Internationalen Organisationen findet dementsprechend immer dann statt, wenn die Funktionen als auch die Rechte und Pflichten von einer Internationalen Organisation auf eine andere übertragen werden.[11] Neben den Funktionen, Rechten und Pflichten einer Organisation sind auch Aktiva (z.B. Bibliotheken, Fonds, Grundeigentum, Bar-

---

5 Klabbers, Introduction, S. 329, 330; Shaw, International Law VI, S. 1331.
6 Alpmann / Brockhaus, Fachlexikon Recht, S. 1062
7 Köbler, Juristisches Wörterbuch, S. 341.
8 Creifelds / Weber, Rechtswörterbuch, S. 938.
9 Tilch / Arloth, Band III, S. 3487.
10 Menzel, Staatensukzession, S. 306.
11 Myers, Succession, S.12, Shaw, International Law VI, S. 1331.

vermögen) und Passiva (Verbindlichkeiten) Gegenstand von Rechtsnachfolgetatbeständen.[12] Echte Rechtsnachfolgetatbestände zwischen Internationalen Organisation bestehen nur dann, wenn eine Organisationen aufhört zu existieren, was entweder durch vertraglichen Zeitablauf (die EGKS war z.B. auf eine Laufzeit von 50 Jahren ausgelegt und endete gemäß Art. 97 EGKS-Vertrag am 23. Juli 2002) oder durch (einen neuen, zusätzlichen) Vertrag der Mitgliedsstaaten geschehen kann und eine andere, nicht notwendig gerade neu gegründete Organisation den Aufgabenbereich der ersten übernimmt. Kein Rechtsnachfolgetatbestand ist hingegen gegeben, wenn lediglich der Name einer Organisation geändert wird, bezüglich der Rechtspersönlichkeit jedoch Identität vorliegt, also keine neue Organisation geschaffen wurde bzw. die Aufgaben, Funktionen, Rechte, Pflichten, Aktiva und Passiva der ursprünglichen Organisation von keiner anderen übernommen wurden.

III. Formen der Rechtsnachfolge

Die Rechtsnachfolge im Völkerrecht kann in verschiedenen Arten und Formen[13], auf die später anhand praktischer Beispiele weiter eingegangen werden soll, vollzogen werden. So können lediglich einzelne Teile oder Organe einer Organisation aus dieser herausgetrennt und in eine andere eingebracht bzw. an diese übertragen[14] oder zu einer eigenständigen Organisation ausgebaut werden (so wie die UNIDO, welche 1979 zu einer UN (United Nations)-Sonderorganisation wurde).[15] Auch kann eine Internationale Organisation schlichtweg durch eine andere ersetzt werden, wobei die erste untergeht (Völkerbund und UN). Weiterhin gibt es die Fusion durch Übernahme sowie die Verschmelzung oder die Trennung durch Abspaltung eines Teils einer Organisation.[16] Generell kann von einer Fusion oder Verschmelzung gesprochen werden, wenn zumindest zwei Internationale Organisationen, welchen unterschiedliche Funktionen und daher ein unterschiedliches Leistungsvermögen zukommt und welche in Bereichen tätig sind, die miteinander verwandt sind, miteinander vereinigt werden. Dies muss weiterhin in einer Art und Weise geschehen, in der die

---

12 Seidl-Hohenveldern / Loibl, Internationale Organisationen, Rn. 0825.
13 Vgl. insgesamt Sands / Klein, Bowett's Law, Rn. 15-110, S. 527.
14 Shaw, International Law VI, S. 1331.
15 Sands / Klein, Bowett's Law, Rn. 15-110, S. 527.
16 Sands / Klein, Bowett's Law, Rn. 15-110, S. 527; Shaw, International Law VI, S. 1331.

Organisationen aufgelöst und durch eine neue ersetzt werden, die Elemente von jeder der Vorgängerorganisationen in sich vereint.[17] Schließlich können auch bloß ausgewählte Funktionen zwischen Internationalen Organisationen übertragen werden[18], so z.B. die sozialen und kulturellen Funktionen der WEU, welche auf den Europarat übertragen wurden.[19] Festzuhalten bleibt insgesamt, dass sich Rechtsnachfolgetatbestände in verschiedenster und unterschiedlichster Art und Weise zeigen. Ob tatsächlich ein Rechtsnachfolgetatbestand vorliegt bzw. welche Fallgruppe gegeben ist, erscheint nicht immer eindeutig und bedarf i. d. R. genauerer Untersuchung und Betrachtung.

IV. Internationale Organisationen

Zwecks Bearbeitung des fraglichen Themengebiets bietet es sich an, den Begriff der Internationalen Organisationen eingehend zu erörtern.

1. Definition

Es wird Bezug genommen auf zwischenstaatliche Internationale Organisationen, sog. "Intergovernmental Organizations"[20]. Diese sind zu unterscheiden von den nicht-staatlichen Organisationen (sog. "Non-Governmental Organizations", auch "NGOs"). Nicht-staatliche Organisationen werden nach innerstaatlichem Recht gegründet und unterliegen als Folge dessen auch dem innerstaatlichen Recht.[21]

Für den Begriff der „Internationalen Organisation" im Sinne einer "Intergovernmental Organization", also einer zwischenstaatlichen Organisation, gibt es verschiedene Definitionen.

So werden sie als „auf Dauer angelegte Vereinigungen von zumindest zwei Staaten auf dem Gebiet des Völkerrechts, welche Aufgaben selbständig wahrnehmen können und über eigene handlungsbefugte Organe verfügen", beschrie-

[17] Myers, Succession, S. 28.
[18] Shaw, International Law VI, S. 1331.
[19] Sands / Klein, Bowett's Law, Rn. 15-110, S. 527.
[20] Herdegen, Völkerrecht, § 10, Rn. 1; vgl. hierzu auch Art. 2 I lit. i. WVRK vom 23. Mai 1969: „international organization means an intergovernmental organization."
[21] Kokott / Doehring / Buergenthal, Grundzüge, Rn. 71.

ben.[22] Zwischenstaatliche Internationale Organisationen werden ferner als „auf Dauer angelegte Zusammenschlüsse mindestens zweier Staaten, denen durch einen völkerrechtlichen Gründungsakt von ihren Mitgliedern Aufgaben zur selbständigen Ausführung übertragen werden und die hierfür über mindestens je zwei handlungsfähige Organe“ verfügen, bezeichnet.[23] Schließlich werden internationale staatliche Organisationen definiert als Verbindungen von Völkerrechtssubjekten durch und auf der Grundlage einer völkerrechtlichen Willenseinigung, welche nicht zwangsweise ein völkerrechtlicher Vertrag sein muss, in der sowohl die Ziele des Zusammenschlusses, als auch die Prinzipien der Zusammenarbeit festgesetzt werden, wobei die Organisation zumindest über ein Organ verfügt, in welchem sich ihr Willensbildungsprozess vollzieht. Hiernach können alle Völkerrechtssubjekte, also auch Internationale Organisationen, selbst Mitglieder von Internationalen Organisationen sein.[24] Als Beispiel hierfür kann das Middle Eastern Regional Radioisotope Centre for the Arab Countries (MERRCAC) angeführt werden, in dem neben verschiedenen arabischen Staaten auch die IAEA Mitglied ist.[25] Insgesamt kommt es jedoch nur sehr selten vor, dass Internationale Organisationen anderen Internationalen Organisationen beitreten.[26]

Andere Autoren geben mit Verweis auf die Vertragsfreiheit keine genaue Information über die Mindestanzahl der Organe einer Internationalen Organisation, es wird lediglich festgestellt, dass eine Internationale Organisation solche haben muss.[27] Tatsächlich benötigt eine Internationale Organisation jedoch zumindest ein Organ, um kommunizieren zu können. So wird wohl die Anforderung zu stellen sein, dass jede Internationale Organisation über zumindest ein Organ verfügen muss.

---

22 Ipsen, Völkerrecht, § 6, Rn. 3 ff., Hobe / Kimminich, Völkerrecht, S. 124.
23 Bleckmann, Völkerrecht, Rn. 137; Stein / von Buttlar, Völkerrecht, Rn. 367.
24 Seidl-Hohenveldern / Wolfrum, Lexikon des Rechts, S. 189.
25 S. a. Seidl-Hohenveldern / Loibl, Internationale Organisationen, Rn. 0825a.
26 Dies dürfte vor allem mit der Tatsache zu erklären sein, dass die Mitgliedstaaten der beitretenden Organisation dann ihre Sitze in der Organisation, der beigetreten wird, aufgeben müssten, denn sie üben die ihnen zustehenden Rechte ja bereits mittelbar über die neu beigetretene Organisation aus und würden selbige sonst doppelt wahrnehmen. Dies wäre aufgrund der Notwendigkeit zu Kompromissen mit den anderen Mitgliedstaaten der beigetretenen Organisation mit einem Verlust an Einfluss in der Organisation, der beigetreten wird, verbunden, vgl. Seidl-Hohenveldern / Loibl, Internationale Organisationen, Rn. 0825a.
27 Doehring, Völkerrecht, Rn. 204.

Die oftmals genannte Forderung nach Zusammenschlüssen von zumindest zwei Staaten wird von anderer Seite nicht als unbedingtes „Muss“ gesehen, sondern dürfte wohl eher ein deskriptives als ein präskriptives Merkmal sein. So können Internationale Organisationen, wie auch von Seidl-Hohenveldern vertreten, ausschließlich von anderen Organisationen gegründet werden, theoretisch müsste kein einziger Staat Mitglied sein.[28] Als Beispiel kann hier das von UNO und FAO gemeinsam geschaffene WFP (World Food Programme) dienen, welches allerdings noch keine Rechtspersönlichkeit besitzt.[29] Die Rechtspersönlichkeit könnte jedoch durch Vertrag seitens der „Gründerorganisationen“ jederzeit entstehen und das Programm somit zu einer Internationalen Organisation erstarken.

Insgesamt kann festgehalten werden, dass zwischenstaatliche Internationale Organisationen durch einen, wie auch immer gearteten, Gründungsakt zumindest zweier (Völker-) Rechtspersönlichkeiten geschaffen werden müssen. Des Weiteren müssen sie auf jeden Fall ein Organ haben, um handlungsfähig zu sein. Zumindest Staaten müssen Mitglieder sein, für andere Völkerrechtssubjekte ist die Mitgliedschaft nicht generell ausgeschlossen. In Bezug auf die Art und Anzahl der Organe und die Qualität der Mitglieder kann mithin auf die Vertragsfreiheit im Völkerrecht verwiesen werden.[30]

Schließlich sind Internationale Organisationen von gemeinsamen zwischenstaatlichen Unternehmen (inter-state enterprises), welche von obiger Definition ausgenommen sind, abzugrenzen. Letztere können ebenfalls auf Grundlage von völkerrechtlichen Vereinbarungen zustandekommen, dienen letztlich allerdings fiskalischen Zwecken und unterliegen daher nicht dem Völkerrecht, sondern dem Staatsrecht eines oder gleich mehrerer Staaten.[31]

---

28 Schermers / Blokker, International Institutional Law, § 81; Kokott / Doehring / Buergenthal, Grundzüge, Rn. 72.

29 Seidl-Hohenveldern / Loibl, Internationale Organisationen, Rn. 0825.

30 Doehring, Völkerrecht, Rn. 204; Stein / von Buttlar, Völkerrecht, Rn. 369.

31 Seidl-Hohenveldern / Wolfrum, Lexikon des Rechts, S. 189; Sands / Klein, Bowett's Law, Rn. 1-029, S. 16.

2. Rechtsfähigkeit

a. Nach internationalem Recht

Internationale Organisationen sind in der Regel[32] Subjekte des Völkerrechts, besitzen also Völkerrechtssubjektivität.[33] Inhalt und Umfang der Völkerrechtsfähigkeit der jeweiligen Organisation unterliegen der Entscheidungsmacht der Gründungsmitglieder und ergeben sich aus der Satzung. Der Gründungsvertrag kann die Rechts- und Geschäftsfähigkeit einer Internationalen Organisation ausdrücklich oder implizit verleihen. Der Umfang der Völkerrechtsfähigkeit ist eng verknüpft mit der Zielsetzung der Organisation,[34] welche sich ebenfalls aus der Satzung ergibt. Unter Rückgriff auf die allgemeine Zielsetzung der Satzung kann die Völkerrechtssubjektivität erweitert werden („effet utile“).[35] Diese Zielsetzung wirkt im Vergleich zur Völkerrechtsfähigkeit von Staaten einschränkend, woraus sich ergibt, dass Internationalen Organisationen dementsprechend nur partielle Völkerrechtssubjektivität zukommt.[36] „Implizit werden die Befugnisse insbesondere dann eingeräumt, wenn die fragliche Organisation ihre satzungsgemäßen Ziele nur dann erreichen kann, wenn sie auch nach außen hin als Völkerrechtssubjekt auftritt“ („implied powers“).[37] Das Recht zum Abschluss völkerrechtlicher Verträge mit Drittstaaten oder aber auch das Gesandtschaftsrecht (aktiv und passiv) weisen daher auf eine stillschweigende Verleihung der Völkerrechtssubjektivität hin.[38] Die Völkerrechtssubjektivität besteht zunächst nur im Verhältnis zu den Mitgliedsstaaten, kann sich jedoch durch die Anerkennung der Organisation durch Drittstaaten auch auf diese erstrecken[39]. Insofern ist die Völkerrechtsfähigkeit Internationaler Organisationen partikulär.[40] Dritte Staaten sind jedoch keinesfalls zur Anerkennung der Organisation verpflichtet.

---

[32] Als Beispiel für eine Ausnahme von dieser Regel kann die Organisation für Sicherheit und Zusammenarbeit in Europa (OSZE) dienen, vgl. hierzu weiter unten.

[33] Sands / Klein, Bowett's Law, Rn. 1-028, S. 16, Hobe / Kimminich, Völkerrecht, S. 123; Vgl. zur Völkerrechtsfähigkeit auch das IGH-Urteil ICJ Reports, 1996, S. 66 (74): „the constituent instruments of international organisations are also treaties of a particular type; *their object is to create new subjects of law* endowed with a certain autonomy, to which the parties entrust the task of realising common goals.“

[34] Shaw, International Law VI, S. 1297.

[35] Seidl-Hohenveldern / Wolfrum, Lexikon des Rechts, S. 190.

[36] Stein / von Buttlar, Völkerrecht, Rn. 382, 383; Hobe / Kimminich, Völkerrecht, S. 124.

[37] Seidl-Hohenveldern / Wolfrum, Lexikon des Rechts, S. 517.

[38] Bleckmann, Völkerrecht, Rn. 137.

[39] Stein / von Buttlar, Völkerrecht, Rn. 383; Kokott / Doehring / Buergenthal, Grundzüge, Rn. 72.

[40] Ipsen, Völkerrecht, § 31, Rn. 38.

Im Gegensatz zur Anerkennung von Staaten ist die Anerkennung von Internationalen Organisationen mithin nicht deklaratorisch, sondern konstitutiv.[41] Ausnahmen von diesem Grundsatz scheinen jedoch nicht ausgeschlossen. So hat der IGH (Internationaler Gerichtshof) im Jahre 1949 entschieden, dass den Vereinten Nationen (UN) auch Rechtspersönlichkeit gegenüber den Nicht-Mitgliedstaaten zukommt. Die Rechtspersönlichkeit, so der IGH, resultiere hier aus der hohen Anzahl der Mitgliedstaaten des Gründungsvertrags, wodurch den Vereinten Nationen nicht nur in subjektiver Hinsicht, sondern auch in umfassender, also objektiver Hinsicht Rechtspersönlichkeit nach Völkerrecht zukommt. Der IGH stellte einst fest, dass

> *„fünfzig Staaten, welche eine enorme Mehrheit der Mitglieder der internationalen Gemeinschaft darstellen, die Berechtigung in Übereinstimmung mit dem internationalen Recht haben, eine juristische Person zu schaffen, der objektive internationale Rechtspersönlichkeit zukommt und nicht lediglich Rechtspersönlichkeit, welche von ihnen selbst anerkannt wird.“*[42]

Bei den Vereinten Nationen handelt es sich allerdings um die bisher einzige Ausnahme von den oben genannten Grundsätzen.

b. Nach innerstaatlichem Recht

Internationale Organisationen besitzen neben ihrer Völkerrechtspersönlichkeit auch Rechtspersönlichkeit nach innerstaatlichem (also nationalem) Recht, wodurch ihnen rechtlich sowohl die Möglichkeit gegeben wird, eigenes Vermögen zu besitzen und darüber zu verfügen als auch vor nationalen Gerichten aufzutreten.[43] Auch die Rechtspersönlichkeit, welche eine Internationale Organisation nach innerstaatlichem Recht genießt, fußt auf einem völkerrechtlichen Vertrag.[44]

---

41 Doehring, Völkerrecht, Rn. 213.
42 ICJ Reports 1949, S. 178 (185).
43 Stein / von Buttlar, Völkerrecht, Rn. 386.
44 Seidl-Hohenveldern / Wolfrum, Lexikon des Rechts, S. 190.

So wird die Rechtsfähigkeit einer Internationalen Organisation innerhalb der einzelnen Mitgliedstaaten oftmals im Gründungsvertrag geregelt.[45] Sie bindet daher nur Mitgliedstaaten und keine Drittstaaten. Dennoch wird die Rechtsfähigkeit nach innerstaatlichem Recht gegenüber Drittstaaten häufig anerkannt, die Internationale Organisation hat dann die Rechtspersönlichkeit des Sitzstaates.[46] Sie wird innerstaatlich meist als Trägerin privater Rechte und Pflichten auftreten, obgleich sie infolge der ihr übertragenen Aufgaben, welche hoheitlicher Natur sind, innerstaatlich primär einer Rechtsperson des öffentlichen Rechts gleicht.[47]

---

45 Herdegen, Völkerrecht, § 10, Rn. 6; vgl. auch Art. 282 EG; vgl. hierzu die diesbezüglichen Darstellungen in den folgenden Kapiteln.

46 Seidl-Hohenveldern / Wolfrum, Lexikon des Rechts, S. 190.

47 Seidl-Hohenveldern / Loibl, Internationale Organisationen, Rn. 0327.

B. Praktische Fälle der Sukzession Internationaler Organisationen

Im Folgenden werden verschiedene historische Sachverhalte näher beleuchtet. Anhand von tatsächlichen Geschehnissen wird erörtert, ob Sukzessionen stattgefunden haben, wie diese rechtlich von statten gegangen sind und welche Auswirkungen und Folgen diese nach sich zogen. Infolge dieser Betrachtung kann analysiert werden, ob es völkerrechtliche Regelungen gibt, an welchen sich die Sukzessionstatbestände orientiert haben.

I. Völkerbund und Vereinte Nationen

1. Völkerbund

a. Geschichte und Ziele

Ganz allgemein und geschichtlich kann der Völkerbund (League of Nations) als Vorgänger der Vereinten Nationen (United Nations, UN) bezeichnet werden. Er wurde schon während des Ersten Weltkriegs konzipiert[48] und später mit der Zielsetzung, "die internationale Zusammenarbeit zu fördern und internationalen Frieden und internationale Sicherheit zu gewährleisten"[49], gegründet.[50] Obwohl die Initiative zur Gründung des Völkerbundes vom damaligen US-amerikanischen Präsidenten Woodrow Wilson (1856-1924, Amtszeit 1913-1921) ausgegangen ist, sind die Vereinigten Staaten von Amerika der Satzung nie beigetreten.[51] Nach der Annahme der Völkerbundsatzung durch die Pariser Friedenskonferenz war das formelle Inkrafttreten der Satzung an die Rechtskraft des ersten Pariser Vorortvertrags, dessen integraler Bestandteil sie bildete, geknüpft. Dieser erste Pariser Vertrag wurde am 28. Juni 1919 in Versailles unterzeichnet. Das Vertragsabschlussverfahren endete am 10. Januar 1920 mit der Ratifikation des Vertrages durch Deutschland sowie drei der alliierten und assoziierten Hauptmächte. Demzufolge trat die Satzung des Völkerbundes auch an diesem Tag in Kraft.[52] Sitz des Völkerbundes war gemäß Art. 7 Völkerbundsatzung Genf.

Die Völkerbundsatzung beinhaltete kein absolutes Verbot, in zwischenstaatlichen Beziehungen Gewalt anzuwenden. Sie sah für den Fall von internationalen Konflikten in Art. 11 ff. Völkerbundsatzung lediglich ein Streitbeilegungsverfahren vor. Auf dieses Defizit wurde man schon zu Beginn des Völkerbundes aufmerksam. Es existierte die grundsätzliche Möglichkeit der Änderung der entsprechenden Bestimmungen gemäß Art. 26 Völkerbundsatzung. Hiernach traten Abänderungen der Völkerbundsatzung mit der Ratifikation durch die Gesamtheit der im Rate und die Mehrheit der in der Bundesversammlung vertretenen Bundesmitglieder in Kraft. Am 3. Oktober 1921 sollte Art. 26 Völkerbund-

---

48 Cede / Sucharipa-Behrmann, Die Vereinten Nationen, S. 4.
49 Vgl. Präambel der Völkerbundsatzung.
50 About the United Nations / History.
51 Herdegen, Völkerrecht, § 2, Rn. 14.
52 Weber, Vom Völkerbund zu den Vereinten Nationen, S. 26.

satzung mit der Intention, Satzungsänderungen zu erleichtern und dadurch mittelbar ein verbessertes Verfahren in der Funktionsweise der Kriegsverhütung herbeizuführen, geändert werden. Die abgeänderte Fassung sah vor, dass jede Satzungsänderung eine Dreiviertelmehrheit der Abstimmenden auf sich vereinigen musste, unter denen sich alle im Rat vertretenen Bundesmitglieder befinden mussten. Eine Satzungsänderung sollte nach der geänderten Fassung nur dann in Kraft treten, wenn die notwendige Anzahl der Ratifikationen bis zu einer Frist von 22 Monaten ab dem Zeitpunkt des Beschlusses durchgeführt wurde.[53] Die genannte Satzungsänderung trat jedoch in Ermangelung der Ratifikation durch alle im Rat vertretenen Staaten sowie der Mehrheit der Bundesversammlung nicht in Kraft.[54] Somit verblieb es bei dem ursprünglichen Streitbeilegungsverfahren mit der letztendlichen Möglichkeit zum Krieg. Ein absolutes Verbot des Angriffskrieges wurde erst im Jahre 1928 mit dem Briand-Kellogg-Pakt[55] getroffen. Die bis dahin nach der Völkerbundsatzung zulässigen Sanktionsmaßnahmen litten darunter, dass kein klares Entscheidungssystem existierte, welches es ermöglichte, den rechtswidrigen Angreifer verbindlich zu identifizieren.[56] Sowohl das Deutsche Reich[57] als auch Japan traten 1935 aus dem Völkerbund aus.[58] Spanien trat 1941 aus dem Völkerbund aus, die Sowjetunion wurde 1939 ausgeschlossen. Der Völkerbund wurde am 19. April 1946 formell aufgelöst, nachdem die Völkerversammlung dies einen Tag zuvor beschlossen hatte.[59]

b. Organe

Gemäß Art. 3 Völkerbundsatzung hatte der Völkerbund drei Organe, durch welche er seine in der Satzung bestimmte Tätigkeit ausübte.

Zunächst ist hier die Bundesversammlung gemäß Art. 3 Völkerbundsatzung zu nennen, in der alle Mitgliedstaaten gleichberechtigt, das heißt mit einer Stimme, vertreten waren, obwohl sie jeweils bis zu drei Vertreter entsenden durften. Die

---

53 Weber, Vom Völkerbund zu den Vereinten Nationen, S. 120.
54 Vgl. Weber, Vom Völkerbund zu den Vereinten Nationen, S. 161 unten (Fn. 5).
55 RGBl 1929 II, 97.
56 Doehring, Völkerrecht, Rn. 422.
57 Deutschland erklärte den Austritt aus dem Völkerbund per Schreiben vom 19. Oktober 1933, vgl. ZaöRV 1934, S. 148 (150); Gemäß Art. 1 III Völkerbundsatzung betrug die Kündigungsfrist zwei Jahre.
58 Herdegen, Völkerrecht, § 2, Rn. 14.
59 Döll, Völkerrechtliche Kontinuitätsprobleme, S. 107.

Bundesversammlung sollte an festen Zeitpunkten tagen, die jedoch nicht näher bestimmt waren

Weiterhin gab es gemäß Art. 4 Völkerbundsatzung den Rat, in dem sowohl Vertreter der alliierten und assoziierten Hauptmächte als ständige Mitglieder als auch vier von der Bundesversammlung nach freiem Ermessen und zu Zeiten, welche die Bundesversammlung für gut befand, zu wählende nichtständige Mitglieder saßen. Der Rat hatte zumindest einmal im Jahr zusammenzukommen. Jedes im Rat vertretene Bundesmitglied verfügte im Rat über nur eine Stimme.

Zwischen der Bundesversammlung und dem Rat gab es keine Zuständigkeitsabgrenzung. Beide Organe waren ermächtigt, über jede Frage, welche in den Tätigkeitsbereich des Völkerbundes fiel, zu befinden. Mit Ausnahme von Verfahrensfragen und explizit anderslautenden Regelungen war für Beschlüsse in beiden Organen Einstimmigkeit erforderlich.[60]

Das Ständige Sekretariat gemäß Art. 6 Völkerbundsatzung schließlich setzte sich aus dem Generalsekretär[61], verschiedenen Sekretären und entsprechendem Personal zusammen und bildete das Verwaltungsorgan des Völkerbundes.[62] Das Sekretariat befand sich am Bundessitz, also in Genf. Die Sekretäre und das Personal des Sekretariats wurden mit Zustimmung des Rates durch den Generalsekretär, welcher auch automatisch Generalsekretär des Bundesversammlung und des Rates war, ernannt.

2. Vereinte Nationen

a. Gründung und Ziele

Die Charta der Vereinten Nationen (United Nations, UN) wurde auf der Konferenz von San Franzisco im Frühjahr 1945 ausgearbeitet und am 26. Juni 1945 im Opernhaus von San Franzisco unterzeichnet. Die Charta trat am 24. Oktober 1945 in Kraft. Ursprünglich waren die Vereinten Nationen ein Kriegsbündnis, welches den Krieg gegen die Achsenmächte führte. An der Gründungskonferenz

---

60 Ipsen, Völkerrecht, § 32, Rn. 4.

61 Die Generalsekretäre des Völkerbundes: Sir Eric Drummond (Großbritannien), 1919-1933; Joseph Avenol (Frankreich) 1933-1940; Seán Lester (Irland), 1940-1946.

62 Ipsen, Völkerrecht, § 32, Rn. 4.

nahmen alle 46 Staaten dieses Bündnisses teil.[63] Insgesamt wurde die Charta von 50 Regierungen entworfen,[64] Polen war bei der Konferenz nicht anwesend, gehörte jedoch zu den damit 51 Gründungsmitgliedern der Vereinten Nationen.[65] Die Bundesrepublik Deutschland trat den Vereinten Nationen erst mit Wirkung vom 7. Juni 1973 bei, an diesem Tag trat auch die DDR bei. Vorverhandlungen zur Gründung der Vereinten Nationen wurden im Herbst des Jahres 1944 zwischen den USA und dem Vereinigten Königreich und Nordirland einerseits und der UdSSR und China andererseits getrennt voneinander geführt. Ergebnis dieser Vorverhandlungen waren die Vorschläge von Dumberton Oaks für die Errichtung einer allgemeinen Internationalen Organisation. Einigkeit über die Abstimmungsmodalitäten wurde erst später, nämlich im Februar 1945, auf der Konferenz von Jalta erzielt.[66] Der Sitz der Vereinten Nationen wurde aufgrund eines Beschlusses der Generalversammlung vom 14. Dezember 1946 von London nach New York verlegt.[67] Der bedeutende Zweck der Vereinten Nationen ist gemäß Art. 1 UN-Charta die Sicherung des Weltfriedens, welcher mittels eines Systems der gegenseitigen kollektiven Sicherheit garantiert werden soll. Die Vereinten Nationen stellen mithin ein nach innen gerichtetes System kollektiver Sicherheit dar.[68]

b. Organe der Vereinten Nationen

Die Vereinten Nationen haben zur Erfüllung ihrer Aufgaben sechs Hauptorgane. Es handelt sich hierbei gemäß Art. 7 I UN-Charta um die Generalversammlung, den Sicherheitsrat, den Wirtschafts- und Sozialrat, den Treuhandrat, den Internationalen Gerichtshof (IGH) sowie das Sekretariat mit dem Generalsekretär.[69]

Gemäß Art. 9 I UN-Charta besteht die Generalversammlung aus allen Mitgliedern der Vereinten Nationen, wobei jedes Mitglied gemäß Art. 9 II UN-Charta höchstens fünf Vertreter in der Generalversammlung hat. Die Aufgaben und Tätigkeitsgebiete der Generalversammlung ergeben sich aus den Art. 10 – 17 UN-

---

63 Hobe / Kimminich, Völkerrecht, S. 129.
64 Sands / Klein, Bowett's Law, Rn. 2-001, S. 24.
65 About the United Nations / History.
66 Seidl-Hohenveldern / Wolfrum, Lexikon des Rechts, S. 453.
67 Hobe / Kimminich, Völkerrecht, S. 129.
68 Doehring, Völkerrecht, Rn. 419.
69 Vgl. Rosenwick, Die Organisation der Vereinten Nationen, JuS 1994, S. 1000 (1001).

Charta. Nach Art. 18 I UN-Charta hat jedes Mitglied der Generalversammlung eine Stimme. Die Generalversammlung tritt nach Art. 20 UN-Charta zu ordentlichen Jahrestagungen und, soweit erforderlich, zu außerordentlichen Tagungen zusammen. Sie gibt sich gemäß Art. 21 eine Geschäftsordnung und wählt für jede Tagung einen Präsidenten.

Der Sicherheitsrat hingegen setzt sich laut Art. 23 I UN-Charta aus fünf ständigen und zehn weiteren, nichtständigen Mitgliedern zusammen. Letztere werden von der Generalversammlung nach Art. 23 II UN-Charta auf zwei Jahre gewählt. Nach Art. 23 III UN-Charta hat jedes Mitglied des Sicherheitsrats eine Stimme. Die Aufgaben und Befugnisse des UN-Sicherheitsrates ergeben sich aus den Art. 24 – 26 UN-Charta. Jedes Mitglied des Sicherheitsrates hat gemäß Art. 27 I UN-Charta eine Stimme.

Der Wirtschafts- und Sozialrat besteht gemäß Art. 61 I UN-Charta aus 54 von der Generalversammlung gewählten Mitgliedern. Jedes Mitglied dieses Rats hat in ihm einen Vertreter. Gemäß Art. 66 I UN-Charta nimmt der Wirtschafts- und Sozialrat alle Aufgaben wahr, für welche er im Zusammenhang mit der Durchführung von Empfehlungen der Generalversammlung zuständig ist. Gemäß Art. 67 I UN-Charta hat jedes Mitglied des Rats eine Stimme. Laut Art. 67 II UN-Charta bedürfen Beschlüsse des Wirtschafts- und Sozialrats der Mehrheit der anwesenden und abstimmenden Mitglieder.

Die Zusammensetzung des Treuhandrates ist in Art. 86 I UN-Charta geregelt. Jedes Mitglied des Treuhandrates bestellt gemäß Art. 86 II UN-Charta eine besonders geeignete Person zu seinem Vertreter im Treuhandrat und hat nach Art. 89 I UN-Charta eine Stimme. Die Beschlüsse des Treuhandrates bedürfen i. S. d. Art. 89 II UN-Charta der Mehrheit der anwesenden Mitglieder.

Der IGH ist gemäß Art. 92 UN-Charta das Hauptrechtsprechungsorgan der Vereinten Nationen. Er nimmt seine Aufgaben nach Maßgabe des beigefügten Statuts wahr, welches auf dem Statut des StIGH (s.o.) beruht und Bestandteil der UN-Charta ist. Alle Mitglieder der Vereinten Nationen sind nach Art. 93 I UN-Charta zugleich Vertragsparteien des IGH-Statuts. Gemäß Art. 93 II UN-Charta können zu besonderen Bedingungen auch Nichtmitglieder der UN dem IGH-Statut beitreten.

Das Sekretariat der vereinten Nationen besteht gemäß Art. 97 UN-Charta aus dem Generalsekretär und den sonstigen von der Organisation benötigten Bediensteten. Der Generalsekretär ist der höchste Verwaltungsbeamte der Organisation und wird auf Empfehlung des Sicherheitsrates von der Generalversammlung ernannt. Er leitet das Sekretariat und bestimmt nach Art. 101 I UN-Charta die Bediensteten im Einklang mit Regelungen, welche die Generalversammlung erlässt. Gemäß Art. 100 I und II sind der Generalsekretär und die sonstigen Bediensteten unabhängig.

3. Tatbestand der Nachfolge

a. Allgemein

Der Völkerbund wird oftmals als Vorläufer der Vereinten Nationen[70], die Vereinten Nationen umgekehrt als Nachfolgeorganisation des Völkerbundes[71] bezeichnet. Begründet wird diese These meist mit der Tatsache, dass der Völkerbund unter den gleichen Umständen wie später die Vereinten Nationen konzipiert und gegründet wurde.[72] Für die Frage, ob es sich um einen Fall einer Rechtsnachfolge handelt, sind diese Erwägungen jedoch von nachrangiger Bedeutung. Nach der eingangs zugrundegelegten Definition versteht man unter Rechtsnachfolge zwischen Internationalen Organisationen die Übertragung sowohl der Funktionen als auch der Rechte und Pflichten von einer Internationalen Organisation auf eine andere. Gleiche Umstände in Bezug auf die Gründung oder die Konzeption einer internationalen Organisation können somit allenfalls als Indiz für eine gleichgeartete Zielsetzung oder Funktionsweise dienen. In Bezug auf den Völkerbund und die Vereinten Nationen bleibt folglich zu erörtern, ob konkrete Vorgänge der Funktions- und Rechts- bzw. Pflichtenübertragung stattgefunden haben.

Wie dargestellt, wurde der Völkerbund am 19. April 1946 formell aufgelöst. Die Charta der Vereinten Nationen hingegen trat am 24. Oktober 1945 in Kraft. Aufgrund dieser Daten wird deutlich, dass beide Organisationen circa ein halbes Jahr parallel existierten. Weder die UN-Charta, noch der Ansatz von Dumberton

---

[70] Vgl. Rosenwick, Die Organisation der Vereinten Nationen, JuS 1994, S. 1000 (1000).
[71] Cede, Franz / Sucharipa-Behrmann, Lilly, Die Vereinten Nationen, S. 4.
[72] About the United Nations / History.

Oaks nehmen bzw. nahmen Bezug auf den Völkerbund oder dessen Satzung.[73] Die UN-Charta enthält keinerlei Regelungen bezüglich der Nachfolge.[74] Es gibt jedoch verschiedene Resolutionen und Vereinbarungen („Agreements"), welche sich indirekt mit der Rechtsnachfolge befassen. So wurde der Bundesversammlung des Völkerbundes in ihrer 21. Sitzungsperiode (8. – 17. April 1946) durch den Finanzausschuss die „Resolution zur Auflösung des Völkerbundes" vorgeschlagen. Die Resolution wurde am 18. April 1946 von der Bundesversammlung gebilligt. In dieser Resolution wird bereits in der Präambel auf die Charta der Vereinten Nationen eingegangen. So wird schon dort davon gesprochen, dass die „Charta der Vereinten Nationen für Zwecke derselben Art wie die, für die der Völkerbund geschaffen wurde, eine Internationale Organisation, die Vereinten Nationen, geschaffen hat, in die alle Staaten [...] aufgenommen werden können und der die große Mehrheit der Mitglieder des Völkerbundes bereits angehört" und dass angesichts dessen der „Völkerbund aufgelöst werden kann".[75] Einziges Überbleibsel des Völkerbundes war das sog. „Board of Liquidation", ein Liquidationsgremium, das sich ausschließlich mit der Auflösung des Völkerbundes beschäftigte.[76] Diese Resolution nahm Bezug auf den „Gemeinsamen Plan für den Übergang von Vermögenswerten des Völkerbundes". Dieser von Vertretern des Völkerbundes und der Vereinten Nationen entwickelte Plan sollte wie vorgesehen Ausführung finden.[77] Der Plan wurde von der Generalversammlung der Vereinten Nationen ebenfalls angenommen und beschlossen.[78] Am 19. Juli 1946 unterzeichneten in Genf Vertreter des Völkerbundes und der Vereinten Nationen eine Vereinbarung, welche sich mit der Aus- und Durchführung der Übertragung bestimmter Vermögenswerte des Völkerbundes auf die Vereinten Nationen befasste.[79] Art. 2 dieser Übereinkunft befasst sich mit beweglichem Vermögen wie Möbel und Büroeinrichtungen, Büchern und Sammlungen der Bibliothek, Archive sowie Bestände an Vorräten. In Art. 3 nimmt die Übereinkunft Bezug auf unbewegliches Eigentum und Grunddienstbarkeiten. Artikel III bezieht sich auf Geschenke, welche der Völkerbund von Regierungen, öffentlichen Körperschaften oder Privaten erhielt. Das Eigentum an diesen Geschenken

---

73 Sands/Klein, Bowett's Law, Rn. 15-113, S. 528.
74 Ipsen, Völkerrecht, § 32, Rn. 9; Klein, Die Internationalen und die Supranationalen Organisationen, S. 292, Rn. 59.
75 Vgl. Knipping, Das System der Vereinten Nationen, Bd. II, Dokument 23, S. 427, 429.
76 Sands/Klein, Bowett's Law, Rn. 15-112, S. 528.
77 Vgl. Knipping, Das System der Vereinten Nationen, Bd. II, Dokument 23, S. 427, 431.
78 A/Res/24 (I) v. 12.02.1946.
79 Vgl. 2 UNTS 1946-1947, S. 109 – 117.

sollte „unter den gleichen Bedingungen, unter denen sie dem Völkerbund überreicht wurden, an die Vereinten Nationen übertragen werden“. Die Übertragung der bezeichneten Eigentümer sollte gemäß Art. 7 der Vereinbarung am 1. August 1946 stattfinden. Laut den Protokollen Nr. I[80] und Nr. II[81] bezüglich der Ausführung der in der zuvor genannten Übereinkunft erfolgte die Übertragung sowohl des Eigentums als auch des Besitzes (Auflassung) an den in Frage stehenden Immobilien am 1. August 1946. Die Bibliothek und verschiedene interne Dienste wurden am 29. und 31. Juli 1946, also schon vor dem 1. August 1946, übertragen. Das Protokoll unterzeichnete man jedoch erst am 1. August 1946. Die Übertragung des Bibliotheksfonds geschah laut Protokoll[82] am 14. April 1947 und trat am nächsten Tag mit Rückwirkung zum 1. August 1946 in Kraft. Der Bibliotheksfond setzte sich aus Mitteln zusammen, welche dem „Völkerbund von Herrn John D. Rockefeller Junior zum Zweck des Aufbaus einer Bibliothek in einem angemessenen Gebäude geschenkt wurden“[83]. Neben der Übereignung dieses Fonds vom Völkerbund an die Vereinten Nationen manifestierte man im Protokoll ferner konkrete Ziele für die genaue Verwendung und Verwaltung des Fonds durch die Vereinten Nationen. Am 27. Juni 1947 übertrug man gemäß der Entscheidung der Bundesversammlung des Völkerbundes vom 18. April 1946[84] die Verwaltung des Léon Bernard Fonds mit Wirkung vom 28. April 1947 auf den Generalsekretär der Vereinten Nationen. Dieser wurde verpflichtet, zeitweise als Vermögensverwahrer bezüglich der vorhandenen Gelder, welche ebenfalls am 28. April 1947 transferiert wurden, zu fungieren. Der Generalsekretär wurde ferner verpflichtet, den besagten Fond sowie dessen Verwaltung unmittelbar nach der Gründung der WHO an diese zu übertragen. Die Satzung(en) des Fonds sollten weiterhin *mutatis mutandis*[85] Anwendung finden.[86] Insgesamt enthielt der Léon Bernard Fond am 27. Juni 1947 eine Summe von 16.165,55 Schweizer Franken.[87]

Der Generalsekretär des Völkerbundes, Sean Lester, und Wlodzimierz Moderow, Direktor des Europäischen Büros der Vereinten Nationen in Stellvertretung für den Generalsekretär der Vereinten Nationen, unterschrieben sämtliche zuvor

---

80 4 UNTS 1946-1947, S. 131-133.
81 5 UNTS 1946-1947, S. 135-137.
82 27 UNTS 1946-1947, S. 449-457.
83 27 UNTS 1946-1947, S. 450.
84 über die Auflösung des Völkerbundes, s.o.
85 „Mit den nötigen Abänderungen“, Anm. des Verf.
86 UNTS 1947, S. 389-392.
87 Vgl. Anlage zu UNTS 1947, S. 389-392 (392).

genannten Übereignungsverträge. Lester und Moderow vollzogen auch die Vorgänge selbst. Sie unterzeichneten ferner die Protokolle.

Der Mitarbeiterstab des Völkerbundes wurde entlassen. Die Vereinten Nationen führten die Arbeitsverträge mit den Bediensteten nicht fort.[88] Einige Mitarbeiter unterschrieben jedoch vollkommen neue Arbeitsverträge bei den Vereinten Nationen.[89] Die Verpflichtung zur Erbringung von Leistungen, die nach der Pensionsordnung des Völkerbundes an (ehemalige) Mitarbeiter des Völkerbundes zu erbringen waren, sollte von der Internationalen Arbeitsorganisation (ILO) übernommen werden. Zu diesem Zweck sollte das Vermögen des Pensionsfonds der Internationalen Arbeitsorganisation übertragen werden.[90] Die Schulden des Völkerbundes übernahmen die Vereinten Nationen hingegen nicht.[91]

b. In Bezug auf den Ständigen Internationalen Gerichtshof und den Internationalen Gerichtshof

Um den Nachfolgetatbestand zwischen Völkerbund und Vereinten Nationen zu analysieren empfiehlt es sich, auch die Rechtsprechungseinrichtungen Ständiger Internationaler Gerichtshof (StIGH, auch: Permanent Court of International Justice, PCIJ) und Internationaler Gerichtshof (IGH, auch: International Court of Justice, ICJ) sowie ihr Verhältnis zueinander näher zu beleuchten.

aa. Ständiger Internationaler Gerichtshof

Wie bereits dargelegt, hatte der Völkerbund die Bundesversammlung, den Rat und das Sekretariat als Organe. Der Ständige Internationale Gerichtshof war hingegen kein Organ des Völkerbundes.[92] Er wurde unter dem Eindruck des Ersten Weltkriegs vom Völkerbund eingerichtet und behandelte in den Jahren

---

88 Klein, Die Internationalen und die Supranationalen Organisationen, S. 293, Rn. 59.
89 Sands / Klein, Bowett's Law, Rn. 15-113, S. 528, 529.
90 Knipping, Das System der Vereinten Nationen, Bd. II, Dokument 23, S. 427, 437.
91 Klein, Die Internationalen und die Supranationalen Organisationen, S. 293, Rn. 59.
92 Cede / Sucharipa-Behrmann, Die Vereinten Nationen, S. 4, 5; Ipsen, Völkerrecht, § 62, Rn. 36.

von 1922 bis 1940 insgesamt 65 Fälle.[93] Das von der Völkerbundversammlung gebilligte Statut trat 1921 in Kraft.[94] Der Ständige Internationale Gerichtshof wurde am 18. April 1946 in der letzten Sitzung der Völkerbundsversammlung aufgelöst[95], wobei man das Pensionssystem der Richter der Internationalen Arbeitsorganisation (ILO) übertrug.[96]

bb. Internationaler Gerichtshof

Der Internationale Gerichtshof, das Hauptrechtsprechungsorgan der Vereinten Nationen, ist im Gegensatz zum Ständigen Internationalen Gerichtshof ein Organ der Vereinten Nationen. Die Mitgliedschaft in den Vereinten Nationen zieht dennoch nicht zwangsläufig die Unterwerfung unter die Gerichtsbarkeit des IGH nach sich. Im „Normalfall" ist zwar eine Unterwerfungserklärung gemäß Art. 36 II IGH-Statut vorgesehen, jedoch muss diese nicht abgegeben werden. Weiterhin können die Unterwerfungserklärungen bezüglich bestimmter Rechtsfragen unter Vorbehalt abgegeben werden.[97] Gemäß Art. 35 IGH-Statut steht der Zugang zum Gerichtshof sowohl Staaten offen, die Vertragsparteien des Statuts sind, als auch Staaten, die die vom Sicherheitsrat bestimmten Bedingungen erfüllen. Während die UN-Charta auf den Völkerbund keinen Bezug nimmt, bezieht sich das IGH-Statut in den Art. 36 V und 37 auf die Charta des Ständigen Internationalen Gerichtshofs. So sollen Unterwerfungserklärungen unter die Gerichtsbarkeit des Völkerbundes zwischen Mitgliedern der UN als Unterwerfungserklärungen unter die Gerichtsbarkeit des IGH gelten. Weiterhin soll für Fälle, in denen in einem Vertrag ein vom Völkerbund einzusetzendes Gericht oder der Ständige Internationale Gerichtshof als zuständig erklärt wird, die Streitsache im Verhältnis zwischen den Vertragsparteien des IGH-Statuts an den Internationalen Gerichtshof verwiesen werden. Dies hatte vor allem den Grund, dass man bei der Auflösung des Ständigen Internationalen Gerichtshofs für eine Fortdauer der Akzeptanz der Rechtsprechung sorgen wollte.[98]

---

93 Seidl-Hohenveldern / Wühler, Lexikon des Rechts, S. 138.
94 Ipsen, Völkerrecht, § 62, Rn. 36.
95 Ipsen, Völkerrecht, § 62, Rn. 36.
96 Sands/Klein, Bowett's Law, Rn. 15-114, S. 529.
97 Doehring, Völkerrecht, Rn. 478.
98 Sands/Klein, Bowett's Law, Rn. 15-114, S. 529.

cc. Bedeutung der Rechtsprechung des Internationalen Gerichtshofs in Bezug auf den Südafrika-Fall

Kapitel XII (Art. 75-85) der UN-Charta enthält Bestimmungen in Bezug auf die Fortführung der Mandatsverträge, welche verschiedene Staaten mit dem Völkerbund geschlossen hatten. Allgemein steht es gemäß Art. 80 UN-Charta der UN-Generalversammlung zu, die Aufgabe der Mandatsüberwachung wahrzunehmen.[99] Einen besonderen Fall bildet der Mandatsvertrag, welchen Südafrika mit dem Völkerbund über Südwestafrika, das heutige Namibia, abgeschlossen hatte.

Nach dem Ersten Weltkrieg verloren die besiegten Staaten durch Vertrag Gebiete, welche jeweils einem Mandatar unter der Aufsicht des Völkerbundes mit der Maßgabe anvertraut wurden, die Verwaltung der besagten Gebiete so lange zu übernehmen, bis die dort lebende Bevölkerung einen Entwicklungsstand erreicht habe, der es ihr erlaube, sich selbst zu regieren.[100] Am 17. Dezember 1920[101] wurde die ehemalige deutsche Kolonie Südwestafrika in Form eines C-Mandates in das Mandatssystem des Völkerbundes eingegliedert. Die Südafrikanische Union wurde Mandatarmacht. Bedingt durch die Auflösung des Völkerbundes und die Gründung der Vereinten Nationen unterstellten die Mandatare, mit Ausnahme der Südafrikanischen Union, in den Fällen, in denen die Mandatsgebiete weiterexistierten und nicht durch Unabhängigkeit zu existieren aufhörten, diese dem Treuhandsystem der Vereinten Nationen. Die Südafrikanische Union hingegen hatte diese Absicht zunächst auch geäußert, jedoch später bekannt gegeben, das fragliche Mandatsgebiet nicht dem Treuhandsystem der Vereinten Nationen zu unterstellen, sondern dem eigenen Staatsgebiet einzuverleiben.[102] Südafrika vertrat die Ansicht, dass das Mandatsverhältnis bezüglich Südwestafrikas mit der Auflösung des Völkerbundes zu bestehen aufgehört hatte.[103] Die Vollversammlung hingegen gab diverse Empfehlungen ab, wonach Südafrika das fragliche Mandatsgebiet dem UN-Treuhandsystem unterstellen soll. Diese Empfehlungen blieben jedoch ohne die gewünschte Folge.[104] In ei-

[99] Klein, Die Internationalen und die Supranationalen Organisationen, S. 293, Rn. 59.
[100] Ipsen, Völkerrecht, § 5, Rn. 35.
[101] Vgl. ICJ Reports 1950, S. 128 (143).
[102] Döll, Völkerrechtliche Kontinuitätsprobleme, S. 124; Shaw, International Law VI, S. 1214.
[103] Seidl-Hohenveldern / Benedek, Lexikon des Rechts, S. 420.
[104] Döll, Völkerrechtliche Kontinuitätsprobleme, S. 124.

nem ersten Rechtsgutachten („Advisory Opinion")[105] erörterte der IGH den Status des Mandatsgebietes Südwest-Afrika. Der IGH stellte fest, dass Südafrika keinesfalls gezwungen werden könne, das Gebiet dem Treuhandsystem der Vereinten Nationen zu unterstellen, dass den Vereinten Nationen aber dennoch ein Kontrollrecht hins. des Mandatsgebietes zustehe. Dieses Kontrollrecht dürfe allerdings nicht weiter gehen als das ursprüngliche des Völkerbundes. Ferner wurde festgestellt, dass Südafrika nicht das Recht habe, den internationalen Status des Territoriums zu verändern, sondern dass hierzu das Einverständnis der Vereinten Nationen nötig sei.[106] Weiter wurde bestimmt, dass Südafrika sowohl die jährlichen Berichte als auch die Petitionen, welche von den Bewohnern Südwestafrikas abgegeben werden, an die Vereinten Nationen weiterzuleiten habe.[107] Hier fand auch die Bedeutung des Mandatsvertrages Berücksichtigung, insbesondere wurde festgestellt, dass die Verpflichtungen Südafrikas gegenüber dem Mandatsgebiet mit Bezug auf den Begriff „Mandat" im internationalen und nicht im nationalen Sinne zu interpretieren seien. Auch wurde das Mandat als „heilige Treuhänderschaft der Zivilisation" bezeichnet und sein spezieller internationaler Charakter hervorgehoben.[108] Im Jahre 1962 entschied der Internationale Gerichtshof in einem von Äthiopien und Liberia vorgebrachten Fall, dass er zuständig sei. Äthiopien und Liberia hatten vorgetragen, Südafrika würde in Bezug auf Südwestafrika internationales Recht verletzen. Verwiesen wurde dabei auf den Art. 7 Mandatsvertrag und auf Art. 36 IGH-Statut.[109] Im Jahre 1966 schließlich wurde Südafrika das Mandat über Südwestafrika durch die UN-Generalversammlung aberkannt sowie anschließend für Namibia ein Verwaltungsausschuss eingesetzt. Der Internationale Gerichtshof bejahte 1971 das Recht der Generalversammlung hierzu.[110]

---

105 Anm. des Verf.

106 ICJ Reports 1950, S. 128 (144); UNYB 1948/1949, S. 873 ff.

107 ICJ Reports 1950, S. 128 (143).

108 ICJ Reports 1950, S. 128 (132 ff.); vgl. auch Klein, Die Internationalen und die Supranationalen Organisationen, S. 293, Rn. 59.

109 ICJ Reports 1962, S. 319 (343, 344).

110 ICJ Reports 1971, S. 16 (46, para. 94); Seidl-Hohenveldern / Loibl, Internationale Organisationen, Rn. 2109; vgl. auch die Zusammenfassung: International Court of Justice, Case Summaries, http://www.icj-cij.org/icjwww/idecisions/isummaries/inamsummary710621.htm (paras. 87-116 of the Advisory Opinion)

Die Vereinten Nationen folgten also in ihrer Tätigkeit, das (Völkerbunds-) Mandat Südafrikas über Südwestafrika zu überwachen, zumindest insofern dem Völkerbund nach, als dass sie dessen ursprüngliche Aufgaben der Überwachung der Mandate wahrnahmen. „Das im Völkerbund für die fraglichen Kolonialgebiete entwickelte Mandatsregime findet somit im späteren Treuhandsystem der Vereinten Nationen seine offenkundige Entsprechung."[111] Insofern wurde die Überwachung des fraglichen Mandats auch schon als das „interessanteste Beispiel der Nachfolge in internationale Organisationen" bezeichnet.[112] Als Bestätigung dieser These lässt sich ferner anführen, dass das Statut des Ständigen Internationalen Gerichtshofs faktisch ohne Änderungen als „integrierender Bestandteil" der UN-Satzung „in ihren Anhang" aufgenommen wurde.[113]

c. In Bezug auf die Organe

Wie bereits dargelegt, hatte der Völkerbund drei Hauptorgane, die Vereinten Nationen hingegen sechs. Die Bundesversammlung des Völkerbundes entspricht in etwa der Generalversammlung der Vereinten Nationen. In beiden Gremien kam jedem Mitglied eine Stimme zu, wobei jeder Mitgliedstaat in der Bundesversammlung bis zu drei Vertreter hatte, in der Generalversammlung hingegen bis zu fünf.

Im Rat des Völkerbundes waren die alliierten und assoziierten Hauptmächte (USA, Vereinigtes Königreich und Nordirland, Frankreich) als ständige Mitglieder und vier von der Bundesversammlung nach freiem Ermessen gewählte nichtständige Mitglieder vertreten. Der UN-Sicherheitsrat hingegen setzt sich aus fünf ständigen (China, Russland, Frankreich, Vereinigtes Königreich und Nordirland, USA) und zehn weiteren nichtständigen Mitgliedern zusammen. Neben den Unterschieden bezüglich der Kompetenzen der Organe besteht somit auch ein Unterschied hinsichtlich der Anzahl der in ihnen vertretenen Mitglieder. In beiden Fällen kam bzw. kommt den jeweiligen Mitgliedern eine Stimme zu.

---

111 Cede / Sucharipa-Behrmann, Die Vereinten Nationen, S. 4.
112 Sir Hersch Lauterpacht, Separate Opinion, ICJ Reports 1956, S. 48.
113 Cede / Sucharipa-Behrmann, Die Vereinten Nationen, S. 4, 5.

Die Sekretariate der Organisationen hatten jeweils einen Generalsekretär an ihrer Spitze und waren im Wesentlichen gleich strukturiert. Während das Personal des Sekretariats des Völkerbundes mit Zustimmung des Rates durch den Generalsekretär ernannt wurde, hat die Ernennung bei den Vereinten Nationen im Einklang mit von der Generalversammlung erlassenen Regeln stattzufinden.

Die übrigen Organe der Vereinten Nationen hatten im Völkerbund keine Vorläufer.

d. Ergebnis und Fazit

Aufgrund der zuvor festgestellten Tatsachen lässt sich in Bezug auf den Völkerbund und die Vereinten Nationen im Hinblick auf die Nachfolge folgendes feststellen:

1. Der Völkerbund und die Vereinten Nationen existierten teilweise parallel. Sie können folglich hinsichtlich ihrer Rechtspersönlichkeit nicht identisch sein.

2. Die UN-Charta enthält keine Nachfolgeregelung.[114] Die Tatsache, dass die „Resolution zur Auflösung des Völkerbundes" vom 18. April 1946 bereits in der Präambel auf die Charta der Vereinten Nationen Bezug nimmt und davon spricht, dass „angesichts ihrer Existenz" der „Völkerbund aufgelöst werden kann"[115], belegt, dass der Völkerbund eher aufgrund seiner hinsichtlich der Zielsetzungen unzureichenden Satzung, als hinsichtlich seiner Ziele selbst „überflüssig" wurde. Mit der Formulierung dieser Resolution wurde deutlich, dass die Ziele und Funktionen, welche der Völkerbund zu erfüllen versuchte, nach Einschätzung der Bundesversammlung nun durch die Vereinten Nationen wahrgenommen wurden.

3. Die zwischen dem Völkerbund und den Vereinten Nationen in Genf geschlossene Vereinbarung vom 19. Juli 1946, welche sich mit der Aus- und Durchführung der Übertragung bestimmter Vermögenswerte des Völker-

---

114 Ipsen, Völkerrecht, § 32, Rn. 9; Klein, Die Internationalen und die Supranationalen Organisationen, S. 293, Rn. 59.

115 Vgl. Knipping, Das System der Vereinten Nationen, Dokument 23, S. 427, 429.

bundes auf die Vereinten Nationen befasst[116], ist einer Übereignungsverpflichtung (z.B. Schenkungsvertrag) vergleichbar. Die entsprechenden Übereignungsverträge[117] bilden die Erfüllung der Vereinbarung. Die verpflichtende Vereinbarung sowie ihre Erfüllung stellen Verträge zwischen gleichberechtigten Partnern dar. Auch dies ist nur deswegen möglich, weil beide Organisationen zeitweise parallel existierten und vor allem gleichberechtigt nebeneinander standen. Zumindest während der Phase der parallelen Existenz beider Organisationen waren die Vereinten Nationen nicht der Nachfolger des Völkerbundes.

4. Die Vereinten Nationen führten die Arbeitsverträge mit den Bediensteten des Völkerbundes nicht fort.[118] Lediglich einige Mitarbeiter schlossen neue Arbeitsverträge mit den Vereinten Nationen.[119] Die Tatsache, dass neue Verträge abgeschlossen wurden, deutet darauf hin, dass keine Rechtsidentität zwischen dem Völkerbund und den Vereinten Nationen besteht. Rechte und Pflichten wurden also gerade nicht von einer Internationalen Organisation auf eine andere übertragen. Dies wird jedoch für einen Tatbestand der Rechtsnachfolge gefordert[120]. Ansonsten wären neue Verträge nicht nötig gewesen bzw. es wäre an den Vereinten Nationen gewesen, denjenigen Mitarbeitern, die nicht übernommen werden sollten, zu kündigen.

5. Der Internationale Gerichtshof kann unter Berücksichtigung der Art. 36 V, 37 und 75 - 85 IGH-Statut auch für Streitigkeiten zuständig sein, die ursprünglich in den Aufgabenbereich des StIGH fielen. Demzufolge kann auch hier nicht davon gesprochen werden, dass Rechte und Pflichten übertragen wurden, sie wurden vielmehr durch ein neues Statut begründet.

6. Die Vereinten Nationen haben die ursprüngliche Aufgabe des Völkerbundes hinsichtlich der Überwachung des Mandates Südafrikas über Südwestafrika übernommen. Die Vereinten Nationen folgten somit zumindest insoweit, als sie das (Völkerbunds-) Mandat Südafrikas über Südwestafrika überwachten, tatsächlich dem Völkerbund nach.

---

116 Vgl. 2 UNTS 1946-1947, S. 109 – 117.
117 S. o. S. 12.
118 Klein, Die Internationalen und die Supranationalen Organisationen, S. 293, Rn. 59.
119 Sands / Klein, Bowett's Law, Rn. 15-113, S. 528, 529.
120 Myers, Succession, S. 12, Shaw, International Law VI, S. 1331; vgl. S. 2.

Die Vereinten Nationen sind nur hinsichtlich der Funktion als Weltfriedensorganisation als Nachfolger des Völkerbundes zu verstehen. Da sich die Generalversammlung der Vereinten Nationen weigerte, die gesamte politische Funktion des Völkerbundes zu übernehmen[121] und wegen der Übertragungsbeschlüsse und –abkommen sowie deren Erfüllung kann von einer „Teilnachfolge" gesprochen werden.[122] Die Vereinten Nationen sind somit nur teilweise in die Rechtsstellung des Völkerbundes eingerückt. Bei dem Verhältnis beider Organisationen zueinander handelt es sich um das einer partiellen Funktionsnachfolge.[123] Es wird auch von einer teilweisen politischen Nachfolge gesprochen.[124]

---

121 Vgl. A/Res/24 (I) v. 12.02.1946.

122 Ipsen, Völkerrecht, § 32, Rn. 9.

123 Klein, Die Internationalen und die Supranationalen Organisationen, S. 293, Rn. 59.

124 Sands / Klein, Bowett's Law, Rn. 15-113, S. 528.

II. Organisation für Europäische wirtschaftliche Zusammenarbeit und Organisation für Wirtschaftliche Zusammenarbeit und Entwicklung

1. Organisation für Europäische wirtschaftliche Zusammenarbeit

a. Geschichte und Ziele

Die Organisation für Europäische wirtschaftliche Zusammenarbeit (Organisation for European Economic Co-operation, OEEC) wurde am 16. April 1948 gegründet.[125] Dies geschah vor allem auf Betreiben der USA, wobei die OEEC neben allgemeinen wirtschaftlichen und wirtschaftspolitischen Zielsetzungen die Aufgabe hatte, gemeinsam mit der ECA (American Economic Co-operation Administration) die Verteilung und den Einsatz der Mittel aus dem ERP (European Recovery Program = Marshall-Plan) zu überwachen und zu verwalten.[126] Die OEEC sollte auf diese Weise zu einer effizienteren Verwendung der mittels des ERP bereitgestellten Gelder beitragen und zu einer dauerhaften Verzahnung der europäischen Volkswirtschaften führen.[127] Der Gründung der OEEC ging eine Konferenz am 12. Juli 1947 in Paris voran, zu der alle europäischen Staaten mit Ausnahme von Spanien eingeladen waren. Es erschienen jedoch lediglich die westeuropäischen Staaten. Auf dieser Konferenz wurde ein Komitee für Europäische Wirtschaftliche Zusammenarbeit (Committee of European Economic Co-operation = C.E.E.C.) gegründet, welches durch verschiedene technische Komitees unterstützt wurde. Das C.E.E.C. stellte eine zeitlich begrenzte Einrichtung dar, welche als einziges Ziel hatte, einen Bericht über das ERP anzufertigen. Als dieser Bericht angefertigt war, wurde er der US-amerikanischen Verwaltung in Washington auf Anfrage durch eine Gruppe von Abgesandten vorgelegt, welche die US-amerikanische Seite darüber hinaus mit weitergehenden Informationen versorgte. Der Bericht stellte Europas Bedürfnisse für die Jahre 1948-1952 heraus.[128] Es wurde klar, dass es notwendig war, eine dauerhafte Einrichtung zu schaffen, welche die genaue Verteilung der Mittel des ERP vor-

---

[125] Final Act Of The Second Session Of The Commitee Of European Economic Co-Operation, S.1.

[126] Vgl. auch Art. 11 OEEC-Konvention und Rittberger / Zangl, Internationale Organisationen, S. 67; Brusse / Griffiths, Exploring the OEEC's Past, S. 15; OECD, The OECD, S. 3; Sands / Klein, Bowett's Law, Rn. 06-021, S. 167; Seidl-Hohenveldern / Loibl, Internationale Organisationen, Rn. 0226.

[127] Ipsen, Völkerrecht, § 46, Rn. 3.

[128] OEEC, A Decade of Co-operation, Achievements and Perspectives, S. 21.

schlägt und organisiert. Zu diesem Zweck traf sich das C.E.E.C. im März 1948 zum zweiten Mal in Paris. Hier wurde über die Gründung der OEEC beraten sowie deren Struktur und genaue Funktion festgelegt. Als Ergebnis wurde den Teilnehmerstaaten ein Vertragsentwurf zugeleitet.[129]

Gemäß Art. 25 ihrer Satzung stand der Beitritt zur OEEC jedem Europäischen Signatarstaat offen, faktisch entwickelte sich die Organisation jedoch hin zu einer „Westeuropäischen Organisation", zumal die UdSSR, Polen und die Tschechoslowakei den Beitritt verweigerten.[130] Die Bundesrepublik Deutschland trat der OEEC im Jahre 1949 bei.[131] Gemäß ihrer Zielsetzung schaffte es die OEEC, den Waren- und Zahlungsverkehr innerhalb der Mitgliedstaaten zu liberalisieren. Sechs der Mitgliedstaaten (Belgien, Niederlande, Luxemburg, Frankreich, Italien, Bundesrepublik Deutschland) gründeten 1957 mit der Zielsetzung weiterer Liberalisierung und Harmonisierung der Märkte die EWG.[132] Die OEEC trug ferner wesentlich dazu bei, die Kontingentwirtschaft (Export- und Importqouten) der Nachkriegszeit abzubauen und die Konvertierbarkeit der verschiedenen Währungen zu erreichen.[133] Die politische Einigung Europas hingegen erhielt nur geringe Impulse, auch die relativ hohen Zollschranken, durch welche sich die Mitgliedstaaten voneinander abschlossen, vermochte die OEEC nicht zu beseitigen.[134] Sitz der OEEC war im Château de la Muette in Paris.[135] Gründungsmitglieder der OEEC waren Österreich, Belgien, Dänemark, Frankreich, Griechenland, Island, Irland, Italien, Luxemburg, Niederlande, Norwegen, Portugal, Schweden, Schweiz, Türkei, Vereinigtes Königreich und Nordirland sowie die Bundesrepublik Deutschland (sowohl vertreten durch die Amerikanisch-Britische als auch durch die Französische Besatzungszone).[136]

---

129 OEEC, A Decade of Co-operation, Achievements and Perspectives, S. 26.
130 Sands / Klein, Bowett's Law, Rn. 06-021, S. 167.
131 ÖffAnz. Nr. 27 / 1949, 2.
132 Ipsen, Völkerrecht, § 46, Rn. 3.
133 Seidl-Hohenveldern / Hahn, Lexikon des Rechts, S. 301.
134 Seidl-Hohenveldern / Loibl, Internationale Organisationen, Rn. 0226.
135 Organisation for European Economic Co-operation.
136 Organisation for European Economic Co-operation

b. Organe

Der Rat stellte das oberste Organ der OEEC dar, in ihm kamen die Repräsentanten sämtlicher Mitgliedstaaten der OEEC zusammen (Art. 15 (a) OEEC-Konvention). Er bestimmte gemäß Art. 15 (b) OEEC-Konvention jedes Jahr einen Vorsitzenden und zwei Vize-Vorsitzende. Entscheidungen im Rat bedurften gemäß Art. 14 OEEC-Konvention der Einstimmigkeit.

Der Rat berief gemäß Art. 16 (a) OEEC-Konvention jährlich ein Exekutivkomitee mit sieben Mitgliedern ein, welchem die Vollmacht zwischen den Ratstreffen übertragen war. Der Rat hatte nach Art. 16 (b) OEEC-Konvention jedes Jahr einen Vorsitzenden und einen Vize-Vorsitzenden des Exekutivkomitees zu bestimmen. Jeder Mitgliedstaat der Organisation, welcher nicht im Exekutivkomitee vertreten war, hatte gemäß Art. 16 (c) OEEC-Konvention das Recht, bei jedem Gegenstand, welcher die Interessen dieses Mitglieds besonders berührte, an den Diskussionen und Entscheidungen des Komitees mitzuwirken.

Der Generalsekretär wurde von einem ersten und einem zweiten Stellvertreter unterstützt. Alle drei wurden vom Rat gewählt, der Generalsekretär unterstand den Weisungen des Rates, Art. 16 (a) und (b) OEEC-Konvention. Der Generalsekretär hatte gemäß Art. 17 (c) OEEC-Konvention den Treffen des Rates sowie denen des Exekutivkomitees und, sofern notwendig, den Treffen der technischen Komitees und der anderen Organe, mit dem Recht, sich an den Diskussionen zu beteiligen, beizuwohnen. Von 1948 bis 1955 war Robert Marjolin Inhaber des Amtes, René Sergent war Amtsinhaber für die restliche Zeit der Existenz der OEEC.[137] Der Generalsekretär hatte für das Sekretariat solche Mitarbeiter einzustellen, welche die Organisation benötigte. Im Hinblick auf den internationalen Charakter der Organisation hatten der Generalsekretär und die Mitarbeiter des Sekretariats von Mitgliedern oder von anderen Regierungen oder Stellen außerhalb der Organisation weder Instruktionen zu empfangen noch durften sie solche erstreben (Art. 18 (a) und (b) OEEC-Konvention).

Der Rat hatte gemäß Art. 15 OEEC-Konvention solche Technischen Komitees und andere Organe zu gründen, welche für die Leistungsfähigkeit und die Erfüllung der Ziele der Organisation benötigt wurden. Diese unterstanden den Weisungen des Rates. Sie hatten sich aus den Mitgliedstaaten zusammenzusetzen,

---

[137] Organisation for European Economic Co-operation.

welche vorwiegend betroffen waren, und ihre Arbeit so zu organisieren, dass andere interessierte Mitglieder, sofern notwendig, teilnehmen konnten (Art. 19 OEEC-Konvention).

2. Organisation für Wirtschaftliche Zusammenarbeit und Entwicklung

a. Gründung und Ziele

Ende der Fünfziger und Anfang der Sechziger Jahre des letzten Jahrhunderts kam der Gedanke auf, dass es auch den USA, Kanada und Japan ermöglicht werden sollte, an den wirtschaftspolitischen Zielen der Organisation teilzuhaben. Dieser Gedanke hatte seinen Ursprung vor allem in den veränderten Wirtschaftsbedingungen. So rückten die Industriestaaten immer näher zusammen, woraus eine verstärkte Abhängigkeit untereinander resultierte.[138] Auch wollte man die zuvor angesprochene Konvertierbarkeit der europäischen Währungen, welche im Dezember 1958 erreicht wurde, erweitern.[139] Aus diesem Grund fand eine „Umwandlung" der OEEC hin zur Organisation für Wirtschaftliche Zusammenarbeit und Entwicklung (Organisation for Economic Co-operation and Development, OECD) statt.[140] Diese durch den Beschluss des OECD–Übereinkommens getätigte „Umwandlung" geschah am 14. Dezember 1960.[141] Das Übereinkommen trat am 30. September 1961 in Kraft.[142] Gemäß Art. 1 des OECD-Übereinkommens ist es das Ziel der Organisation

1. „in den Mitgliedstaaten unter Wahrung der finanziellen Stabilität eine optimale Wirtschaftsentwicklung und Beschäftigung sowie einen steigenden Lebensstandard zu erreichen und dadurch zur Entwicklung der Weltwirtschaft beizutragen",

138 OECD, Handbuch, S. 21.
139 OECD, Handbuch, S. 21.
140 Ipsen, Völkerrecht, § 46, Rn. 3.
141 Vgl. OECD-Übereinkommen, Sart. II Nr. 70 und BGBl. 1961 II S. 1151.
142 OECD, The OECD, S. 4; Schermers / Blokker, International Institutional Law, § 1626, S. 1016.

2. in allen Staaten, „die in wirtschaftlicher Entwicklung begriffen sind, zu einem gesunden wirtschaftlichen Wachstum beizutragen“ sowie

3. insgesamt zur Ausweitung des Welthandels beizutragen.[143]

Aus den gesetzten Zielen ergibt sich für die OECD die Aufgabe, eine „Koordinierung der Wirtschafts- und Konjunkturpolitik“ zu erreichen.[144] Die OECD hat mittlerweile 30 Mitgliedstaaten[145], welche die Bindung an demokratische Regierung und die Marktwirtschaft miteinander teilen. Weiterhin unterhält die OECD Beziehungen zu 70 weiteren Staaten, NGOs und der bürgerlichen Gesellschschaft.[146] Gemäß Art. 18 OECD-Übereinkommen ist Paris Sitz der Organisation. Dieser befindet sich, wie zuvor der Sitz der OEEC, im Château de la Muette.[147] Beschlüsse im Rat der OECD müssen gemäß Art. 6 OECD-Übereinkommen einstimmig geschlossen werden, es handelt sich demnach bei der OECD um keine supranationale Organisation.[148] Die OECD dient vielmehr als Forum für Offizielle aus den Bereichen der Schlüsselpolitik der Regierungen der Mitgliedstaaten.[149]

b. Organe

Das oberste Organ der OECD ist der Rat.[150] Gemäß Art. 7 OECD-Übereinkommen besteht der Rat der OECD aus allen Mitgliedern. Von ihm gehen sämtliche Rechtshandlungen aus. Gemäß Art. 7 S. 2 OECD-Übereinkommen kann der Rat zu Tagungen der Minister (einmal jährlich[151])

---

143 Vgl. auch: OECD, The OECD, S. 4; Sands / Klein, Bowett's Law, Rn. 06-022, S. 167, 168; Shaw, International Law VI, S. 1288, Fn. 21.

144 Ipsen, Völkerrecht, § 46, Rn. 11.

145 Australien, Belgien, Dänemark, Deutschland, Finnland, Frankreich, Griechenland, Großbritannien, Irland, Island, Italien, Japan, Kanada, Korea, Luxemburg, Mexiko, Neuseeland, Niederlande, Norwegen, Österreich, Polen, Portugal, Schweden, Schweiz, Slowakei, Spanien, Tschechische Republik, Ungarn, Türkei, USA.

146 Organisation for Economic Co-operation and Development.

147 Könz, OECD, S. 32; OECD, The OECD, S. 6.

148 Shaw, International Law V, S. 1172.

149 OECD, The OECD, S. 3.

150 OECD, Handbuch, S. 26.

151 OECD, Handbuch, S.21; Sands / Klein, Bowett's Law, Rn. 06-023.

oder der ständigen Vertreter zusammentreten. Die übrigen Ratssitzungen werden von den Leitern der nationalen Ständigen Vertretungen wahrgenommen und finden ca. jede Woche einmal statt.[152] Der Rat hat gemäß Art. 8 OECD-Übereinkommen einen Vorsitzenden. Weiterhin kann der Rat gemäß Art. 9 OECD-Übereinkommen einen Exekutivausschuss als weiteres Organ einsetzen. Hiervon hat er Gebrauch gemacht. Der „Exekutivausschuss bereitet die Sitzungen des Rates vor".[153]

Der Rat hat gemäß Art. 9 OECD-Übereinkommen weitere Nebenorgane eingesetzt.[154] Diese lassen sich zum einen in Fachausschüsse, in welchen der Schwerpunkt der praktischen Arbeit erfolgt[155], und zum anderen in Agenturen unterteilen. Letztere sind relativ selbständige Internationale Organisationen. Es handelt sich um die European Nuclear Energy Agency (Europäische Kernenergieagentur, ENEA), welche 1957 gegründet wurde. Die International Energy Agency (Internationale Energieagentur, IEA) wurde 1974 gegründet.[156] Als weiterer „Ableger" der OECD ist die Europäische Konferenz der Verkehrsminister zu nennen, welche durch ein am 17. Oktober in Brüssel unterzeichnetes Protokoll geschaffen wurde. Dieses Gremium arbeitet innerhalb des Rahmenwerks der OECD. Seine Aufgabe ist die Rationalisierung sowie die Integration des europäischen Transportsystems.[157] „Die rechtsetzende Tätigkeit des Rates tritt seit 1961 gegenüber der Funktion der OECD als Forum des wirtschaftspolitischen Meinungsaustausches zurück"[158], so dass eher „gruppendynamische" Entwicklungen, welche auf Empfehlungen oder Sachverständigenberichten bezüglich einzelner Mitglieder beruhen, in den Vordergrund rücken.[159] Das Fehlen eines „quasi-parlamentarischen Organs" bei der OECD erklärt sich vor allem daraus, dass gemäß Art. 6 OECD-Übereinkommen Beschlüsse der Organisation nur einstimmig gefasst werden können.[160] Zu beachten ist jedoch, dass die OECD der Parlamentarischen Versammlung des Europarates einen Jahresbericht vor-

152 OECD, Handbuch, S.26.
153 OECD, Handbuch, S. 27; Seidl-Hohenveldern / Hahn, Lexikon des Rechts, S. 301.
154 Ipsen, Völkerrecht, § 46, Rn. 6.
155 Seidl-Hohenveldern / Hahn, Lexikon des Rechts, S. 301.
156 Ipsen, Völkerrecht, § 46, Rn. 7, 8.
157 Sands / Klein, Bowett's Law, Rn. 06-027.
158 Seidl-Hohenveldern / Hahn, Lexikon des Rechts, S. 301.
159 Sands / Klein, Bowett's Law, Rn. 06-023.
160 S. a. Seidl-Hohenveldern / Loibl, Internationale Organisationen, Rn. 1207.

legt. Hierdurch unterliegt die OECD einer, wenn auch nur sehr indirekten, „quasi-parlamentarischen“ Kontrolle.[161]

Als weiteres Organ ist der Generalsekretär zu nennen. Er wird vom Rat gemäß Art. 10 I 1 OECD-Übereinkommen für eine Amtszeit von fünf Jahren gewählt und von einem Sekretariat unterstützt, dessen Mitarbeiter (Generalsekretär, Stellvertretende und Beigeordnete Generalsekretäre, Personal) gemäß Art. 11 II OECD-Übereinkommen weisungsunabhängig von allen Mitgliedern, Regierungen und sonstigen Institution außerhalb der OECD zu sein haben. Er steht zugleich an der Spitze des Sekretariats und vertritt die OECD nach außen.[162]

3. Tatbestand der Nachfolge

Der Begriff der Rechtsnachfolge wird ganz allgemein als „Übergang von Rechten und Pflichten auf eine andere Person“[163] definiert. Die Rechtsnachfolge resultiert dabei immer aus einer Rechtsübertragung.[164] Gemäß Art. 15 OECD-Übereinkommen erfolgte mit Inkrafttreten dieses Übereinkommens eine „Umgestaltung“ der Organisation für Europäische Wirtschaftliche Zusammenarbeit (OEEC). Die „Ziele, Organe, Befugnisse und Bezeichnungen“ der OEEC wurden damit entsprechend den Regelungen des OECD-Übereinkommens modifiziert.[165] Hinsichtlich der Ziele der OECD kann auf die Darstellungen sowie auf Art. 1 OECD-Übereinkommen verwiesen werden. Die Organe der OECD entsprechen im Wesentlichen denen der OEEC, jedoch wurden die Befugnisse des Rates zum Einsetzen von Nebenorganen in Form von Fachausschüssen und Agenturen gemäß Art. 9 OECD-Übereinkommen erweitert. Der Name der Organisation („OEEC“, vgl. Art. 15 OECD-Übereinkommen) wurde entsprechend Art. 1 OECD-Übereinkommen geändert. Gemäß Art. 15 S. 2 1. HS OECD-Übereinkommen setzt sich die Rechtspersönlichkeit der Organisation für Europäische Wirtschaftliche Zusammenarbeit in der OECD fort. Die Beschlüsse, Empfehlungen und Entschließungen der OEEC sollen hingegen nach Inkrafttreten des OECD-Übereinkommens nur wirksam sein, wenn der Rat sie genehmigt

---

161 Seidl-Hohenveldern / Loibl, Internationale Organisationen, Rn. 1213.
162 OECD, Handbuch, S. 28.
163 Alpmann / Brockhaus, Fachlexikon Recht, S. 1062.
164 Creifelds / Weber, Rechtswörterbuch, S. 1102.
165 Vgl. Art. 15 OECD-Übereinkommen.

(Art. 15 S. 2 2. HS OECD-Übereinkommen). Zur Durchführung der „Umgestaltung“ wurde ein sog. Vorbereitungskomitee gegründet, welchem die Aufgabe und die Ermächtigung zukam, die Beschlüsse, Empfehlungen und Entschließungen der OEEC neu zu bewerten und zu entscheiden, welche von ihnen zur Genehmigung vorgeschlagen werden sollten.[166] Die OECD übernahm sowohl das Eigentum als auch die Verpflichtungen der OEEC.[167] Die OECD führte sowohl die internationalen als auch die privatrechtlichen Verträge der OEEC fort.[168] Die Verträge der Bediensteten hingegen galten als aufgelöst, konnten aber neu abgeschlossen werden.[169] Dies wurde auch entsprechend getan, zumindest die Offiziellen der OEEC wurden nach den geltenden Regelungen entlassen und später wieder bei der OECD eingestellt.[170] Hinsichtlich der Übernahme der Verpflichtungen der OECD besteht somit ein ganz wesentlicher Unterschied zum zuvor dargestellten Sachverhalt des Völkerbundes und der Vereinten Nationen, s. o.

Es ist zu klären, ob die OEEC und die OECD personenidentisch sind. Nur wenn dies nicht der Fall ist, können Rechte und Pflichten tatsächlich auf eine andere Person übertragen werden.

Es wird die These aufgestellt, dass im Gegensatz zum Fall des Völkerbundes und der Vereinten Nationen bei der OEEC und der OECD ein Nachfolgefall vorliegt, in dem die Rechtspersönlichkeit der „alten“ Organisation in der „neuen“ fortgeführt wurde.[171] Eine Rechtsidentität soll also gerade nicht bestehen. Zur Untermauerung dieser Sichtweise wird an anderer Stelle angeführt, dass sich die OECD vorbehalten habe, die Rechtsakte der OEEC im Einzelnen auf ihre Übernahme zu prüfen. Weiterhin wird angeführt, dass die Verträge mit den Bediensteten als aufgelöst galten, aber neu abgeschlossen werden konnten.[172] Auch wird (allerdings ohne nähere Begründung) davon gesprochen, dass die OEEC ihre Aufgaben einer gänzlich neuen Organisation, nämlich der OECD überlassen habe.[173]

---

166 Sands / Klein, Bowett's Law, Rn. 15-117.
167 Schermers / Blokker, International Institutional Law, § 1626, S. 1016.
168 Schermers / Blokker, International Institutional Law, § 1626, S. 1016; Hahn, ZaöRV Bd. 22 (1962), S. 49, 56.
169 Klein, Die Internationalen und die Supranationalen Organisationen, S. 292, Rn. 58.
170 Sands / Klein, Bowett's Law, Rn. 15-118.
171 Sands / Klein, Bowett's Law, Rn. 15-116.
172 Klein, Die Internationalen und die Supranationalen Organisationen, S. 292, Rn. 58.
173 Schermers / Blokker, International Institutional Law, § 1626, S. 1016

Nach dieser Sichtweise hätte also eine Organisation aufgehört zu existieren, und eine andere, gerade neu gegründete Organisation den Aufgabenbereich der ersten übernommen. Dementsprechend wäre ein Tatbestand der Rechtsnachfolge gegeben.

Inwieweit jedoch ein Unterschied in den Begriffen „Rechtspersönlichkeit“ und „Rechtsidentität“ liegen soll, wird in dem angeführten Text nicht erklärt. Es wird nicht klar, wie die Rechtspersönlichkeit fortgeführt werden soll, ohne dass auch Rechtsidentität gegeben ist. Nach der Ratio der Ausführungen sollen sich die Unterschiede wohl gerade daraus ergeben, dass die OECD die Rechtsakte als auch die Verträge mit den Bediensteten der OEEC nicht übernommen hat. Warum dies aber gerade einen Unterschied hinsichtlich der rechtlichen Stellung begründen soll, bleibt nach wie vor unklar.

Gegenteilig kann man gerade darin, dass sich die OECD bezüglich der Rechtsakte der OEEC eine Übernahme vorbehalten hat, eine Ausnahme- bzw. Sonderregelung erkennen. Nur wenn man von einer Fortführung der Rechtspersönlichkeit (und damit von Rechtsidentität) ausgeht, macht eine solche Regelung überhaupt Sinn. Denn wären OEEC und OECD voneinander verschieden, hätte die OECD die Rechtsakte der OEEC ohnehin nicht (automatisch) übernommen, hätte aber im Bedarfsfall äquivalente Regelungen treffen können. Bedarf zur Klärung der Frage der Übernahme von Rechtsakten der OEEC durch die OECD bestand somit nur im Fall der Rechtsidentität. Diese schließt jedoch einen ein Tatbestand der Rechtsnachfolge aus.

Weiterhin muss auch dem in Art. 15 OECD-Übereinkommen zum Ausdruck kommenden Willen der Mitgliedstaaten Rechnung getragen werden, welcher für eine Identität der beiden Organisationen spricht.[174] Es bleibt somit festzustellen, dass die OEEC und die OECD personenidentisch sind.

Bezüglich der Organe hat sich nicht sehr viel geändert. Sowohl zu Zeiten der OEEC als auch zu denen der OECD gab es einen Rat und einen Generalsekretär an der Spitze des Sekretariats. Die Funktion des Ratspräsidenten wurde mit der des Generalsekretärs verschmolzen, wodurch die Stellung der zentralen Organe gefestigt wurde.[175] Dem früheren Exekutivkomitee entspricht heute der Exeku-

---

[174] Seidl-Hohenveldern / Loibl, Internationale Organisationen, Rn. 0606.
[175] Könz, OECD, S. 40.

tivausschuss. Hinzugekommen sind jedoch die ENEA und die IEA, welche jedoch weitgehend selbständige Internationale Organisationen darstellen.

Das Prinzip der Einstimmigkeit ist nach wie vor vorhanden.[176] Auch die Zusammensetzung des Sekretariats sowie die Arbeitsverteilung an die Ausschüsse der OECD blieben größtenteils identisch.[177]

4. Ergebnis und Fazit

Unter Bezugnahme auf die eingangs gegebene Definition und unter Berücksichtigung der Tatsache, dass OEEC und OECD personenidentisch sind, kann festgestellt werden, dass keine Rechtsnachfolge vorliegt. Fraglich erscheint allerdings, wie die „Umwandlung" der OEEC in die OECD zu qualifizieren ist. So wird, angesichts der Tatsache, dass zwischen beiden Organisationen Personenidentität besteht, der Vorgang allgemein als „Wiederherstellung" oder „Wiederaufbau" („reconstitution") bezeichnet.[178] An anderer Stelle wird der Fall der „Umwandlung" der OEEC in die OECD als Fall der „Abänderung" oder „Neufassung" („Amendment") definiert, bei dem die rechtliche Identität bzw. die Rechtspersönlichkeit („legal identity") die selbe bleibt. Wiederum andere sprechen von einem „Umbau" der Organisation[179] oder einer „Überleitung" bzw. von einem „Übergang" („transition") der OEEC in die OECD.[180] Insgesamt kann daher abschließend festgehalten werden, dass mittels der „Umwandlung" lediglich neuen Anforderungen und Zielsetzungen[181] Rechnung getragen werden sollte.[182] Dies wurde mittels einer Änderung des Vertrages seitens der Parteien (=Mitgliedstaaten) realisiert. Insofern liegt kein Tatbestand der Rechtsnachfolge, sondern der Umgestaltung und Neuordnung einer personenidentischen Organisation vor.

---

176 S.o., vgl. auch: Könz, OECD, S. 33.
177 Könz, OECD, S. 33.
178 Sands / Klein, Bowett's Law, Rn. 15-116.
179 Seidl-Hohenveldern / Loibl, Internationale Organisationen, Rn. 0606.
180 Griffiths, An Act of Creative Leadership, S. 236.
181 Vgl. die Ausführungen zur Geschichte der OEEC und der OECD sowie deren Zielsetzungen zuvor.
182 Hahn, EPIL 1995, S. 1340, 1342.

III. Internationales Landwirtschaftliches Institut und Ernährungs- und Landwirtschaftsorganisation

1. Internationales Landwirtschaftliches Institut

a. Geschichte und Ziele

Das Internationale Landwirtschaftliche Institut (International Institute of Agriculture, IIA) wurde, nach einer Reihe von Zusammenkünften zwischen dem 29. Mai 1905 und dem 6. Juni 1905, am 7. Juni 1905 in Rom gegründet.[183] Das Institut nahm seine Tätigkeit am 8. Mai 1908 auf, also knapp drei Jahre nach seiner Gründung.[184] Die Aufgabe des IIA sollte gemäß Art. 9 IIA-Vertrag darin liegen, Informationen jeglicher Art über die Produktion und Vermarktung von landwirtschaftlichen Produkten zu sammeln und zur Verfügung zu stellen. Ferner war es Ziel des IIA, Informationen über Pflanzenkrankheiten, Lohnentwicklungen im landwirtschaftlichen Bereich und Fragen des landwirtschaftlichen Genossenschafts-, Versicherungs- und Kreditwesens zusammenzutragen. Auch sollten aufgrund der gesammelten Daten Vorschläge zum Schutze der gemeinschaftlichen Interessen der Landwirte und zur Verbesserung von deren Lage ausgearbeitet werden. Gemäß Art. 1 des IIA-Vertrages war der Sitz des IIA in Rom.

b. Organe

Gemäß Art. 3 IIA-Vertrag[185] bestand die Generalversammlung des Instituts aus den Vertretungen der Mitgliedstaaten. Unabhängig von der Anzahl der Delegierten richtet sich die Anzahl der Stimmen eines Staates nach der Gruppe, welcher der Staat angehörte. Die Anzahl der Stimmen konnte gemäß Art. 10 IIA-Vertrag je nach Beitragssatz zwischen einer und fünf variieren. Ferner wählte die Generalversammlung gemäß Art. 4 IIA-Vertrag für jede Session aus ihrer Mitte einen Präsidenten und zwei Vizepräsidenten.

---

183 Knipping, Das System der Vereinten Nationen, Bd. II, Dokument 13, S. 267, 267.
184 Marchisio / DiBlase, The FAO, S. 6.
185 S. a. Knipping, Das System der Vereinten Nationen, Bd. II, Dokument 13, S. 267 ff.

Gemäß Art. 6 IIA-Vertrag wurde das Ständige Komitee mit der vollziehenden Gewalt betraut. Das Ständige Komitee führte die Beschlüsse der Generalversammlung aus und bereitete die für die Generalversammlung bestimmten Vorlagen vor. Es bestand gemäß Art. 7 IIA-Vertrag aus den von den Regierungen der Mitgliedstaaten dazu bestimmten Mitgliedern. Jeder Vertragsstaat war durch ein Mitglied vertreten, wobei die Stimmengewichtung in Abstimmungen der bei der Generalversammlung entsprach. Das Ständige Komitee wählte ferner gemäß Art. 8 IIA-Vertrag aus seinen Mitgliedern einen Präsidenten und einen Vize-Präsidenten für den Zeitraum von drei Jahren. Die Wiederwahl war möglich. Der Generalsekretär des ständigen Komitees war zugleich auch Sekretär der Generalversammlung.

Es gab kein gesondertes Sekretariat und dementsprechend keinen Generalsekretär.

2. Ernährungs- und Landwirtschaftsorganisation

a. Gründung und Ziele

Die Gründung der Ernährungs- und Landwirtschaftsorganisation (Food and Agriculture Organisation, FAO) wurde durch die Ernährungs- und Landwirtschaftskonferenz der Vereinten Nationen, welche von Mai bis Juni 1943 stattfand, eingeleitet.[186] Damals trafen sich die Vertreter von insgesamt 44 Staaten in Hot Springs, Virginia, um sich ankündigende (Nachkriegs-) Probleme hinsichtlich Nahrung und Landwirtschaft zu diskutieren.[187] Die Staaten kamen zu dem Schluss, dass eine neue internationale Organisation gegründet werden sollte, um „ein gemeinsames Vorgehen unter gleichgesinnten Nationen zur Expansion und Verbesserung, zur Steigerung der Beschäftigung und zur Konsumsteigerung“ zu fördern. Weiterhin sollte eine „größere Freiheit des internationalen Handelsverkehrs“ erreicht werden.[188] Mit dem Ziel der Gründung einer solchen Organisation beschloss die Konferenz zunächst die Gründung einer Interimskommission für Ernährung und Landwirtschaft bis zum 15. Juli 1943 in Washington. Dieser Interimskommission kam die Aufgabe zu, eine Satzung für die FAO zu entwer-

[186] Shaw, International Law V, S. 1098; Sands / Klein, Bowett's Law, Rn. 03-018.
[187] Myers, Succession, S. 21.
[188] Myers, Succession, S. 21.

fen. Weiterhin sollte diese Satzung potentiellen Mitgliedstaaten zugeleitet sowie deren Annahmeerklärungen entgegengenommen werden. Drittens sollte die Kommission Gedanken über genaue Zielsetzungen und Tätigkeiten der FAO zusammentragen.[189]

Nach der Präambel des FAO-Vertrages[190] wurde die FAO mit der Zielsetzung gegründet, den Ernährungsstand und die Lebenshaltung zu heben, die Leistungsfähigkeit der Erzeugung und Verteilung landwirtschaftlicher Erzeugnisse sicherzustellen sowie die Lebensbedingungen der Landbevölkerung zu verbessern. Ferner soll die FAO zur Ausweitung der Weltwirtschaft beitragen und die Menschheit vom Hunger befreien. Gemäß Art. I Absatz 1 FAO-Vertrag hat die FAO die Aufgabe, Informationen über Ernährung und Landwirtschaft zu sammeln, zu analysieren, zu erläutern und zu verbreiten. Gemäß Art. I Absatz 2 FAO-Vertrag fördert und empfiehlt die FAO verschiedene dort aufgelistete nationale und internationale Maßnahmen zum Zwecke der Förderung der landwirtschaftlichen Produktion und des landwirtschaftlichen Handels. Gemäß Absatz 3 ist es ferner die Aufgabe der Organisation, den Regierungen der Mitgliedstaaten technische Hilfe zu gewähren, Sachverständigengruppen aufzustellen sowie alle Maßnahmen zu treffen, die zur Verwirklichung der in der Präambel genannten Ziele notwendig und zweckmäßig sind. Allgemein beschäftigt sich die FAO also mit dem Ernährungsbedarf der Menschheit. Die FAO erarbeitet Studien zur Ernährungslage der Welt und leistet insbesondere in Entwicklungsländern wichtige technische Hilfe. Sie ist bestrebt, die Erzeugung einer maximalen Menge von Nahrungsmitteln zu fördern.[191] Weiterhin erarbeitete die FAO Normierungen bezüglich des Schutzes des Mittelmeeres, der Fischerei und von Pflanzen.[192] Weiterhin leistet die FAO Nahrungsmittelhilfe an Staaten, die von Nahrungsmittelknappheit betroffen sind. Diese Hilfe wird durch eine speziell eingerichtete Dienststelle koordiniert. Seit 1975 betreibt die FAO ferner ein globales Informations- und Frühwarnsystem, welches Ernte- und Nahrungsmittelvorhersagen überwacht, um Nahrungsmittelknappheiten und Katastrophen zu erkennen und aufzuspüren.[193] Die gesteigerte Aufmerksamkeit gegenüber landwirtschaftlichen Fragen war Folge sowohl des wachsenden Bewusstseins der Gefahr weltweiten Hungers und globaler Hungersnöte, als auch der Realisierung bäuerlicher Ent-

---

189 Phillips, FAO, S. 13.

190 Knipping, Das System der Vereinten Nationen, Bd. I/2, Dokument 125, S. 617 ff.

191 Seidl-Hohenveldern / Loibl, Internationale Organisationen, Rn. 2901, 2902.

192 Seidl-Hohenveldern / Rest, Lexikon des Rechts, S. 435.

193 Sands / Klein, Bowett's Law, Rn. 3-018.

wicklung in Staaten der Dritten Welt in dem Maße, in dem sie zuvor vor dem Hintergrund, dort industrielle Entwicklung zu erreichen, vernachlässigt wurde.[194] Der FAO-Vertrag trat am 16. Oktober 1945 in Kraft.[195] Vom 16.Oktober 1945 bis zum 1. November wurde dann auch die erste Sitzung der FAO-Konferenz im Châtau Frontenac in Quebec, Kanada, abgehalten. Während dieser Sitzung wurde der Prozess der Organisationsgründung abgeschlossen und die FAO formell ins Leben gerufen.[196] Der Sitz der FAO wird laut Art. IX FAO-Vertrag von der Konferenz bestimmt und ist in Rom.[197] Die FAO ist gemäß Art. XII Absatz 1 FAO-Vertrag eine Sonderorganisation der Vereinten Nationen, zu der selbige nach Art. 57 ff. UN-Charta besondere Beziehungen unterhalten.[198] Die Mitgliedschaft in der FAO steht gemäß Art. II Absatz 1, 2 und 3 FAO-Vertrag Staaten offen, ferner können unter bestimmten Bedingungen gemäß Absatz 3 regionale Internationale Organisationen aufgenommen werden. Laut Absatz 11 können ferner einzelne Hoheitsgebiete oder Gruppen von Hoheitsgebieten als sog. assoziierte Mitglieder aufgenommen werden. Diese sind in ihren Mitgliedsrechten eingeschränkt.[199]

b. Organe

Die Konferenz, der Rat und der Generaldirektor stellen die drei Hauptorgane der FAO dar.[200] Gemäß Art. III Absatz 1 FAO-Vertrag wurde eine Konferenz eingerichtet, in der jeder Mitgliedstaat durch einen Delegierten vertreten ist. Nach Art. III Absatz 4 FAO-Vertrag verfügt jeder Mitgliedstaat über eine Stimme, im Gegensatz zur Satzung der IIA richtet sich die Stimmenanzahl also nicht nach dem Beitragssatz. Das Stimmrecht des Mitgliedstaates ruht jedoch, wenn dieser mit der Zahlung seiner Beiträge im Rückstand ist und diese die Höhe der Beiträge der beiden vorangegangenen Jahre erreichen oder übersteigen. Die Konferenz kann das Stimmrecht jedoch in Ausnahmefällen gestatten. Beschlüsse müssen laut Absatz 6 mit der Mehrheit der abgegebenen Stimmen gefasst werden. Die

194 Shaw, International Law V, S. 1098.
195 Knipping, Das System der Vereinten Nationen, Bd. I/2, Dokument 125, S. 617.
196 Phillips, FAO, S. 11, 13.
197 Phillips, FAO, S. 12; Shaw, International Law V, S. 1098.
198 Vgl. auch Seidl-Hohenveldern / Loibl, Internationale Organisationen, Rn. 0813.
199 Vgl. z. B. Art. III Absatz 1 FAO-Vertrag.
200 Sands / Klein, Bowett's Law, Rn. 3-018.

Konferenz stellt somit das oberste „Leit- und Beratungsorgan“ der Organisation dar.[201]

Die Konferenz wählt gemäß Art. V Absatz 1 FAO-Vertrag den Rat der Organisation, welcher sich aus den Vertretern von neunundvierzig Mitgliedstaaten zusammensetzt. Jeder Mitgliedstaat, welcher dem Rat angehört, verfügt über eine Stimme. Laut Art. V Absatz 2 FAO-Vertrag ernennt die Konferenz einen unabhängigen Vorsitzenden des Rats. Der Rat ernennt sich gemäß Absatz 5 sein Präsidium mit Ausnahme des Vorsitzenden selbst und gibt sich ferner eine Geschäftsordnung. Nach Art. VI Absatz 1 FAO-Vertrag kann die Konferenz oder der Rat weiterhin Kommissionen, Ausschüsse, Konferenzen, Arbeits- und Konsultationsgruppen einsetzen. Diese können universeller Natur, also mit Vertretern aller Mitgliedstaaten und assoziierter Mitglieder, oder aber regionaler Natur, d. h. nur mit Vertretern der Mitgliedstaten und assoziierten Mitglieder bestimmter Regionen besetzt sein. Außerdem besteht die Möglichkeit, dass die genannten Kommissionen mit anderen zwischenstaatlichen Organisationen gemeinsam gegründet werden. Der Rat stellt das zweithöchste Regierungsorgan der FAO dar und arbeitet zwischen den Sitzungen der Konferenz.[202]

Die Konferenz ernennt ferner gemäß Art. VII Absatz 1 FAO-Vertrag einen Generaldirektor für den Zeitraum von sechs Jahren, wobei die Möglichkeit der Wiederernennung besteht. Der Generaldirektor leitet gemäß Absatz 4 die Arbeiten der Organisation. Weiterhin ernennt er laut Art. VIII Absatz 1 FAO-Vertrag das Personal.

3. Tatbestand der Nachfolge

Das IIA wurde mit Wirkung vom 28. Januar 1948 aufgelöst.[203] Am gleichen Tag wurden sämtliche Aktiva des IIA Eigentum der FAO.[204] Die FAO hat somit sowohl die Funktionen und Aufgaben als auch die Aktiva des IIA übernommen.[205]

---

201 Phillips, FAO, S. 19.
202 Phillips, FAO, S. 23.
203 UNYB 1946-47, S. 832, Fn. 3; UNYB 1947-48, S. 999, Fn. 4.
204 UNYB 1946-47, S. 832, Fn. 3; UNYB 1947-48, S. 999, Fn. 4.
205 Sands / Klein, Bowett's Law, Rn. 3-018.

Hinsichtlich der Organe des IIA und der FAO gibt es einige Unterschiede. Während die Anzahl der Stimmen in der Generalversammlung des IIA variierte, hat jeder Mitgliedstaat in der Konferenz der FAO eine Stimme. Die Anzahl der Stimmen im Ständigen Komitee der IIA richteten sich nach der Anzahl der Stimmen der Mitglieder in der Generalversammlung, im Rat der FAO hingegen hat jeder Mitgliedstaat eine Stimme. Im IIA gab es lediglich einen Generalsekretär des Ständigen Komitees, die FAO hat hingegen einen Generalsekretär.

Die FAO übernahm jedoch nicht nur Aufgaben des IIA. So kam das Exekutivkomitee der FAO vom 3. bis zum 6. März 1947 in Rom zusammen und genehmigte ein Übereinkommen zwischen der FAO und der Nothilfe- und Wiederaufbauverwaltung der Vereinten Nationen (United Nations Relief and Rehabilitation Administration, UNRRA)[206]. Gegenstand dieses Übereinkommens war die Übernahme einiger technischer und beratender Dienste seitens der FAO, welche ursprünglich von der UNRRA ins Leben gerufen wurden, um die Produktion von Nahrungsmitteln in durch den Krieg verwüsteten Gebieten zu erhöhen. Weiterhin wurde auch das Personal der UNRRA auf die FAO übertragen sowie der FAO seitens der UNRRA 600.000 US-$ zur Verfügung gestellt, damit diese ihre Tätigkeiten weiter ausführen konnte.[207]

Mit Hinblick auf die Daten der Auflösung des IIA (28. Januar 1948) und der Gründung der FAO (16. Oktober 1945) bleibt festzustellen, dass die beiden Organisationen mehr als zwei Jahre parallel existierten. Insofern erinnert dieser Tatbestand an den der partiellen Funktionsnachfolge zwischen Völkerbund und UN. Beide Organisationen können schon aufgrund ihrer parallelen Existenz nicht identisch hinsichtlich ihrer Rechtspersönlichkeit sein. Die Funktionsnachfolge der FAO geht ferner insgesamt weiter; sie beschränkt sich nicht nur auf die Übernahme der Aufgaben und Funktionen des IIA, sondern erstreckt sich auch auf manche von der UNRRA wahrgenommenen Funktionen. Insofern ist die FAO nicht nur Funktionsnachfolgerin des IIA, sondern im Übrigen auch partielle Funktionsnachfolgerin der UNRRA.

---

[206] Zur UNRRA s. u.
[207] UNYB 1946-47, S. 685, 689.

IV. Organisation für Afrikanische Einheit und Afrikanische Union

1. Organisation für Afrikanische Einheit

a. Geschichte und Ziele

Gründungsziel der Organisation für Afrikanische Einheit (Organization of African Unity, OAU) war es, die politische als auch die wirtschaftliche Entwicklung in den Gebieten afrikanischer Staaten zu fördern.[208] Die OAU-Charta wurde am 25. Mai 1963 in Addis Abeba in Äthiopien von 30 Staaten[209] unterzeichnet.[210] Gemäß Art. XXV OAU-Charta trat die Charta in Kraft, als die Ratifikationsurkunden von zwei Dritteln der Signatarstaaten bei der Regierung von Äthiopien eingegangen waren. Dies geschah am 13. September 1963[211] und somit nur wenige Jahre nach der Unabhängigkeit vieler afrikanischer Staaten.[212] Die OAU hatte die Intention, die afrikanischen Staaten in ihren verschiedenen konstitutiven Bestandteilen zu stärken, gegen Kolonialismus zu kämpfen, die interafrikanische Kooperation voranzutreiben und für Menschenrechte zu werben bzw. diese zu fördern.[213] Aus Art. II 2. OAU-Charta ergab sich ferner eine Zusammenarbeit im Bereich der wirtschaftlichen, sozialen und kulturellen Entwicklung.[214] Im Rahmen der Organisation verpflichteten sich ihre Mitglieder zur Zusammenarbeit und zur Verteidigung ihrer territorialen Integrität. Weiterhin verpflichteten sie sich „zu einer Politik der Blockfreiheit und zur Bekämpfung des Kolonialismus und Neokolonialismus" in Afrika.[215] In keiner anderen regionalen Organisation ist eine solch expressive konstitutionelle Zuwendung an die Politik der Nichtanpassung und Nichtgleichrichtung zu finden.[216] Zum Zwecke der friedlichen Beilegung von Streitigkeiten zwischen Mitgliedstaaten wurde eine Kommission für Vermittlung, Versöhnung, und Schiedsgerichtsbarkeit als

208 Seidl-Hohenveldern / Loibl, Internationale Organisationen, Rn. 0247.
209 Vgl. Art. XXXIII OAS-Charta, UNTS Band 479, S. 39 ff.; Togo hat nicht unterzeichnet, Marokko hat die Unterzeichnung am 19.09.1963 nachgeholt.
210 Vgl. Art. XXXIII OAS-Charta, UNTS Band 479, S. 39 ff.
211 Vgl. UNTS Band 479, OAS-Charta S. 39 (70), Fn. 1.
212 Wembou, The OAU and International Law, in: The Organization of African Unity, S. 15 (16).
213 Wembou, The OAU and International Law, in: The Organization of African Unity, S. 15 (16).
214 Wembou, The OAU and International Law, in: The Organization of African Unity, S. 15 (18).
215 Seidl-Hohenveldern / Loibl, Internationale Organisationen, Rn. 2219.
216 Sands/Klein, Bowett's Law, Rn. 10-003, S. 244.

eines der Hauptorgane der OAU eingerichtet. Ferner wurde ein Dekolonisationskomitee geschaffen, welches die Dekolonisation aktiv fördern sollte.[217] Die OAU war nicht, wie zunächst von Seiten des damaligen ghanaischen Präsidenten Nkrumah vor der Gründung gefordert, stark föderalistisch geprägt, sie stellte eher eine lockere Organisation der Kooperation ohne Elemente der Supranationalität dar.[218] Weiterhin kann die Behauptung aufgestellt werden, dass die OAU im Großen und Ganzen eine harmonische Beziehung zur UN pflegte, welche ihrerseits die OAU umgehend als „Regionale Organisation" i. S. d. Kapitel VIII UN-Charta anerkannte.[219] Lediglich im Juni 1998 entschied die Generalversammlung der OAU, dass sie die verschiedenen Sanktionen, welche seitens der UN gegen Libyen als Reaktion auf dessen vermeintliche Verwicklungen in das Attentat von Lockerbie erlassen wurden, missachten würde.[220] Die entsprechenden UN-Sanktionen wurden später aufgehoben.[221] Der Sitz der OAU war in Addis Abeba (Äthiopien).[222] Die OAU wurde am 11. Juli 2001 auf ihrer letzten Gipfelkonferenz von Lusaka (Sambia) aufgelöst.[223]

b. Organe

Die OAU hatte gemäß Art. VII OAU-Charta vier Hauptorgane.[224] Gemäß Art. VIII OAU-Charta war die Versammlung der Staatsoberhäupter und Regierungschefs das oberste Organ der Organisation. Hauptaufgabe dieser Versammlung war es, Gesichtspunkte zu diskutieren, welche für Afrika von allgemeinem Interesse waren um so die generelle Politik der Organisation zu harmonisieren und zu koordinieren. Gemäß Art. IX OAU-Charta hatte sich die Versammlung zumindest einmal im Jahr zu treffen. Nach Art. X OAU-Charta hatte jeder Mitgliedstaat eine Stimme in der Versammlung, alle Resolutionen mussten mit einer Zweidrittelmehrheit beschlossen werden, Verfahrensfragen lediglich mit einfacher Mehrheit. Beschlussfähig war die Versammlung ebenfalls mit Zweidrittelmehrheit. Die Versammlung war gemäß Art. XI OAU-Charta ferner be-

---

217 Seidl-Hohenveldern / Loibl, Internationale Organisationen, Rn. 2219.
218 Sands / Klein, Bowett's Law, Rn. 10-003, S. 244.
219 Sands / Klein, Bowett's Law, Rn. 10-004, S. 245.
220 Sands / Klein, Bowett's Law, Rn. 10-004, S. 245.
221 Vgl. UN-Resolution 1192 vom 27.08.1998.
222 Ipsen, Völkerrecht, § 34, Rn. 32.
223 Meyns, Internationale Politik 11/2001, S. 45 (45); Harenberg, Lexikon Aktuell, S. 677.
224 Kunig, Das völkerrechtliche Nichteinmischungsprinzip, S. 109.

rechtigt, ihre eigenen Verfahrensregeln festzulegen. Sie stellte das „höchste Organ“ der OAU dar.[225]

Im Rat der Minister kamen gemäß Art. XII OAU-Charta die Außenminister oder andere Minister zusammen, die von ihren Staaten entsandt wurden. Der Rat der Minister hatte sich zumindest zweimal im Jahr zu treffen. Nach Art. XIII OAU-Charta war der besagte Rat der Versammlung der Staatsoberhäupter und Regierungschefs verantwortlich und damit betraut, die Konferenzen der Versammlung der Staatsoberhäupter und Regierungschefs vorzubereiten. Gemäß Art. XIV OAU-Charta hatte im Ministerrat ebenfalls jeder Mitgliedstaat eine Stimme, Resolutionen konnten mit einfacher Mehrheit beschlossen werden. Beschlussfähig war der Rat mit Zweidrittelmehrheit. Der Rat hatte gemäß Art. XV OAU-Charta seine eigenen Verfahrensregeln festgelegt und kann als das zweitwichtigste Organ der Organisation bezeichnet werden.[226]

Als drittes Organ gab es den Generalsekretär der Organisation. Diesem kam laut Art. XVI OAU-Charta die Aufgabe zu, die Angelegenheiten und Arbeiten des Sekretariats zu leiten. Der Generalsekretär wurde von der Versammlung der Staatsoberhäupter und Regierungschefs gewählt. Nach Art. XVII OAU-Charta sollten dem Generalsekretär zumindest ein weiterer Assistent beigeordnet werden, welcher ebenfalls von der Versammlung der Staatsoberhäupter und Regierungschefs gewählt wurde. Die Aufgaben, Funktionen sowie die Bedingungen der Arbeit des Generalsekretärs, seiner Assistenten und anderer Mitarbeiter des Sekretariats sollten sich nach Art. XVIII OAU-Charta aus den Bestimmungen der Charta ergeben. Weiterhin hatte sich sowohl der Generalsekretär als auch andere Mitarbeiter des Sekretariats neutral gegenüber Instruktionen von Regierungen und anderen Autoritäten außerhalb der Organisation zu verhalten. Auch sollten sie Aktivitäten unterlassen, welche sich auf ihre Position als internationale Offizielle, welche ausschließlich der Organisation gegenüber verantwortlich waren, auswirken. Jedes Mitglied der Organisation hatte diesen Status der Mitarbeiter des Generalsekretariats zu respektieren und von jeglicher Einflussnahme abzusehen. Der Generalsekretär war somit das einzige Organ, welches vor Einflussnahme geschützt war.[227]

---

[225] Kunig, Das völkerrechtliche Nichteinmischungsprinzip, S. 109.
[226] Kunig, Das völkerrechtliche Nichteinmischungsprinzip, S. 136.
[227] Kunig, Das völkerrechtliche Nichteinmischungsprinzip, S. 138.

Viertes Organ der OAU war die Kommission für Vermittlung, Versöhnung und Schiedsgerichtsbarkeit. Die Mitgliedstaaten der OAU waren verpflichtet, gemäß Art. XIX OAU-Charta alle Streitigkeiten innerhalb ihrer Gruppe friedlich beizulegen und zu diesem Zweck die zuvor genannte Kommission einzurichten. Die Befugnisse sollten in einem gesonderten Protokoll, welches der Annahme der Versammlung der Staatsoberhäupter und Regierungschefs bedurfte, festgehalten werden. Dieses Protokoll sollte ferner als integraler Bestandteil der Charta betrachtet werden.

Als weiteres inoffizielles und nicht in der Satzung niedergelegtes Organ ist das sog. Befreiungskomitee zu nennen, welches auch in materieller Hinsicht zur Unterstützung der afrikanischen Befreiungsbewegungen eingerichtet wurde und nach dem Fall der Apartheid in Südafrika 1994 seine Aktivitäten beendete.[228]

2. Afrikanische Union

a. Geschichte und Intention

Die Gründungsakte der Afrikanischen Union (African Union, AU) wurde am 11. Juli 2000 in Lomé (Togo) von insgesamt 53 Staaten unterzeichnet. Sie trat am 26. Mai 2001 „mit Hinterlegung der Ratifizierungsurkunden von zwei Dritteln ihrer Mitglieder in Kraft".[229] Zu diesem Zeitpunkt begann der Übergangszeitraum gemäß Art. 33 I AU-Gründungsakte, welcher am 9. Juli 2002 beendet wurde. An diesem Tag fand in Durban (Südafrika) der Gründungskongress der AU statt.[230] Sitz und Hauptquartier der AU ist wie auch bei der OAU gemäß Art. 24 I AU-Gründungsakte Addis Abeba (Äthiopien).

Die Ziele der AU sind in Art. 3 der AU-Gründungsakte in insgesamt 14 Punkten dargelegt. Zuoberst werden als Ziele die Erreichung einer größeren Einheit und Solidarität zwischen den afrikanischen Staaten und Völkern genannt. Ferner soll die Souveränität, die territoriale Integrität und die Unabhängigkeit seiner Mitgliedstaaten verteidigt werden und die politische und sozioökonomische Integration des Kontinents Beschleunigung erfahren. Auf diese genannten Ziele folgen

---

228 Ipsen, Völkerrecht, § 34, Rn. 36.
229 Ipsen, Völkerrecht, § 34, Rn. 32.
230 Ipsen, Völkerrecht, § 34, Rn. 32.

entsprechend weitere. In Art. 4 AU-Gründungsakte werden grundlegende Prinzipien festgehalten, an denen sich die Organisation zu orientieren hat. Zuvorderst wird hier das Prinzip der souveränen Gleichheit und gegenseitigen Abhängigkeit der Mitgliedstaaten der Union genannt.

b. Organe

Schon bei einem Blick auf die Anzahl der Organe der AU gegenüber der bei der OAU fällt auf, dass diese merklich erhöht wurde. So werden in Artikel 5 AU-Gründungsakte folgende Organe der AU genannt:

a) Generalversammlung

b) Rat

c) Pan-Afrikanisches Parlament

d) Gerichtshof

e) Kommission

f) Permanentes Abgeordnetenkomitee

g) Spezialisierte Technische Komitees

h) Wirtschafts-, Sozial- und Kulturrat

i) Finanzielle Institutionen

Gemäß Art. 5 AU-Gründungsakte wird die Generalversammlung ermächtigt, weitere Organe einzurichten.

Die Generalversammlung setzt sich gemäß Art. 6 AU-Gründungsakte aus den Regierungschefs oder deren akkreditierten Repräsentanten zusammen. Sie ist das höchste Organ der AU und muss zumindest einmal im Jahr zusammenkommen. Das Büro des Vorsitzenden wird von einem der Mitgliedstaaten geführt. Die Generalversammlung ist gemäß Art. 7 AU-Gründungsakte mit Anwesenheit von zwei Dritteln der Staatenvertreter beschlussfähig und soll ihre Beschlüsse einstimmig, oder, wenn dies nicht möglich ist, mit Zweidrittelmehrheit treffen. Ferner legt die Generalversammlung nach Art. 8 AU-Gründungsakte ihre eigenen Verfahrensregeln fest. Die Generalversammlung hat gemäß Art. 9 AU-Gründungsakte weitreichende Befugnisse. Sie legt z. B. die grundlegenden Politiken der Union fest und empfängt, prüft und entscheidet über Empfehlungen und Vorschläge der anderen Organe.

Im Rat kommen laut Art. 10 AU-Gründungsakte die Außenminister oder solche Minister der Mitgliedstaaten zusammen, die von diesen entsandt wurden. Der Rat hat sich zumindest zweimal jährlich zu treffen. Nach Art. 11 AU-Gründungsakte sollen die Entscheidungen des Rates im Konsens getroffen werden. Sollte dies nicht möglich sein, dann sind Entscheidungen mit zwei – Drittel – Mehrheit zu treffen. Auch im Rat ist das Quorum bei Anwesenheit von zwei Dritteln der Mitglieder erfüllt. Der Rat gibt sich gemäß Art. 12 AU-Gründungsakte selbst seine Verfahrensregeln. Die Aufgaben des Rates ergeben sich aus Art. 13 AU-Gründungsakte und beziehen sich auf die Koordination und das Treffen von Entscheidungen in Bereichen der Politik, welche von allgemeinem Interesse für die Mitgliedstaaten sind. Die wichtigsten dieser Bereiche sind in Art. 13 AU-Gründungsakte aufgezählt. Ferner ist der Rat der Generalversammlung verantwortlich. Er kann seine Aufgaben und Rechte auf die Spezialisierten Technischen Komitees übertragen.

Die Spezialisierten Technischen Komitees, welche dem Rat verantwortlich sind, wurden gemäß Art. 14 eingerichtet. Sie haben verschiedene dort genannte wirtschaftliche und politische Aufgaben und setzen sich aus Ministern und höherrangigen Beamten zusammen. Besagte Komitees haben die in Art. 15 AU-Gründungsakte näher dargestellten Aufgaben, welche sich vor allem auf die Unterstützung der Union, ihrer Organe und ihrer Arbeit beziehen.

Das Pan-Afrikanische Parlament laut Art. 17 AU-Gründungsakte hat die Aufgabe, die volle Teilhabe der Afrikanischen Völker an der Entwicklung und wirtschaftlichen Integration des afrikanischen Kontinents sicherzustellen. Näheres regelt ein Protokoll.

Ein Gerichtshof wurde laut Art. 18 AU-Gründungsakte ebenfalls eingerichtet. Näheres ergab sich gem. Art. 18 AU-Gründungsakte aus einem besonderen Protokoll.

Weitere Einzelheiten bezüglich der Finanziellen Institutionen, welche mit Art. 19 AU-Gründungsakte errichtet wurden und aus einer Zentralbank, einem Währungsfonds und einer Investmentbank bestehen, sind ebenso in einem Protokoll festgehalten.

Die Kommission i. S. d. Art. 20 AU-Gründungsakte ist das Sekretariat der Union. Sie setzt sich aus dem Vorsitzenden, seinen Stellvertretern und aus den Kommissaren zusammen. Diese werden von Mitarbeitern unterstützt, welche den reibungslosen Arbeitsablauf innerhalb der Kommission ermöglichen. Struktur, Aufgabenbereiche und Vorschriften der Kommission werden von der Generalversammlung bestimmt.

Weiterhin wurde ein permanentes Abgeordnetenkomitee eingerichtet. Gemäß Art. 21 AU-Gründungsakte setzt sich dieses aus Repräsentanten und Bevollmächtigten der Mitgliedstaaten zusammen, welche dauerhaft an die Union abgeordnet sind. Aufgabe des Komitees ist es, die Arbeiten des Rates vorzubereiten und Weisungen des Rates umzusetzen.

Der Wirtschafts-, Sozial- und Kulturrat i. S. d. Art. 22 der AU-Gründungsakte stellt ein beratendes Organ dar. Er setzt sich aus verschiedenen sozialen und beruflichen Gruppen der Mitgliedstaaten der Union zusammen. Aufgabenbereiche, Befugnisse, Zusammensetzung und Organisation des Wirtschafts-, Sozial- und Kulturrats werden von der Generalversammlung festgelegt.

3. Der Tatbestand der Nachfolge

Die AU-Gründungsakte steht in der Tradition der OAU-Charta.[231] Sie geht dennoch über diese hinaus. Dies wird daran deutlich, dass die Anzahl der Organe im Verhältnis der AU zur OAU stark angewachsen ist. So gibt es zwar keinen Generalsekretär und keine Kommission für Vermittlung mehr, dennoch sind neben die Versammlung der Regierungschefs (jetzt: Generalversammlung, s.o.) und

---

[231] Meyns, Internationale Politik 11/2001, S. 45 (50); Ipsen, Völkerrecht, § 34, Rn. 32.

den Ministerrat noch einige weitere Organe (s.o.) getreten. In der veränderten Anzahl der Organe spiegelt sich auch die Erweiterung der Aufgaben wieder.[232] So ist in der Definition der Aufgaben und Funktionen der neuen Organe und Institutionen der AU gleichzeitig eine deutliche Erweiterung der Kompetenzen und Aufgaben der Organisation insgesamt festzustellen. In der AU-Gründungsakte erfahren demokratische Verhältnisse, Menschenrechtsschutz, die Teilhabe der Bevölkerung und die Gleichberechtigung zwischen Mann und Frau Berücksichtigung. Ferner kommt der AU gemäß Art. 4 (h) AU-Gründungsakte das Recht zu, in Fällen von Kriegsverbrechen, Genozid und von Verbrechen gegen die Menschlichkeit in den Mitgliedstaaten einzugreifen.[233] Auch werden verfassungswidrige Regierungswechsel nach Art. 4 (p) AU-Gründungsakte verurteilt und abgelehnt.[234]

Wie dargestellt, wurde die Gründungsakte der Afrikanischen Union am 11. Juli 2000 in Lomé (Togo) unterzeichnet. Sie ist am 26. Mai 2001 in Kraft getreten.[235] Bis zum Gründungskongress in Durban (Südafrika) galt die OAU-Charta gemäß Art. 33 I AU- Gründungsakte während eines Übergangszeitraums fort. Dies hatte den Zweck, der OAU die Möglichkeit zu geben, die „notwendigen Maßnahmen hinsichtlich der Übertragung des Aktivvermögens und der Verbindlichkeiten auf die Union sowie bezüglich aller Angelegenheiten in Bezug darauf zu ergreifen“ (Art. 33 I AU-Gründungsakte). Gemäß Art. 33 IV AU-Gründungsakte diente das Generalsekretariat der OAU übergangsweise und bis zur Etablierung der Kommission als Sekretariat der Afrikanischen Union. Aus diesen Bestimmungen geht hervor, dass sich die AU selbst als Rechtsnachfolger der OAU sieht, wobei eine Übertragung des gesamten Eigentums der OAU angestrebt wurde. Die Übertragung bezog sich mithin sowohl auf Gelder, als auch auf Immobiliar- und Mobiliarvermögen. Weiterhin wollte die AU auch sämtliche Verbindlichkeiten der OAU übernehmen. Es bestand keine Identität zwischen beiden Organisationen, sie bestanden vielmehr parallel nebeneinander, so wie auch Völkerbund und Vereinten Nationen. Wäre dies nicht so, wäre eine Übertragung des Vermögens und der Verbindlichkeiten überflüssig gewesen. Wie dargestellt, liegt eine Rechtsnachfolge zwischen Internationalen Organisa-

---

232 Meyns, Internationale Politik 11/2001, S. 45 (50).

233 Vgl. auch: Meyns, Internationale Politik 11/2001, S. 45 (50); Ipsen, Völkerrecht, § 34, Rn. 35.

234 Vgl. auch: Meyns, Internationale Politik 11/2001, S. 45 (50); Ipsen, Völkerrecht, § 34, Rn. 35.

235 Ipsen, Völkerrecht, § 34, Rn. 32.

tionen immer dann vor, wenn die Funktionen als auch die Rechte und Pflichten von einer Internationalen Organisation auf eine andere übertragen werden.[236] Genau dies ist vorliegend geschehen. Aus juristischer Sicht liegt ein Fall der uneingeschränkten echten Rechtsnachfolge der AU gegenüber der OAU vor. Dies wird auch dann deutlich, wenn man den vorliegenden Tatbestand mit dem der „Nachfolge" zwischen OEEC und OECD vergleicht. Meyns stellte zwar fest, dass sich die Frage, ob es sich bei dem Übergang von der OAU zur AU um mehr als nur um einen Namenswechsel handelt, erst mit der Umsetzung der verabschiedeten Pläne kläre[237]. Bei dieser Feststellung dürfte es sich in Anbetracht der Tatsachen jedoch um eine rein politische handeln. Es kann also festgehalten werden, dass die AU Rechtsnachfolgerin der OAU ist.

---

236 Myers, Succession, S.12, Shaw, International Law VI, S. 1331.
237 Meyns, Internationale Politik 11/2001, S. 45 (52).

V. Internationale Telegraphenunion, Internationale Funktelegraphenunion und Internationale Fernmeldeunion

1. Internationale Telegraphenunion

a. Geschichte und Ziele

Die Erfindung des elektrischen Telegraphen im Jahre 1835 kann als entscheidender Meilenstein in der Suche der Menschheit nach besseren und schnelleren Kommunikationswegen bezeichnet werden. Mit dieser Erfindung und vor allem mit der Verfügbarkeit dieser Erfindung für die Öffentlichkeit entstand auch das Bedürfnis der Staaten, die verschiedenen Aspekte dieser neuen Telekommunikation mittels zwischenstaatlicher Übereinkommen zu regeln.[238] Nach verschiedenen bi- und multilateralen Übereinkünften und Konventionen in der Zeitspanne zwischen 1849 und 1859 kamen auf Initiative Frankreichs am 1. März 1865 20 Staaten Europas zusammen, um ein allgemeines Abkommen zu verhandeln.[239] Als dessen Ergebnis wurde die Internationale Telegraphenunion (International Telegraph Union, ITU, auch Welttelegraphenverein) am 17. Mai 1865 in Paris von 20 Gründungsmitgliedern[240] als erste Verwaltungsunion[241] gegründet.[242] Die Konvention mit ihren Regelungen entfaltete für alle Vertragsparteien am 1. Januar 1866 Rechtswirksamkeit.[243] Auf der Konferenz von St. Petersburg 1875 wurde eine neue Konvention angenommen, welche auf die Rechtspersönlichkeit der Organisation selbst keinen Einfluss hatte.[244] Nach der Erfindung des Telefons im Jahre 1876 zum einen und des Radios im Jahre 1895/1896 zum anderen

---

238 Noll, EPIL 1983, S. 177 (177).

239 Noll, EPIL 1983, S. 177 (177/178).

240 Die Gründungsmitglieder waren im einzelnen: Baden, Bayern, Belgien, Dänemark, Frankreich, Griechenland, Hamburg, Hannover, Italien, die Niederlande, Österreich, Portugal, Preussen, Russland, Sachsen, Schweden-Norwegen, Schweiz, Spanien, Türkei und Württemberg; England als einziges weiteres europäisches Land mit einem bedeutendem Telegraphienetzwerk war an der Organisation aufgrund der Tatsache nicht beteiligt, dass sich der englische Telegraphendienst immer noch in den Händen privater Gesellschaften befand. S.a. Codding, The International Telecommunication Union, S. 20/21.

241 Verdross/Simma, Völkerrecht, § 346 (S. 204).

242 Codding, The International Telecommunication Union, S. 20; Ipsen, Völkerrecht, § 55, Rn. 62; Noll, EPIL 1983, S. 177 (178); Sands / Klein, Bowett's Law, Rn. 3-061; International Telecommunication Union/History.

243 Codding, The International Telecommunication Union, S. 22.

244 Noll, EPIL 1983, S. 177 (178).

begannen sich die legislativen Tätigkeiten der ITU sehr schnell auszudehnen.[245] Als Folge der neuen Entwicklungen wurde das Fernsprechwesen im Jahre 1885 in das Vertragswerk miteinbezogen.[246]

Sitz des Internationalen Büros (International Bureau, auch: Sekretariat) der ITU war Bern.[247]

b. Organe

Wichtigstes Organ der Internationalen Telegrafenunion war die Konferenz der Regierungsbevollmächtigten (Plenipotentiary Conference). Die Konferenz legte ihr eigenes Programm fest, ihre eigenen Verfahrensregeln sowie Ort und Zeitraum der nächsten Konferenz. Der Konferenz kam die Befugnis zu, sowohl die Convention selbst als auch das Sekundärrecht der Organisation zu ändern. Sie kann insofern als das Hauptorgan der Internationalen Telegrafenunion bezeichnet werden. Dies änderte sich auf der Konferenz von St. Petersburg im Jahre 1875, auf der die Konferenz nahezu ihre komplette Macht verlor.[248]

Während dieser Konferenz wurde auch die sog. Administrativkonferenz gegründet. Diese war derart souverän in ihrer Arbeit, dass bis 1932 die Konferenz der Regierungsbevollmächtigten nicht mehr einberufen wurde und die Administrativkonferenz faktisch zum Hauptorgan der Telegraphenunion wurde. Die Administrativkonferenz gab sich Verfahrensregeln, welche sehr nah an denen der Konferenz der Regierungsbevollmächtigten war.[249]

Das Internationale Büro (International Bureau) der Organisation wurde 1868 dauerhaft eingerichtet und bildete das zentrale Verwaltungsorgan (auch: Sekretariat) der Organisation. Die Organisation des Sekretariats war hingegen nicht international.[250] Der Schweizer Regierung kam die Pflicht zu, die Organisation des Sekretariats zu übernehmen sowie die Ausgaben zu überwachen. Auch die Angestellten des Sekretariats waren nahezu alle Schweizer Nationalität. Dem

---

245 Noll, EPIL 1983, S. 177 (178).
246 Verdross/Simma, Völkerrecht, § 346 (S. 204).
247 Noll, EPIL 1983, S. 177 (178).
248 Codding, The International Telecommunication Union, S. 44.
249 Codding, The International Telecommunication Union, S. 44/45.
250 Noll, EPIL 1983, S. 177 (178).

Sekretariat kamen lediglich Routineaufgaben ohne weitere autoritäre Befugnisse zu.[251]

Weiterhin wurden auch zwei temporäre Organe eingerichtet. So wurde auf der Konferenz von Wien im Jahre 1868 entschieden, dass für den Fall eines Problems hinsichtlich der Interpretation der Konvention, das Land, in welchem die letzte Konferenz abgehalten wurde, auf Anfrage von zumindest einem Mitgliedstaat der Union ein besonderes Komitee zusammenzustellen hat, welches den fraglichen Gesichtspunkt entscheidet.[252] Auf der Konferenz von Paris im Jahre 1925 wurde entschieden, dass ein spezielles Studienkomitee (Study Committee) eingerichtet werden soll, um zuvor nicht beendete Beratungen bezüglich der Tarife auf kodifizierte Telegramme zu Ende zu bringen.[253]

Der Beratende Internationale Telefonausschuss (International Telephone Consultative Committee, CCIF) und der Beratende Internationale Telegraphenausschuss (International Telegraph Consultative Committee, CCIT), welche 1924 und 1925 gegründet wurden, waren keine Organe der Organisation, sondern eigenständige und unabhängige Organisationen.[254] Aufgabe dieser Organisationen war es, vorbereitende Arbeit hinsichtlich der Einrichtung von präziseren und universellen Bestimmungen in ihren jeweiligen Bereichen zu leisten.[255] Beiden Organisationen wurde bezüglich ihrer internen Organisation absolute Freiheit zugesprochen. Es wurden jedoch Bestimmungen getroffen, in denen festgelegt wurde, dass jeder Regierung das Recht zukommt, an der Arbeit der Organisationen auf Antrag an die Regierung, in deren Land die letzte Konferenz abgehalten wurde, teilzunehmen. Ferner hatten beide Organisationen ihre Ergebnisse und Empfehlungen an das Büro der Union zu übermitteln, welchem die Pflicht zur Veröffentlichung zukam.[256]

---

[251] Codding, The International Telecommunication Union, S. 448/49.
[252] Codding, The International Telecommunication Union, S. 46.
[253] Codding, The International Telecommunication Union, S. 47.
[254] Noll, EPIL 1983, S. 177 (178).
[255] Codding, The International Telecommunication Union, S. 36/47.
[256] Codding, The International Telecommunication Union, S. 47.

2. Internationale Funktelegraphenunion

a. Geschichte und Intention

Das Themengebiet des Rundfunks wurde erst mit der Konferenz von Berlin vom 3. November 1906, auf der der Vertrag zur Gründung der Internationalen Funktelegraphenunion[257] (International Radiotelegraph Union, IFTU) unterzeichnet wurde, geregelt.[258] Inhaltlich stellt diese Regelung im Verhältnis zum Fernsprechwesen eine „analoge Normierung" dar[259], da der Werte- und Regelungskanon im Wesentlichen identisch ist. Die wichtigsten Normierungen des Internationalen Funktelegraphenvertrages und mithin auch der Internationalen Funktelegraphenunion sehen die „Verkehrspflicht zwischen See- und Küstenfunkstationen" vor. Ferner wurde Notrufen auf hoher See absoluter Vorrang eingeräumt sowie vereinbart, dass sich der Gebrauch von Funkeinrichtungen auf solche mit nicht störenden Eigenschaften zu beschränken hat.[260] Die ITU befasst sich seitdem weiterhin mit der Verteilung von Funkfrequenzen inklusive der Frequenzen der Rundfunksender.[261]

b. Organe

Gemäß Art. 11 IFTU-Vertrag konnten die Bestimmungen des IFTU-Vertrages einstimmig von den Vertragsparteien geändert werden. Konferenzen von Bevollmächtigten oder auch einfache Verwaltungskonferenzen hatten von „Zeit zu Zeit" stattzufinden, wobei auf jeder Konferenz der Zeitpunkt und der Ort der nächsten Konferenz festzulegen war. Die Konferenzen setzen sich aus Delegierten der Regierungen der Vertragsstaaten zusammen, wobei in Abstimmungen jedem Staat eine Stimme zukam (Art. 12 IFTU-Vertrag).

Als ständiges Exekutivorgan hatte die Internationale Funktelegraphenunion das Internationale Büro laut Art. 13 IFTU-Vertrag. Diesem kam die Aufgabe zu, Informationen verschiedenster Art in Bezug auf drahtlose Telegraphie zu sam-

---

[257] "International Radiotelegraph Convention"

[258] International Telecommunication Union/History.

[259] Verdross / Simma, Völkerrecht, § 346 (S. 204).

[260] Spröte / Wünsche, Der Internationale Fernmeldeverein, S. 20.

[261] Seidl-Hohenveldern / Loibl, Internationale Organisationen, Rn. 3502.

meln, zu koordinieren und zu veröffentlichen.[262] Weiterhin hatte das Büro die Konvention auf Möglichkeiten der Änderung und Weiterentwicklung hin zu überwachen, die angenommenen Änderungen der Konvention zu veröffentlichen sowie jegliche ihm angetragene Verwaltungstätigkeit bezüglich internationaler Funktelegraphie zu übernehmen. Die durch das Büro entstandenen Kosten waren von den Vertragsstaaten zu tragen.

3. Internationale Fernmeldeunion

a. Geschichte und Ziele

Auf der Telekommunikationskonferenz von Madrid im Jahre 1932 wurde die Convention von Paris aufgehoben und die Internationale Fernmeldeunion (International Telecommunication Union, ITU) gegründet.

Der ITU kommt die Aufgabe zu, das Fernmeldewesen weltweit zu koordinieren und weiter auszubauen. In diesem Rahmen sollen insbesondere die Automatisierung des Fernmeldewesens sowie die Nutzung des Alls im Sinne des Nachrichtenwesens vorangetrieben werden.[263] Die ITU ist seit dem 1. Januar 1949 eine Sonderorganisation der Vereinten Nationen.[264] Sie stellt eine der wichtigsten Sonderorganisationen der Vereinten Nationen dar.[265] In diesem Zusammenhang ist es auch Aufgabe der ITU, neuen Staaten im United Nations Development Programme (UNDP) bezüglich des Ausbaus ihres Fernmeldenetzes technische Hilfe zukommen zu lassen.[266] Ferner verteilt die ITU sowohl Frequenzen als auch Positionen im Orbit, wobei einerseits die Bedürfnisse bereits aktiver Staaten Berücksichtigung finden, andererseits aber auch Satellitenparkplätze für Staaten freigehalten werden, die selbst noch nicht fähig sind, eine eigene Telekommunikation zu betreiben. Hierbei findet das Prinzip der Gleichheit der Staaten konsequent Anwendung.[267] Darüber hinaus ist auch die „Kommerzialisie-

---

[262] S. a. Spröte / Wünsche, Der Internationale Fernmeldeverein, S. 20.
[263] Verdross / Simma, Völkerrecht, § 346 (S. 204).
[264] Verdross / Simma, Völkerrecht, § 346 (S. 204).
[265] Hobe / Kimminich, Völkerrecht, S. 137.
[266] Verdross / Simma, Völkerrecht, § 346 (S. 204).
[267] Hobe / Kimminich, Völkerrecht, S. 497.

rung von Satellitenparkplätzen" vorgesehen. Diese stehen mithin auch zum Verkauf.[268]

Die Büros der Internationalen Telegraphenunion und auch der Internationalen Fernmeldeunion dienten während beider Weltkriege als Auskunfts- und Verbindungsorgane. Darüber hinaus nahmen sie von allen Mitgliedstaaten, egal ob kriegführend oder neutral, die Beiträge entgegen. Ferner setzten sie, wenn auch eingeschränkt, ihre Veröffentlichungen fort. Sowohl die Verwaltungskonferenzen als auch die Kongresse der Organisationen sind während der Kriege nicht zusammengetreten. Gleiches gilt für den Weltpostverein.[269] Die Bundesrepublik Deutschland ist seit 1952 Mitglied in der ITU.[270] Der Sitz der ITU ist gemäß Kapitel V Art. 30 ITU-Verfassung in Genf.[271]

b. Organe

Zunächst ist hier die Konferenz der Regierungsbevollmächtigten (Plenipotentiary Conference) zu nennen. Sie ist das oberste Organ, welches alle Mitglieder umfasst und gemäß Kapitel I, Art. 8 ITU-Verfassung[272] alle fünf Jahre zusammentreten soll. Die Konferenz der Regierungsbevollmächtigten legt die allgemeinen Richtlinien der Tätigkeit der ITU fest und revidiert bzw. erneuert sowohl den Internationalen Fernmeldevertrag als auch die Verfassung der Organisation.

Ferner gibt es den Rat (Council). Dieser setzt sich gemäß Kapitel I, Art. 10 ITU-Verfassung aus je einem Staatenvertreter pro Mitgliedstaat zusammen. Die Vertreter werden von der Konferenz gewählt, ihnen können Berater zur Seite gestellt werden. Dem Rat kommt die Aufgabe zu, die Tätigkeit der Organisation zwischen den Konferenzen zu überwachen. Er handelt auf Geheiß und im Interesse der Konferenz der Regierungsbevollmächtigten im Rahmen der ihm übertragenen Befugnisse.

---

268 Hobe / Kimminich, Völkerrecht, S. 497.

269 Döll, Völkerrechtliche Kontinuitätsprobleme, S. 50/51; Codding, The International Telecommunication Union, S. 33/193.

270 Hobe / Kimminich, Völkerrecht, S. 130.

271 Ipsen, Völkerrecht, § 55, Rn. 63; Verdross / Simma, Völkerrecht, § 346 (S. 204).

272 Vgl. die Verfassung der ITU unter: http://www.itu.int/aboutitu/basic-texts/constitution.html.

Das Generalsekretariat (General Secretariat) wird laut Kapitel I, Art. 11 ITU-Verfassung von einem Generalsekretär, dem ein Stellvertreter beigeordnet ist, geführt. Der Generalsekretär koordiniert die Aktivitäten der Organisation und handelt als ihr Stellvertreter. Der Sitz des Sekretariats (des Internationalen Büros) wurde 1948 von Bern nach Genf verlegt.[273]

Weiterhin sind die Weltkonferenzen bezüglich Internationaler Telekommunikation (World Conferences on International Telecommunications) zu nennen. Diese sind gemäß Kapitel 5, Art. 25 ITU-Verfassung dazu ermächtigt, in Teilen oder in Ausnahmefällen die Vorschriften der Internationalen Telekommunikation zu überarbeiten und sich mit solchen Fragen zu befassen, welche weltweiten Charakter haben.

Abschließend sind die in Kapitel I, Art. 7 ITU-Verfassung aufgeführten und dem Internationalen Funkkommunikationssektor zugehörigen regionalen Funkkommunikationskonferenzen, die Funkkommunikationsversammlungen und der Funkregulierungsausschuss zu nennen.

Ferner gibt es die dem Telekommunikationsstandardisierungssektor zugehörige Weltkommunikationsstandardisierungsversammlung sowie die dem Telekommunikationsentwicklungssektor zugehörigen Konferenzen bezüglich regionaler Telekommunikationsentwicklung.

4. Tatbestand der Nachfolge

Wie oben dargestellt, wurden durch den Internationalen Fernmeldevertrag von Madrid vom 1. Dezember 1932 die Bereiche der International Telegraph Union (Internationale Telegraphenunion; Welttelegraphenverein) und der Internationalen Funktelegraphenunion (International Radiotelegraph Convention) miteinander fusioniert[274] und somit in den Aufgabenbereich der ITU übernommen.[275] Weiterhin traten sowohl der Beratende Internationale Telefonausschuss (International Telephone Consultative Committee, CCIF) und der Beratende Internationale Telegraphenausschuss (International Telegraph Consultative Committee,

273 Noll, EPIL 1983, S. 177 (178).
274 International Telecommunication Union/History.
275 Sands / Klein, Bowett's Law, Rn. 3-061; Verdross / Simma, Völkerrecht, § 346 (S. 204).

CCIT) im Jahre 1932 der ITU bei.[276] Gleichzeitig wurde der Name von *International Telecommunication Convention* in *International Telecommunication Union* (ITU) umgeändert.[277] Diese Änderung wurde am 1. Januar 1934 wirksam und wird mit dem Willen begründet, den vollen Umfang der Kompetenzen der Union widerzuspiegeln, welcher sich zum damaligen Zeitpunkt auf sämtliche kabelgestützte und kabellose Kommunikation erstreckte.[278] Zusammenfassend kann somit festgestellt werden, dass durch diese Verschmelzung Organisationen miteinander kombiniert wurden, welche zwar verschiedene Funktionen innehatten, jedoch in Tätigkeitsfeldern aktiv waren, welche eng miteinander in Beziehung standen. Weiterhin wurden beide Organisationen (die Internationale Telegrafenunion und die Internationale Funktelegrafenunion) durch eine einzige ersetzt, welche sowohl Elemente der einen als auch der anderen Organisation (ITU) beinhaltet. Somit kann bezüglich des vorliegenden Falles festgestellt werden, dass eine Fusion im eingangs definierten Sinne vorliegt.

Hinsichtlich der Organe der Organisationen bleibt festzuhalten, dass es bezüglich der von ihnen ausgeübten Funktionen durch die Fusion kaum Veränderungen gegeben hat. Die Plenipotentiary Conference der Internationalen Fernmeldeunion entspricht im wesentlichen der der Internationalen Telegraphenunion, der Rat hingegen der Administrativkonferenz. Das Generalsekretariat kann als das Äquivalent zum Internationalen Büro bezeichnet werden. Diesen Organen wurden, wie dargestellt, weitere hinzugefügt, was auf die Bestrebung zurückzuführen sein dürfte, den veränderten und gewachsenen Aufgaben der neuen Organisation gerecht zu werden.

---

[276] Noll, EPIL 1983, S. 177 (178).

[277] Noll, EPIL 1983, S. 177 (178).

[278] International Telecommunication Union/History.

VI. Internationale Meteorologieorganisation und Weltorganisation für Meteorologie

1. Internationale Meteorologieorganisation

a. Geschichte und Ziele

Die Internationale Meteorologieorganisation (International Meteorological Organization, IMO) war eine nichtzwischenstaatliche internationale Organisation. Ihre Mitglieder waren keine Staaten, sie setzten sich vielmehr aus den Direktoren der staatlichen meteorologischen Anstalten zusammen.[279] Sie wird deshalb auch als halbstaatlich bezeichnet.[280] Zur letztendlichen Gründung der IMO führte eine Reihe von Kongressen und Treffen. Am 14. August 1872 hatten drei Professoren[281] nach Leipzig eingeladen, um dort einen privat organisierten Kongress abzuhalten. Diesem Aufruf folgten 52 Direktoren meteorologischer Institute.[282] Auf diesem Kongress wurde ein Komitee, welches sich aus vier Direktoren meteorologischer Dienste zusammensetzte, gegründet. Diesem kam die Aufgabe zu, einen offiziellen Kongress von Staatenvertretern vorzubereiten und somit mittelbar die Standardisierung von Beobachtungsmethoden vorzubereiten.[283] In Folge dieser Vorbereitungen lud die Österreichische Regierung zum ersten Internationalen Meteorologen-Kongress im September 1873 nach Wien ein. Nachdem auf der Konferenz eine Geschäftsordnung für den Ablauf des Kongresses festgelegt worden war, erfolgte die weitere Arbeit in Unterkommissionen. Auch wurden bereits erste Beschlüsse, wie etwa die Vereinheitlichung der Symbole für Niederschläge und andere atmosphärische Erscheinungen, gefasst.[284] Die Gründung der IMO selbst geschah im Jahre 1878 auf der Konferenz von Utrecht.[285] Diese Konferenz stand ganz im Lichte der Vorbereitungen des zweiten Meteorologen-Kongresses in Rom im folgenden Jahr.[286] Auf der Konferenz von Utrecht wurde ein Statut verabschiedet, welches u. a. die Zusammensetzung des Staatenkongresses sowie die dortige Abstimmungspraxis als auch

---

279 Döll, Völkerrechtliche Kontinuitätsprobleme, S. 115.

280 Ott, WMO, S. 39.

281 Es handelte sich um die Professoren Wild aus St. Petersburg, Jelinek aus Wien und Bruhns aus Leipzig, vgl. auch: Ott, WMO, S. 5.

282 Ott, WMO, S. 5; Peeters, EPIL 1983, S. 414 (414).

283 Ott, WMO, S. 5.

284 Cannegieter, History of IMO, S. 10; Ott, WMO, S. 6.

285 Döll, Völkerrechtliche Kontinuitätsprobleme, S. 115; Ott, WMO, S. 7.

286 Cannegieter, History of IMO, S. 14; Ott, WMO, S. 7.

die Einrichtung eines neuen ständigen Komitees regelte. Der Staatenkongress und das Ständige Komitee stellten zunächst auch die einzigen Organe der IMO dar.[287]

b. Organe

Aus dem in Utrecht erarbeiteten Statut der IMO ergab sich, dass sich der Kongress, welcher in Rom zusammentreten sollte, aus von Regierungen ernannten Delegierten zusammensetzte.[288]

Bereits auf dem ersten Kongress in Wien 1873 wurde das Permanent Committee der IMO geschaffen, welches heute in etwa dem Exekutivrat der WMO (World Meteorological Organization, Weltorganisation für Meteorologie) entspricht und als dessen Vorgänger bezeichnet werden kann. Es wurde später, auf dem zweiten Kongress in Rom im Jahre 1879, durch das International Meteorological Committee ersetzt. Dieses neue Komitee hatte ursprünglich zum Ziel, einem dritten Kongress über seine Tätigkeiten zu berichten.[289] Hierzu kam es jedoch aufgrund der Tatsache, dass ein dritter zunächst beabsichtigter Kongress, zu dem die Französische Regierung im Jahre 1889 anlässlich der Weltausstellung nach Paris einladen wollte, nicht stattfand. Dies bedeutete gleichzeitig das Ende des in Rom ins Leben gerufenen Komitees.[290]

Auf der ersten Konferenz der Direktoren meteorologischer Dienste in München 1891 wurde eine Struktur für die IMO aufgebaut, welche sich aus einer Conference of Directors, einem neuen International Meteorological Committee, und einem Executive Bureau zusammensetzte. Diese Strukturen blieben bis zum Ausbruch des ersten Weltkrieges bestehen. In diesem Zeitraum wurden auch die Technical Commissions (Fachkommissionen) geschaffen, welche die innere Struktur der Organisation darstellten und sich von den Fachkommissionen der WMO nur unwesentlich unterschieden.[291]

---

287 Ott, WMO, S. 7.
288 Ott, WMO, S. 7.
289 Peeters, EPIL 1983, S. 414 (415).
290 Cannegieter, History of IMO, S. 19; Peeters, EPIL 1983, S. 414 (415); Ott, WMO, S. 9.
291 Peeters, EPIL 1983, S. 414 (415).

Im Laufe der Zeit wurden sich die Regierungen zunehmend der Bedeutung bewusst, welche die Meteorologie auf das alltägliche Leben und die Wirtschaft hatte. Dennoch gab es verschiedene Meinungen darüber, ob man die IMO zu einer zwischenstaatlichen Internationalen Organisation umstrukturieren sollte. Diese Differenz wurde mit einem Kompromiss beigelegt, indem man 1926 in Wien zumindest die Gründung eines permanenten Sekretariats beschloss.[292] Der provisorische Sitz dieses Sekretariats in De Bilt / Holland wurde 1939 nach Lausanne verlegt.[293] Im Zeitraum zwischen den Weltkriegen wurde ferner ein System Regionaler Kommissionen (Regional Commissions) aufgebaut, welche die Vorläufer der Meteorologischen Regionalverbände (Regional Meteorological Associations) darstellten.[294]

2. Weltorganisation für Meteorologie

a. Geschichte und Ziele

Die Weltorganisation für Meteorologie (World Meteorological Organization, WMO) wurde am 11. Oktober 1947 auf einer Konferenz der IMO in Washington gegründet.[295] Die Satzung der WMO trat am 23. März 1950 in Kraft.[296] Am 19. März 1951 trat der meteorologische Weltkongress zum ersten mal zusammen.[297] Die WMO unterstützt die weltweite Zusammenarbeit hinsichtlich der Kommunikation von Wetternachrichten sowie die Standardisierung der darauf bezogenen statistischen Daten.[298] Sie hat weiterhin zum Ziel, die weltweite Zusammenarbeit bei der Einrichtung von Netzwerken, welche der meteorologischen als auch der hydrologischen und der geophysischen Beobachtung dienen, zu fördern.[299] Ferner soll der Aufbau von Systemen, die dem schnellen Austausch von Wetterdaten dienen sowie die Verwendung der Wetterkunde in der Luftfahrt, Schifffahrt, Landwirtschaft und in anderen Tätigkeitsbereichen des Menschen vorangetrieben werden. Auch sollen die Forschung und das Training

[292] Peeters, EPIL 1983, S. 414 (415).
[293] Ott, WMO, S. 23.
[294] Peeters, EPIL 1983, S. 414 (415).
[295] Cannegieter, History of IMO, S. 110; Peeters, EPIL 1983, S. 414 (415).
[296] Cannegieter, History of IMO, S. 111; Ott, WMO, S. 37.
[297] Cannegieter, History of IMO, S. 115; s. a. Verdross / Simma, Völkerrecht, § 349 (S. 205).
[298] Seidl-Hohenveldern / Loibl, Internationale Organisationen, Rn. 2604; Sands / Klein, Bowett's Law, Rn. 3-051, S. 100.
[299] World Meteorological Organization; Sands / Klein, Bowett's Law, Rn. 3-051, S. 100.

im Bereich der Meteorologie und der Wetterkunde Unterstützung erfahren.[300] Die WMO ist eine Sonderorganisation der UN.[301] Grundsätzlich sind die Vertreter, welche von den Mitgliedstaaten Internationaler Organisationen in die zur Wahrung ihrer Interessen berufenen Gremien entsandt werden, verbeamtete und von den Regierungen ernannte Vertreter, in deren Wahl die Regierungen frei sind. Die WMO hingegen fordert von den Vertretern, dass diese die Leiter der staatlichen meteorologischen Dienste sind.[302] Hierin kommt das Bedürfnis zum Ausdruck, einerseits der Erforderlichkeit der staatlichen Mitwirkung im Aufgabenbereich der WMO Rechnung zu tragen, andererseits aber auch die erforderliche Mitwirkung von Fachleuten zu ermöglichen, auf deren Fähigkeiten man angewiesen war. Dieses Bedürfnis spielte bereits eine Rolle in den Gründungszeiten der IMO und somit auch für die internationale meteorologische Zusammenarbeit bis hin zur Gründung der WMO.[303] Die Mitgliedschaft in der WMO ist nicht ausschließlich Staaten vorbehalten.[304] Gemäß Art. 3 lit. d), e) WMO-Übereinkommen können auch Hoheitsgebiete oder Gruppen von Hoheitsgebieten, welche einen eigenen meteorologischen Dienst unterhalten, dem Übereinkommen beitreten, sofern jeweils die übrigen genannten Voraussetzungen vorliegen. Gleiches gilt gemäß Art. 3 lit. f) WMO-Übereinkommen für Treuhandgebiete oder für Gruppen von solchen. Die Bundesrepublik Deutschland ist seit 1954 Mitglied in der WMO.[305]

b. Organe

Die WMO besteht laut Art. 4 lit. a WMO-Übereinkommen aus insgesamt fünf Organen bzw. Organtypen.

Zunächst ist der Meteorologische Weltkongress (auch: Kongress) zu nennen. Er stellt gemäß Art. 7 lit. a) WMO-Übereinkommen das höchste Organ der Organisation dar und setzt sich aus Delegierten zusammen, welche von den Mitglie-

---

[300] World Meteorological Organization; Sands / Klein, Bowett's Law, Rn. 3-051, S. 100.

[301] Vgl. Art. 25 WMO – Übereinkommen; Hobe / Kimminich, Völkerrecht, S. 137; Ipsen, Völkerrecht, § 32, Rn. 87; Seidl-Hohenveldern / Loibl, Internationale Organisationen, Rn. 0813; Shaw, International Law V, S. 1098.

[302] Seidl-Hohenveldern / Loibl, Internationale Organisationen, Rn. 1152.

[303] Ott, WMO, S. 6.

[304] Ott, WMO, S. 40.

[305] Hobe / Kimminich, Völkerrecht, S. 130.

dern ernannt werden. Vorzugsweise soll es sich hierbei jeweils um den Direktor seines meteorologischen oder hydrologischen Dienstes handeln. Gemäß Art. 8 I WMO-Übereinkommen legt der Kongress die allgemeinen Richtlinien für die Erfüllung des Organisationszwecks fest (lit. a)). Weiterhin erteilt er hinsichtlich von Angelegenheiten, welche in Beziehung zu den Aufgaben der Organisation stehen, an die Mitgliedstaaten Empfehlungen (lit. b)). Ferner verweist er Angelegenheiten, welche unter das WMO-Einkommen fallen, an die dafür zuständigen Organe (lit. c)). Der Kongress ist des weiteren zuständig für die Festlegung von Vorschriften, Prüfung der Tätigkeiten des Exekutivrats, Gründung der Regionalverbände, Einsetzung der Fachkommissionen und weiterer Organe, Bestimmung des Sitzes des Sekretariats der Organisation, Wahl ihres Präsidenten (lit. d-j)) sowie die Ergreifung aller sonstigen geeigneten Maßnahmen in Angelegenheiten, welche die Organisation betreffen (II). der Kongress wird i. S. d. Art. 10 lit. a) WMO-Übereinkommen alle vier Jahre einberufen.

Der Exekutivrat besteht gemäß Art. 13 WMO-Übereinkommen aus dem Präsidenten und dem Vizepräsidenten der Organisation, den Präsidenten der Regionalverbände sowie den Direktoren von meteorologischen oder hydrologischen Diensten der Mitglieder der Organisation. Der Exekutivrat der WMO ist laut Art. 14 I WMO-Übereinkommen das ausführende Organ der Organisation. Er ist dem Kongress für die Koordinierung des Programms der Organisation und für die Verwendung seiner Haushaltsmittel verantwortlich. Ferner führt er gemäß Art. 14 II lit. a) – h) WMO-Übereinkommen Beschlüsse aus, prüft das Programm und die Haushaltsvorschläge, prüft die Entschließungen und Empfehlungen der Regionalverbände, erteilt Auskünfte und Rat, prüft Angelegenheiten, die die Tätigkeitsfelder der Organisation berühren, stellt die Tagesordnung des Kongresses auf, erstattet Bericht über dessen Tätigkeit und verwaltet die Finanzen der Organisation. Der Exekutivrat kommt gemäß Art. 15 lit. a), b) WMO-Übereinkommen zumindest einmal im Jahr zusammen, auf Antrag der Mehrheit der Mitglieder auch öfter. Beschlüsse bedürfen nach Art. 16 lit. a) WMO-Übereinkommen einer Zweidrittelmehrheit der abgegebenen Stimmen, wobei jedem Mitglied des Exekutivrats nicht mehr als eine Stimme zukommt. Der Exekutivrat ist gemäß Art. 17 WMO-Übereinkommen mit Anwesenheit von zwei Dritteln der Mitglieder beschlussfähig. Er garantiert die Kontinuität der Arbeit der WMO zwischen den Weltkongressen.[306]

---

[306] Verdross / Simma, Völkerrecht, § 351 (S. 206).

Die Meteorologischen Regionalverbände setzen sich gemäß Art. 18 lit. a) WMO-Übereinkommen aus denjenigen Mitgliedern zusammen, deren Netze ganz in der Region liegen oder teilweise in diese hineinreichen. Die Mitglieder der Organisation haben das Recht, an den Tagungen der Regionalverbände, denen sie nicht angehören, ohne Stimmrecht teilzunehmen (lit. b)). Die Häufigkeit der Tagungen der Regionalverbände richtet sich nach der Erforderlichkeit (lit. c)). Den Regionalverbänden kommt gemäß Art. 18 lit. c) WMO-Übereinkommen die Aufgabe zu, die Durchführung der Entschließungen des Kongresses und des Exekutivrates in ihren Regionen zu fördern, Angelegenheiten, auf die der Exekutivrat ihre Aufmerksamkeit gelenkt hat, zu überprüfen, Angelegenheiten von allgemeinem Interesse zu erörtern und meteorologische Tätigkeiten zu koordinieren, sowohl dem Kongress als auch dem Exekutivrat im Rahmen des Zweckes der Organisation Empfehlungen vorzulegen sowie sonstige ihnen vom Kongress zugewiesenen Aufgaben wahrzunehmen. Gemäß Art. 18 lit. e) WMO-Übereinkommen wählt jeder Regionalverband seinen Präsidenten und Vizepräsidenten.

Weiterhin kann der Kongress gemäß Art. 19 lit. a) WMO-Übereinkommen Kommissionen aus Fachleuten einsetzen, denen die Aufgabe zukommt, Fragen im Rahmen des Organisationszwecks zu prüfen und dem Kongress und dem Exekutivrat entsprechende Empfehlungen vorzulegen. Mitgliedern der Organisation kommt nach Art. 19 lit. b) WMO-Übereinkommen das Recht zu, in den Fachkommissionen vertreten zu sein. Jede Fachkommission wählt i. S. d. Art. 19 lit. c) WMO-Übereinkommen ihren Präsidenten und Vizepräsidenten, welche gemäß Art. 19 lit. d) WMO-Übereinkommen ohne Stimmrecht an den Sitzungen des Kongresses und des Exekutivrates teilnehmen können.

Bei dem Sekretariat der WMO handelt es sich gemäß Art. 20 WMO-Übereinkommen um ein ständiges Organ, welches sich aus dem Generalsekretär sowie weiterhin aus dem für die Arbeiten der Organisation notwendigen Verwaltungs- und Fachpersonal zusammensetzt. Der Generalsekretär wird nach Art. 21 lit. a) WMO-Übereinkommen bestellt. Dieser bestellt gemäß Art. 21 lit. b) WMO-Übereinkommen das Personal des Sekretariats mit Zustimmung des Exekutivrats und in Übereinstimmung mit den vom Kongress erlassenen Vorschriften. Der Generalsekretär ist nach Art. 22 lit. a) WMO-Übereinkommen gegenüber dem Präsidenten verantwortlich für die fachlichen und verwaltungsmäßigen Arbeiten des Sekretariats. Der Generalsekretär als auch das Personal des Sekretariats sind weisungsunabhängig gegenüber Stellen, die außerhalb der Organisation liegen. Sie dürfen daher keinerlei Weisungen entgegennehmen. Umgekehrt sind die Mitglieder der Organisation dazu verpflichtet, jegliche Beeinflussung des Generalsekretärs sowie seines Personals zu unterlassen (Art. 22 lit. b) WMO-Übereinkommen). Das Sekretariat stellt somit den Verwaltungsunterbau für die anderen Organe, es dient quasi als Koordinationszentrale.[307]

Abschließend sind noch der Präsident und die drei Vizepräsidenten zu erwähnen. Diese sind gemäß Art. 4 lit. b) WMO-Übereinkommen zugleich Präsident und Vizepräsident des Kongresses und des Exekutivrates. Aufgrund ihrer gesonderten Nennung in lit. b) ist der Umkehrschluss zu ziehen, dass diese keine Organe der Organisation sind. Die Organisation besteht i. S. d. Art. 4 WMO-Übereinkommen nicht aus ihnen.

3. Tatbestand der Nachfolge

Die IMO wurde auf der außerordentlichen Konferenz der Direktoren von Paris am 15. März 1951 aufgelöst. Diese Konferenz erstreckte sich über einen Zeitraum von drei Tagen.[308] Ziel der Konferenz in Paris war es, die notwendigen Schritte für die Übertragung der Funktionen, Aktivitäten, Mittel und Verpflichtungen auf die WMO zu unternehmen.[309] Weil die WMO keinerlei Resolutionen von der IMO erben sollte, welche noch aufzuheben wären, wurde zuvor eine respektable Anzahl von IMO-Resolutionen annulliert, welche, obwohl veraltet und nicht mehr notwendig, immer noch in Kraft wahren.[310] Am dritten Tage der Konferenz wurde schließlich eine Resolution erlassen, welche sich mit der Übertragung der oben genannten Funktionen, Rechte und Pflichten der IMO auf die WMO beschäftigte. In dieser Resolution wurde auch beschlossen, dass das Personal des Sekretariats der IMO vorläufig bei der WMO weiterzubeschäftigen sei. Im letzten der Paragraphen der Resolution wurde der Chef des Sekretariats angewiesen, „dem Präsidenten der WMO eine überprüfte Aufstellung der finanziellen Mittel und Verbindlichkeiten der IMO zu dem in Paragraph c) der Resolution genannten Zeitpunkt unter der Bedingung zu übermitteln, dass der Transfer keine zusätzlichen Aufstellungen über Mitglieder der WMO als deren Bei-

[307] Verdross / Simma, Völkerrecht, § 351 (S. 206).
[308] Cannegieter, History of IMO, S. 112.
[309] Cannegieter, History of IMO, S. 112.
[310] Cannegieter, History of IMO, S. 112.

träge enthält.“ Der ausscheidende Präsident der IMO erfüllte ferner die ihm übertragenen Aufgaben, indem er unmittelbar nach dem Treffen der letzten Konferenz der Direktoren der IMO die erste Tagung des Kongresses der WMO einberief.[311] Der meteorologische Weltkongress trat somit nur zwei Tage später, nämlich am 19. März 1951 zum ersten Mal zusammen. Dieser billigte die zuvor genannte Resolution der IMO bezüglich der Übertragung der Funktionen, Mittel, Schuldverhältnisse und Verpflichtungen der IMO auf die WMO.[312] Die Aktivitäten, Mittel, Schuldverhältnisse und Verpflichtungen der IMO wurden gut zwei Wochen später, nämlich am 4. April 1951 auf die WMO übertragen.[313] Wie dargestellt, trat das WMO-Übereinkommen am 23. März 1950 in Kraft. Zwischen Gründung (11. Oktober 1947) und Inkrafttreten des Übereinkommens lagen mithin knapp zweieinhalb Jahre. Während dieses Zeitraumes übte die IMO weiterhin ihre Funktionen aus.[314]

Die IMO als nichtzwischenstaatliche internationale Organisation und die WMO als Internationale Organisation i. e. S. existierten zeitweise parallel und können schon aufgrund dieser Tatsache nicht identisch sein. Die IMO wurde somit nicht in die WMO umgewandelt, so wie es etwa im oben dargestellten Sachverhalt bezüglich der OEEC und der OECD der Fall ist. Es wurde vielmehr eine neue Organisation gegründet, welche an die Stelle der IMO getreten ist und diese somit ersetzt hat. Das 1873 in Wien geschaffene Permanent Committee und das spätere in Rom bzw. München geschaffene International Meteorological Committee können als die Vorläufer des Exekutivrats der WMO bezeichnet werden.[315] Der Kongress der IMO stellte das höchste Organ der IMO dar und kann daher als der Vorgänger des Meteorologischen Weltkongresses gesehen werden. Das in München 1891 ins Leben gerufene Executive Bureau hingegen stellt den Vorläufer des 1926 in Wien gegründeten Sekretariats der IMO und des heutigen Sekretariats der WMO dar. Da sich die Technical Commissions (Fachkommissionen), welche in der Zeit zwischen 1891 und Beginn des Ersten Weltkriegs entstanden, von den Fachkommissionen der WMO nur unwesentlich unterscheiden,[316] können auch diese als Vorgängerorgane der Fachkommissionen der WMO gesehen werden. Die im Zeitraum zwischen den Weltkriegen aufgebauten

[311] Cannegieter, History of IMO, S. 115; Ott, WMO, S. 38; UNYB 1947-1948, S. 981.
[312] Ott, WMO, S. 39.
[313] Sands / Klein, Bowett’s Law, Rn. 3-051, S. 100.
[314] Cannegieter, History of IMO, S. 113.
[315] Peeters, EPIL 1983, S. 414 (415).
[316] Peeters, EPIL 1983, S. 414 (415).

Regionalen Kommissionen (Regional Commissions) können schließlich als die Vorläufer der Meteorologischen Regionalverbände (Regional Meteorological Associations) gesehen werden.[317] Bezüglich der Organe der IMO und der WMO bleibt somit festzuhalten, dass die Organe der WMO ihren Ursprung in den Organen der IMO finden.

---

317 Peeters, EPIL 1983, S. 414 (415).

VII. Allgemeiner Postverein und Weltpostverein

1. Allgemeiner Postverein

a. Geschichte und Ziele

Verschiedene nationale Ansätze zur Schaffung einer besseren Organisation auf dem Gebiet des Postwesens gab es bereits 1840 in Großbritannien und 1850 im Deutschen Bund.[318] Der Allgemeine Postverein (General Postal Union, GPU) hingegen wurde als erster internationaler Vertrag und erste Internationale Organisation im Bereich des Postwesens am 9. Oktober 1874 in Bern gegründet.[319] Der Gründungsvertrag der GPU trat gemäß Art. 19 GPU-Gründungsvertrag am 1. Juli 1875 in Kraft. In Bern befand sich auch der Sitz der GPU.[320] Nachdem zunächst 22 Staaten den Vertrag von Bern unterzeichnet hatten, traten in den Folgejahren weitere Staaten dem Abkommen bei, so dass der Name der Organisation während des Kongresses in Paris 1878 in Universal Postal Union (Weltpostverein, UPU) umbenannt wurde.[321] Die UPU kann als eine der ersten Internationalen Organisationen (neben der ITU) bezeichnet werden.[322] Sie gilt gleichzeitig als die bekannteste der Verwaltungsunionen[323] und wurde nach dem Zweiten Weltkrieg, im Jahre 1947 Sonderorganisation der Vereinten Nationen.[324]

b. Organe

Laut Art. 18 GPU-Vertrag[325] sollte zumindest alle drei Jahre ein Kongress von Bevollmächtigten der am Vertrage beteiligten Länder zusammentreten, wobei sich jedes Land durch einen oder mehrere Bevollmächtigte bzw. auch durch Be-

---

318 Knipping, Das System der Vereinten Nationen, Band II, Dokument 9, S. 161.

319 Universal Postal Union; Weber, EPIL 1983, S. 383 (383).

320 Eagleton, International Government, S. 169; Knipping, Das System der Vereinten Nationen, Band II, Dokument 9, S. 161; Universal Postal Union.

321 Sands/Klein, Bowett's Law, Rn. 3-059, S. 105; Weber, EPIL 1983, S. 383 (383).

322 Seidl-Hohenveldern / Wolfrum, Lexikon des Rechts, S. 189; Universal Postal Union.

323 Eagleton, International Government, S. 168.

324 Knipping, Das System der Vereinten Nationen, Band II, Dokument 9, S. 161; Weber, EPIL 1983, S. 383 (383); Seidl-Hohenveldern / Oppermann, Lexikon des Rechts, S. 374.

325 Abgedruckt in Knipping, Das System der Vereinten Nationen, Band II, Dokument 9, S. 161 ff.

vollmächtigte eines anderen Landes vertreten lassen konnte und jedem Land eine Stimme zukam. Dem Kongress kam die Aufgabe zu, gemeinsame Angelegenheiten zu erörtern und an der weiteren Ausbildung des Vereins sowie an der Einführung für notwendig befundener Verbesserungen zu arbeiten.

Das Internationale Büreau des Allgemeinen Postvereins bildete die Zentralstelle der Organisation, welche gemäß Art. 15 GPU-Vertrag unter der Oberleitung der durch den Kongress bestimmten Verwaltung stand und welchem die Aufgabe zukam, die Mitteilungen betreffend den internationalen Postverkehr zu publizieren und zu verteilen, gutachterliche Tätigkeiten wahrzunehmen sowie alle ihm im Interesse des Postvereins übertragenen Aufgaben wahrzunehmen.

Weiterhin gab es noch das Schiedsgericht nach Art. 16 GPU-Vertrag. Ihm kam die Aufgabe zu, bei Meinungsverschiedenheiten zwischen zwei oder mehreren Mitgliedern zu entscheiden, wobei Entscheidungen mit einfacher Stimmenmehrheit zu treffen waren. Das Schiedsgericht setzte sich bei jeder zu entscheidenden Streitigkeit neu aus Mitgliedern zusammen, welche jeweils von einer der beteiligten Streitparteien gewählt wurden.

2. Weltpostverein in Form der Verfassung von 1964

a. Geschichte und Intention

Am 10. Juli 1964 wurde auf dem Wiener Kongress eine Neue Satzung für die UPU beschlossen. Gemäß der Präambel der Weltpostvereinssatzung[326] wurde die Satzung von den Mitgliedstaaten des Weltpostvereins angenommen, um eine „wirkungsvolle Arbeitsweise der Postdienste zu fördern". So wurde mit der Annahme der Satzung nach Art. 1 Weltpostvereinssatzung ein einheitliches Postgebiet für den gegenseitigen Austausch von Briefpost geschaffen, ferner dient der Weltpostverein dem Aufbau und der Perfektionierung der Postdienste, der Förderung der internationalen Zusammenarbeit auf diesem Gebiet, gelegentlich beteiligt er sich an von Mitgliedstaaten gewünschten technischen Hilfsleistungen im Postsektor. Sitz des Weltpostvereins ist gemäß Art. 5 Weltpostvereinssatzung nach wie vor Bern. Der Weltpostverein (UPU) macht den Briefsendungs-

---

326 Abgedruckt in Knipping, Das System der Vereinten Nationen, Band I/2, Dokument 132, S. 993 ff.

verkehr durch alle Mitgliedstaaten möglich. Er hat heute einen derart großen Einfluss, dass sich in der Praxis auch die Nichtmitgliedstaaten[327] an die Bestimmungen des Weltpostvereins halten, um die internationale Weiterleitung der eigenen Post zu garantieren.[328]

b. Organe

Auch nach der Verfassung der UPU von 1964 bildet der Kongress das oberste Organ des Vereins und setzt sich aus den Vertretern der Mitgliedsländer zusammen (Art. 14 Weltpostvereinssatzung). Gemäß Art. 15 Weltpostvereinssatzung gibt es die Möglichkeit, auf Antrag oder mit Zustimmung von mindestens zwei Dritteln der Mitgliedsländer einen außerordentlichen Kongress einzuberufen.

Dem Verwaltungsrat (ursprünglich: Vollzugsrat) kommt laut Art. 17 Weltpostvereinssatzung die Aufgabe zu, zwischen zwei Kongressen die Weiterführung der Arbeiten des Vereins gemäß den Bestimmungen der Verträge zu gewährleisten, wobei die Mitglieder des Verwaltungsrats ihre Tätigkeit im Interesse und Namens des Vereins ausüben.

Der Rat für Postbetrieb (ursprünglich: Konsultativrat für Poststudien) befasst sich nach Art. 18 Weltpostvereinssatzung mit Fragen betrieblicher, kommerzieller, technischer und wirtschaftlicher Natur, welche für den Postdienst von Interesse sind.

Das Internationale Büro des Weltpostvereins wird gemäß Art. 20 Weltpostvereinssatzung von einem Generaldirektor geleitet und steht unter der Aufsicht eines Verwaltungsrats. Es dient als Ausführungs-, Unterstützungs-, Verbindungs-, Auskunfts- und Beratungsorgan und bildet am Vereinssitz in Bern die Zentralstelle.

Gemäß Art. 32 Weltpostvereinssatzung werden Streitigkeiten zwischen zwei oder mehreren Postverwaltungen der Mitgliedsländer bezüglich der Auslegung der Verträge des Vereins oder der Verantwortlichkeit, welche sich für eine Post-

---

[327] Auf der Homepage des Weltpostvereins (www.upu.int) sind derzeit (14. Dezember 2008) lediglich Andorra und Palau nicht als Mitgliedstaaten aufgeführt.

[328] Seidl-Hohenveldern / Loibl, Internationale Organisationen, Rn. 3501.

verwaltung bei Vertragsanwendung ergibt, mittels Schiedssprüchen geregelt. Das Schiedsgericht stellt, so der Umkehrschluss aus Art. 13 Weltpostvereinssatzung, welcher die Organe explizit nennt, jedoch kein Organ des Vereins dar.

3. Tatbestand der Nachfolge

Die Satzung vom 10. Juli 1964 wird ganz allgemein als Nachfolger des Vertrags von 1874 bezeichnet.[329] Ein wirklicher Nachfolgetatbestand hat jedoch in Bezug auf die Organisation selbst nicht stattgefunden. So wurde 1964 der Name der Organisation nicht verändert, auch gab es weder Verpflichtungs- oder Übereignungsverträge im Hinblick auf Grundeigentum, Fonds, Bibliotheken oder anderem Guthaben, noch gab es Übernahmeverträge, die die Mitarbeitern betrafen. Die Verfassung von 1964 stellte vielmehr eine grundlegende Änderung der juristischen Struktur der Organisation selbst dar[330], ohne diese jedoch nach außen in ihrer Rechtsnatur anzutasten. Gemäß Art. 22 Weltpostvereinssatzung ist die Vereinssatzung „Grundvertrag des Vereins", also die Verfassung des Vereins, während die Allgemeine Verfahrensordnung (General Regulations), welche die Bestimmungen für die Anwendung der Satzung enthält, der Weltpostvertrag (Universal Postal Convention), welcher die allgemeinen Maßnahmen in Bezug auf Postdienste enthält und die Vollzugsordnung des Weltpostvertrags die restlichen drei der insgesamt vier juristischen Säulen der UPU bilden. Gemäß Art. 11 I und III Weltpostvereinssatzung können UN-Mitgliedsstaaten der Organisation durch einseitige Erklärung beitreten. Bei Staaten, welche der UN nicht angehören, müssen laut Art. 11 IV Weltpostvereinssatzung zumindest zwei Drittel der Mitgliedsstaaten der Organisation dem Beitritt zustimmen. Nach der Regelung des Vertrags von 1878 war die UPU eine sog. „offene Union", in der jeder Staat durch einseitige Erklärung Mitglied werden konnte.[331] Dies wurde 1948 dahingehend geändert, dass zwei Drittel der Mitgliedsstaaten dem Beitritt eines Neumitglieds zustimmen mussten. Insofern stellt die aktuelle Regelung eine teilweise Rückkehr zur ursprünglichen Ordnung dar.[332] Der Name der Organisation wurde nicht mehr geändert, es blieb vielmehr bei dem 1878 in Paris eingeführten Namen.

---

329 Sands / Klein, Bowett's Law, Rn. 3-059, S. 105.
330 Sands / Klein, Bowett's Law, Rn. 3-059, S. 105.
331 Weber, EPIL 1983, S. 383 (384).
332 Weber, EPIL 1983, S. 383 (384).

Ein Vergleich der Organisationsstruktur der UPU in Form des ursprünglichen Vertrages und in Form der Satzung von 1964 verdeutlicht, dass sich diese Instrumente nur unwesentlich unterscheiden. In beiden Fällen gab es als nichtständiges Hauptorgan den Kongress, in dem sich die Vertreter der Mitgliedsstaaten trafen. Auch das Internationale Büro des Weltpostvereins entspricht nach seinem heutigen Aufgabenbereich im Wesentlichen dem Internationalen Büreau des Allgemeinen Postvereins (ab 1878: des Weltpostvereins) von 1874. Unabhängig von der Frage, ob das bei Meinungsverschiedenheiten einzuberufende Schiedsgericht des Vereins ein Organ darstellt oder nicht, bleibt festzustellen, dass es nach beiden Verträgen bzw. Satzungen ein solches gab. Lediglich der Verwaltungsrat (ursprünglich: Vollzugsrat) nach Art. 17 Weltpostvereinssatzung stellt eine institutionelle Neuerung dar. Für ihn gab es kein Äquivalent im Vertrag von 1874.

Angesichts der Identität der UPU nach dem Vertrag von 1964 mit der GPU / UPU in der Form des ursprünglichen Vertrags von 1874 ist kein Übergang von Rechten auf eine andere Person gegeben. Genau dies ist jedoch, wie eingangs dargelegt, Grundvoraussetzung für einen Rechtsnachfolgetatbestand. Durch die Satzung vom 10. Juli 1964 wurde somit, wie auch schon bei der OEEC / OECD 1960 eine Umgestaltung und Neuordnung einer Organisation vorgenommen. Die UPU hatte somit keine echte Vorgängerorganisation.[333]

[333] Insofern ungenau: Klein, Die Internationalen und die Supranationalen Organisationen, S. 372, Rn. 228.

VIII. Pariser Verbandsübereinkunft, Internationaler Verband zum Schutze von Werken der Literatur und Kunst und Weltorganisation für geistiges Eigentum

1. Pariser Verbandsübereinkunft

a. Geschichte und Ziele

Die Übereinkunft zum Schutze des gewerblichen Eigentums (Pariser Verbandsübereinkunft, PVÜ; auch: Pariser Union)[334] wurde am 20. März 1883 in Paris von insgesamt elf Staaten[335] unterzeichnet und trat 1984[336] mit Wirkung für zu diesem Zeitpunkt 14 Mitgliedsstaaten in Kraft.[337] Bereits fünf Jahre zuvor wurde im Verlauf der Pariser Weltausstellung von Seiten internationaler Patentrechtler eine Kommission gegründet, deren Aufgabe es war, einen „Entwurf für einen multilateralen Vertrag zur Vereinheitlichung des internationalen Rechts zum Schutz des gewerblichen Eigentums" auszuarbeiten.[338] Dieser Entwurf bildete die Grundlage für die Pariser Verbandsübereinkunft, welche später durch weitere Abkommen ergänzt und vervollständigt wurde. Zielsetzung der Übereinkunft war es, den Angehörigen der Signatarstaaten in Bezug auf gewerbliches Eigentum in allen Mitgliedsstaaten Rechtsschutz zukommen zu lassen.[339] Gemäß der Präambel der PVÜ[340] ist es das Ziel der Signatarstaaten, die Gewerbetätigkeit und den Handel der Angehörigen der Vertragsstaaten umfassend zu schützen sowie zum Schutz der Rechte der Erfinder und der Loyalität des Handelsverkehrs beizutragen. Dementsprechend genießen die Bürger der vertragsschließenden Staaten gemäß Art. 2 PVÜ in allen anderen der dem Übereinkommen beigetretenen Staaten die Vorteile, welche die jeweiligen Gesetze den Staatsangehörigen zum Zeitpunkt des Vertragsschlusses gewähren oder zukünftig noch gewähren werden. Die PVÜ stellt ferner einen gegenüber dem nationalen Schutz

334 Knipping, Das System der Vereinten Nationen, Band II, Dokument 11, S. 205 ff.
335 Vgl. hierzu Art. 1 Pariser Verbandsübereinkunft.
336 Dies entsprach der Regelung des Art. 19 PVÜ, wonach die Ratifikationen der Übereinkunft spätestens innerhalb eines Jahres nach Unterzeichnung des Dokuments in Paris ausgetauscht werden sollten.
337 WIPO – General Information.
338 Knipping, Das System der Vereinten Nationen, Band II, S. 205.
339 Knipping, Das System der Vereinten Nationen, Band II, S. 205.
340 Abgedruckt in: Knipping, Das System der Vereinten Nationen, Band II, Dokument 11(a), S. 205 ff.

weitergehenden Schutz von Patenten und Handelsmarken sicher.[341] Die Signatarstaaten haben durch die Übereinkunft nicht nur vertragliche Beziehungen miteinander begründet, sondern auch einen körperschaftlich organisierten Verband gegründet, welchem Rechtspersönlichkeit zukommt.[342]

b. Organe

Als oberstes Organ ist die Generalversammlung der Union gemäß Art. 14 PVÜ (ursprünglich: Art. 13 PVÜ, „Konferenz") zu nennen. In dieser treffen gemäß Art. 14 I, II PVÜ die Delegierten der Vertragsstaaten, welche von weiteren Delegierten, Beratern und Experten Assistenz erfahren, zusammen, um die PVÜ periodischen Revisionen zu unterziehen und so das System der PVÜ ständig zu verbessern. Weiterhin überprüft und genehmigt die Generalversammlung der Union die Berichte und Aktivitäten des Generaldirektors der Weltorganisation für geistiges Eigentum (World Intellectual Property Organisation, WIPO) bezüglich der Pariser Union und gibt dem Generaldirektor Anweisungen in Bezug auf Angelegenheiten der Union. Die Generalversammlung wählt ferner das Exekutivkomitee, überprüft und genehmigt dessen Aktivitäten und erteilt ihm Anweisungen, arbeitet das Programm, den jeweils zweijährigen Haushalt und die Finanzbestimmungen der Union aus, setzt notwendige Expertenkomitees und Arbeitsgruppen ein und bestimmt, welche Nichtmitgliedsstaaten der PVÜ und Internationale Organisationen als Beobachter bei Versammlungen zugelassen werden. Weiterhin muss die Generalversammlung bei Entscheidungen, die andere Unionen betreffen, welche auch von der WIPO verwaltet werden, zuerst die Empfehlungen des Koordinationskomitees der WIPO hören. Gemäß Art. 13 IV PVÜ bildet die Hälfte der Mitgliedsstaaten der Generalversammlung das Quorum. Für den Fall, dass bei einer Abstimmung das Quorum nicht erfüllt wurde, können mittels eines nachträglichen Verfahrens die fehlenden Stimmen eingeholt werden. Für Beschlüsse ist eine Zweidrittelmehrheit erforderlich. Die Generalversammlung tritt auf Einladung des Generalsekretärs einmal in zwei Jahren zu einer ordentlichen Sitzung und, soweit keine Ausnahmesituation vorliegt, gleichzeitig und am gleichen Ort wie die Generalversammlung der WIPO zusammen. Auf Anfrage des Exekutivkomitees oder eines Viertels der Mitglieds-

---

[341] Vgl. Art. 4 f. PVÜ.

[342] Busse / Starck, Art. 1 PVÜ, Rn. 1; Fezer, Art. 1 PVÜ, Rn. 1.

staaten der Generalversammlung tritt selbige auf Einladung des Generalsekretärs zu außerordentlichen Sitzungen zusammen (Art. 13 VII PVÜ).

Das Exekutivkomitee der Generalversammlung wird gemäß Art. 14 II – IV PVÜ (von der Generalversammlung) aus den Mitgliedsstaaten der Generalversammlung gewählt, wobei jede im Exekutivkomitee vertretene Regierung von einem Delegierten repräsentiert wird, welcher von weiteren Delegierten, Beratern und Experten Assistenz erfahren kann. Die Größe des Exekutivkomitees beträgt ein Viertel der Generalversammlung, bei der Wahl wird auch geographischen Gesichtspunkten Rechnung getragen. Die Zusammensetzung des Exekutivkomitees bleibt nach Art. 14 V PVÜ von der Wahl durch die Generalversammlung bis zur nächsten ordentlichen Generalversammlung bestehen, maximal zwei Drittel der Mitglieder dürfen wiedergewählt werden. Gemäß Art. 14 VI PVÜ leistet das Exekutivkomitee gegenüber der Generalversammlung Hilfe hinsichtlich der Programmentwürfe, des Zwei-Jahres Haushalts, der Berichte des Generaldirektors und der Buchprüfung sowie bezüglich der Durchführung der seitens der Generalversammlung aufgestellten Programme durch den Generaldirektor zwischen den ordentlichen Tagungen der Generalversammlung. Das Exekutivkomitee trifft nach Art. 14 VII PVÜ einmal jährlich auf Einladung des Generaldirektors zu ordentlichen Sitzungen zusammen, vorzugsweise gleichzeitig und am gleichen Ort wie das Koordinationskomitee der WIPO. Außerordentliche Tagungen kommen entweder auf Einberufung durch den Generaldirektor, auf eigene Initiative oder auf Anfrage des Vorsitzenden oder eines Viertels der Mitglieder zustande. Im Exekutivkomitee verfügt jedes Mitglied über eine Stimme, die Hälfte der Mitglieder bildet das Quorum und Entscheidungen werden mit einfacher Mehrheit der anwesenden Mitglieder gefasst (Art. 14 VIII PVÜ).

Als dauerhaftes Organ wurde gemäß Art. 15 PVÜ das Internationale Büro (ursprünglich: Internationales Büreau des Verbandes zum Schutze des gewerblichen Eigentums) geschaffen, welches ursprünglich (Wortlaut von 1883) der „oberen Verwaltungsbehörde der Schweizerischen Eidgenossenschaft unterstellt" war. Das Internationale Büro stellt heute gemäß Art. 15 I PVÜ die „Fortführung" des Büros der Union dar, welches mit dem Büro, das durch die Berner Konvention geschaffen wurde, vereint war. Es steht unter der Leitung des Generalsekretärs und bildet das Sekretariat für die verschiedenen anderen Organe der Union. Gemäß Art. 15 II – V PVÜ kommt dem Internationalen Büro die Aufgabe zu, jegliche Information in Bezug auf den Schutz von industriellem Eigentum zu beschaffen und zu veröffentlichen sowie diese Informationen jedem Mitgliedsstaat auf Anfrage zur Verfügung zu stellen. Weiterhin bereitet das Büro gemäß Art. 15 VII PVÜ in Zusammenarbeit mit dem Exekutivkomitee Revisionskonferenzen vor und kann sich mit zwischenstaatlichen und nichtzwischenstaatlichen internationalen Organisationen treffen, um Revisionskonferenzen vorzubereiten.

Die Generalversammlung und das Internationale Büro bestanden von Anfang an, während das Exekutivkomitee später eingeführt wurde.

2. Internationaler Verband zum Schutze von Werken der Literatur und Kunst

a. Geschichte und Ziele

Auf der Weltausstellung 1878 in Paris führten erste Bemühungen hinsichtlich der internationalen Angleichung des Urheberrechts nicht nur zu der oben bereits erwähnten Kommission, sondern auch zur Gründung der Association Littéraire Internationale. Diese beschloss 1882 während einer Konferenz in Rom nach Antrag des Börsenvereins deutscher Buchhändler die Gründung eines internationalen Verbandes zum Schutze von Werken der Literatur und Kunst.[343] Der daraufhin erarbeitete Entwurf wurde vom Schweizer Bundesrat diplomatischen Konferenzen vorgelegt und am 9. September 1886 in Bern als Übereinkunft betreffend der Bildung eines internationalen Verbandes zum Schutze von Werken der Literatur und Kunst (auch: Berner Übereinkunft)[344] unterzeichnet.[345] Ziel der Übereinkunft und des geschaffenen Verbandes war es, den Urhebern, welche Bürger eines der Mitgliedsstaaten des Verbandes waren, Schutz bezüglich ihres Rechts auf Kontrolle, Verkauf und Gebrauch ihrer kreativen Arbeiten wie Novellen, Kurzgeschichten, Gedichte, Theaterstücke, Lieder, Opern, Musicals, Sonaten, Bilder, Gemälde, Skulpturen und architektonische Arbeiten[346] zu gewähren.[347]

343 Knipping, Das System der Vereinten Nationen, Band II, S. 231.
344 Abgedruckt in: Knipping, Das System der Vereinten Nationen, Band II, Dokument 12 (a), S. 231 ff.
345 Knipping, Das System der Vereinten Nationen, Band II, S. 231.
346 Zur exakten Definition des Begriffes „Werke der Literatur und Kunst" vgl. Art. 4 der Übereinkunft.
347 WIPO – General Information.

b. Organe

Vergleichbar den Konferenzen der PVÜ gibt es gemäß Art. 22 (ursprünglich: Art. 17) Übereinkunft betreffend der Bildung eines internationalen Verbandes zum Schutze von Werken der Literatur und Kunst (Berner Übereinkunft) auch bei diesem Verband Generalversammlungen (ursprünglich: Konferenzen), welche dazu bestimmt sind, die Übereinkunft Revisionen zu unterziehen, um so das System des Verbandes zu vervollkommnen. Die Konferenzen fanden ursprünglich reihum in den Mitgliedsstaaten des Verbandes statt und wurden von den Delegierten der Mitgliedstaaten abgehalten. Die Generalversammlung setzt sich i. S. d. Art. 22 I Berner Übereinkunft aus Vertretern der Mitgliedsstaaten zusammen, welche an die Art. 22 bis 26 der Berner Übereinkunft gebunden sind, wobei jede Regierung durch einen Delegierten vertreten wird, welchem von weiteren Delegierten, Beratern und Experten assistiert werden kann. Gemäß Art. 22 II Berner Übereinkunft ist es die Aufgabe der Generalversammlung, sich mit solchen Themen zu befassen, welche sich auf die Erhaltung und Entwicklung der Union sowie auf die Durchsetzung der Berner Übereinkunft beziehen, Anweisungen bezüglich der Vorbereitung der Revisionskonferenzen an das Internationale Büro geistigen Eigentums der WIPO weiterzugeben, die Berichte und Aktivitäten des Generaldirektors der WIPO betreffend der Berner Union zu überprüfen und zu genehmigen sowie dem Exekutivkomitee alle notwendigen Hinweise bezüglich von Fragen innerhalb der Kompetenz der Union zu geben, die Mitglieder des Exekutivkomitees der Generalversammlung zu wählen, die Berichte und Aktivitäten des Exekutivkomitees zu überprüfen und zu genehmigen sowie selbigem Anweisungen zu erteilen, das Programm sowie den zweijährigen Haushalt und die Finanzbestimmungen der Union zu beschließen, Expertenkomitees und Arbeitsgruppen einzusetzen sowie zu bestimmen, welche Nichtmitgliedsstaaten der Berner Übereinkunft und Internationale Organisationen als Beobachter bei Versammlungen zugelassen werden. Ferner hat die Generalversammlung bei Entscheidungen, welche andere Unionen, die ebenfalls von der WIPO verwaltet werden, betreffen, zunächst die Empfehlungen des Koordinationskomitees der WIPO zu hören. Jedes Mitglied der Generalversammlung hat eine Stimme, die Hälfte aller Stimmen bilden gemäß Art. 22 III Berner Übereinkunft das Quorum, wobei Beschlüsse mit Zweidrittelmehrheit gefasst werden müssen. Sollte das Quorum bei einer Abstimmung nicht erreicht werden, können unter bestimmten Umständen die bis zum Erreichen desselben notwendigen Stimmen nachträglich eingeholt werden. Die Generalversammlung hat sich nach Art. 22 IV Berner Übereinkunft auf Einladung durch den Generaldirektor einmal in zwei Jahren zu ordentlichen Treffen und am gleichen Ort sowie gleichzeitig mit der Generalversammlung der WIPO zu treffen. Weiterhin können auch außerordentliche Treffen auf Einladung des Generaldirektors und auf Anfrage des Exekutivkomitees oder eines Viertels der Mitglieder der Generalversammlung stattfinden.

Das Exekutivkomitee der Generalversammlung setzt sich gemäß Art. 23 II, III Berner Übereinkunft aus den Staaten zusammen, welche von der Generalversammlung aus ihrer Mitte gewählt wurden, wobei jeder gewählte Mitgliedsstaat mit einem Delegierten vertreten ist, welcher auch hier von weiteren Delegierten, Beratern und Experten Assistenz erfahren kann. Die Größe des Organs beträgt ein Viertel der Mitglieder der Generalversammlung. Bei der Wahl hat die Generalversammlung verschiedenen Gesichtspunkten (z.B. geographische) Rechnung zu tragen. Gemäß Art. 23 V Berner Übereinkunft bleibt die Zusammensetzung des Organs vom Schluss der Sitzung, auf der die Mitglieder gewählt worden sind, bis zur nächsten ordentlichen Generalversammlung bestehen. Zwei Drittel der Mitglieder dürfen wiedergewählt werden. Die Tätigkeiten und Aufgaben des Exekutivkomitees richten sich nach Art. 23 VI Berner Übereinkunft und entsprechen denen des Exekutivkomitees nach der PVÜ. Gleiches gilt für die Verteilung und Gewichtung der Stimmen, das Quorum und die erforderlichen Mehrheiten bei Abstimmungen.

Weiterhin wurde (ursprünglich gemäß Art. 16 Übereinkunft betreffend der Bildung eines internationalen Verbandes zum Schutze von Werken der Literatur und Kunst) als ständiges Organ ein Büreau des internationalen Verbandes zum Schutze von Werken der Literatur und Kunst errichtet. Die Kosten, welche sich aus der Errichtung und der Arbeit dieses Büros ergaben, wurden ebenfalls von den Mitgliedsstaaten nach einem sich aus dem Schlussprotokoll ergebenden Schlüssel getragen. Das Internationale Büro stellt heute gemäß Art. 24 I Berner Übereinkunft die „Fortführung“ des Büros der Berner Übereinkunft dar, welches mit dem Büro, das durch die PVÜ geschaffen wurde, vereint war. Es steht unter der Leitung des Generalsekretärs und bildet das Sekretariat für die anderen Organe der Union. Gemäß Art. 24 II – V Berner Übereinkunft ist es die Aufgabe des Internationalen Büros, jegliche Information in Bezug auf den Schutz von Urheberrecht zu beschaffen und zu veröffentlichen sowie diese Informationen jedem Mitgliedsstaat auf Anfrage zur Verfügung zu stellen. Weiterhin bereitet das Büro gemäß Art. 24 VII Berner Übereinkunft gemeinsam mit dem Exekutivkomitee Revisionskonferenzen vor und kann sich ferner mit zwischenstaatlichen und nichtzwischenstaatlichen internationalen Organisationen treffen, um solche Konferenzen vorzubereiten.

Wie auch bei der PVÜ bestanden die Generalversammlung und das Internationale Büro von Anfang an, das Exekutivkomitee wurde später geschaffen.

3. Weltorganisation für geistiges Eigentum

a. Geschichte und Ziele

Im Jahre 1893 wurden das Internationale Büro der PVÜ und das der Berner Übereinkunft (also die jeweils ständigen Organe beider Organisationen) miteinander vereint und eine Organisation mit dem Namen Vereinigte Internationale Büros zum Schutze geistigen Eigentums (United International Bureaux for the Protection of Intellectual Property – besser bekannt unter der französischen Abkürzung BIRPI) gegründet. Diese relativ kleine Organisation hatte ihren Sitz in Bern und zunächst lediglich sieben Mitarbeiter.[348] Sie gilt auch als der Vorgänger der heutigen Weltorganisation für geistiges Eigentum (World Intellectual Property Organisation, WIPO), welche im Gegensatz zur BIRPI als dynamische Einheit bezeichnet wird, die mittlerweile 938 Mitarbeiter aus 95 Staaten weltweit beschäftigt und 185 Mitgliedsstaaten hat.[349] Die WIPO wurde am 14. Juli 1967 per Resolution[350] in Stockholm gegründet.[351] Fast drei Jahre später, am 26. April 1970, trat das WIPO-Übereinkommen[352] in Kraft.[353] Am 17. Dezember 1974 schließlich wurde die WIPO zur UN-Sonderorganisation.[354] Ziel der WIPO ist es gemäß Art. 4 i) WIPO-Übereinkommen, geistiges Eigentum weltweit unter anderem durch Vorantreiben der Harmonisierung der nationalen Gesetz-

348 WIPO – General Information.

349 WIPO – General Information.

350 828 U.N.T. S. 3.

351 Busse / Starck, Internationales Zeichenrecht, Vorbem., Rn. 10; Sands / Klein, Bowett's Law, Rn. 6-066, S. 109.

352 WIPO-Übereinkommen abgedruckt in: Knipping, Das System der Vereinten Nationen, Band I/2, S. 583 ff.

353 Knipping, Das System der Vereinten Nationen, Band I/2, S. 583.

354 WIPO – General Information; Sands / Klein, Bowett's Law, Rn. 6-066, S. 109; Seidl-Hohenveldern / Loibl, Internationale Organisationen, Rn. 0813; Shaw, International Law V, S. 1098, Fn 74; Hobe / Kimminich, Völkerrecht, S. 137.

gebung im entsprechenden Rechtsgebiet zu schützen. Dies geschieht, indem die WIPO gemäß Art. 4 WIPO-Übereinkommen die Verwaltungsaufgaben ausführt, welche ursprünglich den Unionen von Paris und Bern (s.o.) zugewiesen waren und Staaten rechtliche und technische Hilfestellungen auf dem Gebiet des Schutzes intellektuellen Eigentums liefert.[355] Die gegenwärtigen Aktivitäten der WIPO betreffen die Stärkung des Systems geistigen Eigentums in Entwicklungsländern und die Erleichterung der Aneignung geistigen Eigentums mittels internationaler Registrierung.[356] Ganz allgemein überwacht die WIPO also den Schutz des geistigen Eigentums mittels der Verpflichtung von Staaten zur wechselseitigen Achtung der von ihnen verliehenen Schutzrechte bezüglich geistigen Eigentums.[357] Die WIPO hat ihre Rolle 1996 mit Abschluss einer Kooperationsvereinbarung mit der Welthandelsorganisation (WTO) ausgedehnt und die Bedeutung von Rechten am geistigen Eigentum im Management des globalisierten Handels dargelegt.[358] Die Mitgliedschaft in der WIPO steht gemäß Art. 5 I und II WIPO-Übereinkommen jedem Staat offen, welcher Mitglied im Pariser oder Berner Verband, in einem im Rahmen des WIPO-Übereinkommens errichteten besonderen Verband oder aber Vertragspartner jeder anderen internationalen Vereinbarung zur Förderung des Schutzes des geistigen Eigentums ist, deren Verwaltung durch die WIPO übernommen wird. Die WIPO hat laut Art. 10 WIPO-Übereinkommen ihren Sitz in Genf[359] und genießt gemäß Art. 12 I WIPO-Übereinkommen im Hoheitsgebiet jedes Mitgliedstaates Rechtsfähigkeit.

b. Organe

Die Generalversammlung der WIPO besteht gemäß Art. 6 I WIPO-Übereinkommen aus allen Vertragsstaaten des Übereinkommens, wobei die Regierung eines jeden Staates durch einen Delegierten vertreten wird, welcher von

---

[355] Gemäß Art. 4 ii) und iii) sowie vi) bis viii) darf die WIPO im fraglichen Rechtsgebiet ferner die Verwaltung anderer Vereinbarungen übernehmen, das Zustandekommen weiterer Vereinbarungen unterstützen, Informationen sammeln und verbreiten, Untersuchungen fördern und deren Ergebnisse veröffentlichen, Einrichtungen zur Erleichterung des internationalen Schutzes geistigen Eigentums unterhalten, gegebenenfalls Registrierungen vornehmen und über diese Auskunft erteilen sowie alle anderen geeigneten Maßnahmen treffen.

[356] Sands / Klein, Bowett's Law, Rn. 6-066, S. 109.

[357] Seidl-Hohenveldern / Loibl, Internationale Organisationen, Rn. 2605.

[358] WIPO – General Information.

[359] Vgl. auch Hobe / Kimminich, Völkerrecht, S. 408.

weiteren Stellvertretern, Beratern und Sachverständigen Unterstützung erfahren kann. Laut Art. 6 II WIPO-Übereinkommen wird der Generaldirektor seitens der Generalversammlung und auf Vorschlag des Koordinierungsausschusses ernannt. Weiterhin überprüft und billigt sie die Berichte des Generaldirektors und des Koordinierungsausschusses bezüglich der Organisation und erteilt beiden Organen Weisungen, beschließt Finanzvorschriften und den Haushaltsplan für die gemeinsamen Ausgaben der Verbände, überprüft die Maßnahmen des Generaldirektors betreffend der Verwaltung internationaler Vereinbarungen, lädt Drittstaaten ein, Vertragspartei des WIPO-Übereinkommens zu werden, und bestimmt, wer als Beobachter zu Sitzungen des Organs zugelassen wird. Jeder Staat verfügt, unabhängig von der Frage, in wie vielen Verbänden ein Staat Mitglied ist, gemäß Art. 6 III WIPO-Übereinkommen über eine Stimme in der Generalversammlung. Die Versammlung ist mit Anwesenheit der Hälfte der Delegierten beschlussfähig. Ausnahmsweise können Beschlüsse auch bei Anwesenheit von einem Drittel der Delegierten gefasst werden, allerdings muss die für das Erreichen des Quorums notwendige Anzahl von Staaten nachträglich an der Abstimmung teilgenommen haben und die erforderliche Mehrheit vorhanden sein. Die Generalversammlung tritt in Genf, also am Sitz der Organisation laut Art. 6 IV WIPO-Übereinkommen nach Einberufung durch den Generalsekretär alle zwei Jahre zu einer ordentlichen Tagung sowie auf Verlangen des Koordinierungsausschusses oder eines Viertels der Mitgliedsstaaten der Generalversammlung zusammen.

In der Konferenz sind gemäß Art. 7 I WIPO-Übereinkommen alle Vertragsstaaten des Übereinkommens vertreten, unabhängig davon, ob sie darüber hinaus noch Mitglied eines der o. g. Verbände sind oder nicht. Auch hier wird die Regierung eines jeden Staates von einem Delegierten vertreten, welcher sich seinerseits vertreten lassen kann. Nach Art. 7 II WIPO-Übereinkommen ist es die Aufgabe der Konferenz, auf dem Gebiet des geistigen Eigentums Fragen von allgemeinem Interesse zu erörtern und diesbezüglich unter Wahrung der Zuständigkeit und Unabhängigkeit der Verbände Empfehlungen zu beschließen, Programme für juristisch-technische Hilfe aufzustellen, den Haushaltsplan der Konferenz sowie bestimmte Änderungen des Übereinkommens zu beschließen und ferner zu bestimmen, wer als Beobachter zu Sitzungen des Organs zugelassen wird. Jeder Mitgliedsstaat verfügt nach Art. 7 III WIPO-Übereinkommen in der Konferenz über eine Stimme, wobei ein Drittel der Mitgliedsstaaten das Quorum bildet und, von Ausnahmen abgesehen, Beschlüsse mit Zweidrittelmehrheit gefasst werden müssen. Nach Art. 7 IV WIPO-Übereinkommen tritt die Konferenz zu ordentlichen Tagungen immer nach Einberufung durch den Generaldirektor gleichzeitig und am gleichen Ort wie die Generalversammlung zusammen. Außerordentliche Tagungen finden ebenfalls nach Einberufung des Generaldirektors und auf Verlangen der Mehrheit der Mitgliedsstaaten statt.

Der Koordinierungsausschuss der WIPO setzt sich gemäß Art. 8 I WIPO-Übereinkommen zusammen aus den WIPO-Vertragsstaaten, welche Mitglieder eines oder beider Exekutivausschüsse der oben dargestellten Verbände (Pariser oder Berner Verband) sind. Auch hier wird jede Regierung durch einen Delegierten vertreten, welcher von Stellvertretern, Beratern und Sachverständigen unterstützt werden kann. Die genaue Zusammensetzung des Koordinierungsausschusses kann, abhängig von den Fragen, welche behandelt werden, variieren sowie die Sitzungsteilnahme weiterer Staaten zur Folge haben. So können i. S. d. Art. 8 II WIPO-Übereinkommen auch solche Staaten im Ausschuss vertreten sein, welche Mitglieder in anderen Verbänden sind, die von der WIPO verwaltet werden. Dem Koordinierungsausschuss kommt gemäß Art. 8 II WIPO-Übereinkommen die Aufgabe zu, sich gegenüber den Organen der Verbände oder denen der WIPO zu Verwaltungs-, Finanz-, und Haushaltsfragen sowie Fragen von gemeinsamem Interesse zu äußern, den Entwurf der Tagesordnung der Generalversammlung, den der Konferenz sowie den Haushaltsplan und das Programm der Konferenz vorzubereiten, der Generalversammlung Kandidaten für das Amt des Generaldirektors vorzuschlagen sowie einen geschäftsführenden Generaldirektor zu ernennen. Der Ausschuss tritt gemäß Art. 8 IV WIPO-Übereinkommen nach Einberufung durch den Generaldirektor einmal jährlich zu einer ordentlichen Tagung am Sitz der Organisation in Genf sowie auf Initiative des Generaldirektors oder auf Verlangen des Vorsitzenden oder eines Viertels der Mitglieder des Koordinierungsausschusses zu außerordentlichen Tagungen zusammen. Das Quorum liegt im Koordinierungsausschuss bei der Hälfte der Mitglieder, wobei jedem im Ausschuss vertretenen Mitgliedsstaat eine Stimme zukommt (Art. 8 V WIPO-Übereinkommen). Beschlüsse werden nach Art. 8 VI WIPO-Übereinkommen mit einfacher Mehrheit gefasst, wobei auf Antrag eines Mitglieds derart abgestimmt werden kann, dass die Zählung getrennt nach Mitgliedern des Pariser und des Berner Verbandes vorgenommen wird und dass in beiden Fällen eine einfache Mehrheit erforderlich ist, um den Beschluss anzunehmen.

Als ständiges Organ der WIPO wurde das Internationale Büro eingerichtet, welches das Sekretariat der Organisation darstellt (Art. 9 I – IV WIPO-Übereinkommen). Das Internationale Büro wird vom Generaldirektor geleitet, welcher von zwei Stellvertretern unterstützt und als höchster Beamter der Organisation für mindestens sechs Jahre ernannt wird. Der Generaldirektor vertritt die Organisation und ist der Generalversammlung gegenüber verantwortlich. Der Generaldirektor leitet gemäß Art. 9 V und VI WIPO-Übereinkommen mit Hilfe seines von ihm ernannten Personals die Geschäfte der Organisation und nimmt an den Sitzungen der Organe, Ausschüsse und Arbeitsgruppen ohne Stimmrecht teil. Er ernennt nach Billigung durch den Koordinierungsausschuss seine Stellvertreter und sucht das Personal entsprechend festgelegter Kriterien aus. Außerdem haben der Generaldirektor sowie das übrige Personal des Sekretariats entsprechend Art. 9 VII und VIII WIPO-Übereinkommen von Regierungen keinerlei Weisungen entgegenzunehmen und jegliche Handlungen zu unterlassen, welche ihre Neutralität beeinträchtigen könnten. Jeder Mitgliedsstaat ist verpflichtet, jegliche Form der Beeinflussung des Personals und des Generaldirektors zu unterlassen.

4. Tatbestand der Nachfolge

Wie oben bereits dargelegt, wurden im Jahre 1893 das Internationale Büro der PVÜ und das der Berner Übereinkunft (also die beiden jeweils ständigen Organe beider Organisationen) zusammengelegt und eine „Organisation" mit dem Namen Vereinigte Internationale Büros zum Schutze geistigen Eigentums (United International Bureaux for the Protection of Intellectual Property – BIRPI) gegründet.[360] Die den beiden Büros jeweils einzeln übertragenen Aufgaben wurden durch die Zusammenlegung nicht berührt.[361] Im Jahr 1960 wurde der Sitz der „Organisation" von Bern nach Genf verlegt, um näher an den Vereinten Nationen und anderen Organisationen zu sein, welche dort ihren Sitz oder ihre Vertretungen hatten.[362] Fraglich erscheint, wie die beschriebene „Zusammenlegung" rechtlich zu würdigen ist bzw. ob es sich bei den Vereinigten Internationalen Büros zum Schutze geistigen Eigentums tatsächlich um eine (Internationale) Organisation handelt. In Frage käme hier zunächst eine Fusion zwischen den

360 WIPO – General Information.
361 Knipping, Das System der Vereinten Nationen, Band II, S. 231.
362 WIPO – General Information.

beiden Verbänden. Wie eingangs dargestellt, wird von einer Fusion oder Verschmelzung gesprochen, wenn zumindest zwei Internationale Organisationen, die unterschiedliche Funktionen und daher jeweils ein unterschiedliches Leistungsvermögen haben und die in verwandten Bereichen tätig sind, miteinander vereinigt werden. Bei einer Fusion werden die Organisationen aufgelöst und durch eine neue ersetzt, die Elemente von jeder der Vorgängerorganisationen in sich vereint.[363] Vorliegend gab es mit beiden Verbänden zwei selbständige rechtsfähige Internationale Organisationen, welchen unterschiedliche Funktionen und demnach unterschiedliches Leistungsvermögen zukamen. Weiterhin waren beide in einem Aufgaben- und Rechtsbereich, nämlich dem des internationalen Schutzes geistigen Eigentums, tätig. Die Zusammenlegung erfolgte jedoch vor allem aus organisatorischen Gründen und hatte keinerlei Auswirkungen auf die Selbständigkeit der beiden Übereinkünfte oder der durch sie gegründeten Organisationen, somit fehlt es an den für eine Fusion Internationaler Organisationen notwendigen Merkmalen. Mit Gründung des BIRPI liegt folglich keine Fusion zwischen Internationalen Organisationen in Bezug auf die PVÜ und die Berner Übereinkunft vor. Gleichwohl handelt es sich bei dem BIRPI um eine „Zusammenlegung" jeweils eines Organs zweier Organisationen, die es einzuordnen gilt.

Zunächst könnte man daran denken, dass mit dem BIRPI eine neue Internationale Organisation entstanden ist. Teilweise wird das BIRPI auch als Internationale Organisation bezeichnet.[364] Gegen eine solche Sichtweise spricht jedoch die Tatsache, dass das BIRPI keine eigenen Organe hat, sondern eben lediglich aus zwei zusammengelegten Organen anderer Organisationen besteht. Auch gibt es keine Hinweise darauf, dass das BIRPI Mitgliedstaaten hat. Der „Gründung" des BIRPI liegt ferner auch kein Gründungsvertrag zugrunde, die Zusammenlegung erfolgte tatsächlich.[365]

Weiterhin könnte man aufgrund der Tatsache, dass die beiden Sekretariate zusammengelegt wurden, von der Fusion zweier Organe sprechen. Es wurden zwei Organe, welche beide jeweils den organisatorischen Unterbau ihrer ähnlich strukturierten Organisationen, die im gleichen Aufgaben- und Rechtsbereich tätig sind, bildeten, zusammengelegt. So wird das Internationale Büro der Pariser Union zudem auch als eines der vereinigten Internationalen Büros zum Schutze

[363] Myers, Succession, S. 28.
[364] UNYB 1967, S. 379.
[365] Auskunft der WIPO vom 07.07.2006 per Email.

geistigen Eigentums bezeichnet[366]. Bei entsprechender Anwendung der obigen Definition von „Fusion“ kommt man daher zu dem Schluss, dass eine Fusion zwischen den beiden Sekretariaten vorgenommen wurde. Diese Fusion muss allerdings derart verstanden werden, dass sie tatsächlich, also organisatorisch und örtlich, stattgefunden hat. Die beiden Sekretariate waren lediglich Organe und somit nicht völkerrechtsfähig. Auch mit Gründung des BIRPI erlangte dieses keine Rechtsfähigkeit, sondern blieb Organ zweier (!) Organisationen. Die Fusion der beiden Organe zum BIRPI dürfte vor allem Vorteile im Bereich der Kommunikation zwischen den Verbänden mit sich gebracht haben.

Mit dem BIRPI wurde also keine Nachfolgeorganisation zur PVÜ oder zur Berner Übereinkunft geschaffen, sondern lediglich eine Organfusion durchgeführt. Fraglich erscheint jedoch, ob mit der späteren Gründung der WIPO eine Rechtsnachfolge begründet wurde. So wird das BIRPI, wie oben bereits dargelegt, als Vorgängerin der heutigen WIPO bezeichnet.[367] Bedenken bestehen aber, weil das BIRPI keine rechtsfähige Internationale Organisation war, sondern lediglich ein Organ zweier Organisationen. Die WIPO hingegen ist eine rechtsfähige Internationale Organisation. Wie gezeigt, hat die WIPO als Organe die Generalversammlung, die Konferenz, das Koordinationskomitee und das Internationale Büro.[368] Das Internationale Büro der WIPO ist deren Sekretariat und bildet gleichzeitig das Verwaltungsorgan sämtlicher Unionen (also nicht nur der Pariser Union und der Berner Union, sondern auch der Madrider Union, der Haager Union und der durch die Patent Cooperation Treaty geschaffenen Union). Die WIPO führt gemäß Art. 4 WIPO-Übereinkommen die Verwaltungsaufgaben aus, welche ursprünglich den Unionen selbst zugewiesen waren. Die WIPO bildet somit eine Dachorganisation für internationale Übereinkommen auf dem Gebiet des geistigen Eigentums.[369] Den Unionen von Paris und Bern kommt allerdings aufgrund der Tatsache, dass sich die Generalversammlung und der Koordinierungsausschuss der WIPO ausschließlich aus Mitgliedern dieser beiden Unionen zusammensetzen, ein beherrschender Einfluss innerhalb der WIPO zu.[370] Bei Betrachtung dieses Sachverhalts wird deutlich, dass die WIPO als Organisation mittels ihres Büros die Aufgaben übernimmt, welche zuvor dem

---

366 UNYB 1970, S. 665.

367 WIPO – General Information.

368 Vgl. auch Busse / Starck, Internationales Zeichenrecht, Vorbem., Rn. 10; Sands / Klein, Bowett's Law, Rn. 3-066, S. 109.

369 Busse / Starck, Internationales Zeichenrecht, Vorbem., Rn. 10.

370 Busse / Starck, Internationales Zeichenrecht, Vorbem., Rn. 10.

BIRPI, also den fusionierten Büros der Unionen von Paris und Bern, zukamen. Es wurden also 1893 mit Gründung des BIRPI zunächst die Organe zweier Organisationen fusioniert und dieses neu geschaffene Organ zweier Organisationen in die 1967 gegründete und 1970 rechtlich entstandene WIPO eingegliedert. Mit dieser Eingliederung in die WIPO ergab sich für diese das Recht und die Pflicht, die von Seiten der Unionen von Paris und Bern ihren Büros zugewiesenen Aufgaben[371] zu übernehmen. Weiterhin wurden auch sämtliche Mitarbeiter des BIRPI von der WIPO übernommen.[372] Hierbei gilt zu beachten, dass die Verträge dieser Mitarbeiter jeweils mit ihren Organisationen (Pariser und Berner Union) geschlossen und somit rechtlich von diesen auf die WIPO übergegangen sind. Gleiches gilt für die Verbindlichkeiten des BIRPI (die letztendlich nicht solche des BIRPI, sondern der beiden Unionen waren), welche ebenfalls von der WIPO übernommen wurden.[373]

Wie eingangs dargestellt, versteht man allgemein unter Rechtsnachfolge den „Übergang von Rechten und Pflichten auf eine andere Person"[374] oder „die Nachfolge einer Person nach einer anderen Person in Bezug auf ein Recht",[375] wobei die Rechtsnachfolge immer aus einer Rechtsübertragung resultiert.[376] Dabei ist auch die Heraustrennung einzelner Organe aus einer Organisation und deren Einbringung in eine andere denkbar.[377] Hier wurden mit Gründung der WIPO Organe aus den genannten Unionen herausgetrennt und in die WIPO eingegliedert, was die Übertragung von Rechten und Pflichten mit sich brachte. Gleiches gilt für die Arbeitsverträge mit den Mitarbeitern und die Verbindlichkeiten der Organisationen. Somit ist hier ein echter Tatbestand der Nachfolge gegeben.

---

371 Der Wortlaut von Art. 24 Berner Übereinkunft und Art. 15 PVÜ ist insofern, mit Ausnahme organisationsspezifischer Besonderheiten, identisch, vgl. hierzu auch die Ausführungen zu den Organen der Organisationen.

372 ILO-Urteil: Twenty-sixth ordinary session; In re Walther and Zimmermann; Judgment No. 177; The administrative Tribunal, D.1.

373 ILO-Urteil: Twenty-sixth ordinary session; In re Walther and Zimmermann; Judgment No. 177; The administrative Tribunal, D.1.

374 Alpmann / Brockhaus, Fachlexikon Recht, S. 1062

375 Köbler, Juristisches Wörterbuch, S. 341.

376 Creifelds / Weber, Rechtswörterbuch, S. 938.

377 Vgl. Sands / Klein, Bowett's Law, Rn. 15-110, S. 527.

IX. Caribbean Free Trade Association und Caribbean Community inklusive des Common Market

1. Caribbean Free Trade Association

a. Geschichte und Ziele

Die Caribbean Free Trade Association (CARIFTA) wurde am 15. Dezember 1965 von Antigua und Barbuda, Barbados, Guyana sowie Trinidad und Tobago durch die gemeinsame Unterzeichnung des Dickenson Bay Übereinkommens gegründet, welches am 1. Mai 1968 in Kraft trat.[378] Am 1. Juli 1968 traten Dominica, Grenada, St. Kitts-Nevis-Anguilla (dt.: Inseln über dem Winde; engl. Leeward Islands), Santa Lucia und St. Vincent sowie die Grenadinen dem Übereinkommen bei. Am 1. August 1968 folgten Montserrat und Jamaika sowie 1971 schließlich Belize (damals noch Britisch Honduras).[379] Jamaika war bereits 1962 unabhängig geworden, die anderen Staaten strebten nach (vollständiger) Unabhängigkeit. Die CARIFTA war dafür bestimmt, die Volkswirtschaften dieser Staaten zusammenzuführen und ihnen eine gemeinsame Präsenz auf der internationalen Bühne zu bieten.[380] Die CARIFTA wurde konkret geschaffen, um die Ausdehnung und Vielseitigkeit des Handels innerhalb der Mitgliedstaaten zu fördern, sicherzustellen, dass der Handel zwischen den Mitgliedstaaten zu fairen Bedingungen stattfindet, eine ausgeglichene und progressive Entwicklung der Wirtschaften der Region anzuregen, die harmonische Entwicklung des karibischen Handels und seine Liberalisierung durch das Entfernen von Handelsbarrieren zu fördern sowie sicherzustellen, dass die positiven Auswirkungen des freien Handels gleichmäßig verteilt werden (Art. 2 lit. a) – e) CARIFTA-Übereinkommen). Praktisch bedeutete dies, dass zwischen den Mitgliedstaaten mehr Güter gekauft und verkauft, das Angebot der handelbaren Waren und Dienstleistungen vergrößert, Zölle und Quoten auf Güter, welche in der Region hergestellt und gehandelt wurden, entfernt sowie Regeln aufgestellt werden sollten, um kleinere Betriebe zu schützen.[381] Die EFTA (European Free Trade Association) diente nicht nur bei der Namensgebung der CARIFTA als Vorbild, weiterhin sollte die CARIFTA vergleichbar der EFTA einen „relativ lockeren

---

[378] CARICOM – Guide, S. 21; Müllerleile, CARICOM, S. 451.
[379] The Caribbean Free Trade Association (CARIFTA).
[380] The Caribbean Free Trade Association (CARIFTA).
[381] The Caribbean Free Trade Association (CARIFTA).

Zusammenschluss" darstellen.[382] Fraglich könnte erscheinen, ob der CARIFTA aufgrund dieser Eigenschaft als eher „lockerer Zusammenschluss" überhaupt Rechtspersönlichkeit zukam. Gemäß Art. 1 § 1 CARIFTA-Übereinkommen soll eine "Association" (dt.: „Gesellschaft oder „Verband") gegründet werden, weiterhin wird in Art. 1 § 2, 3 CARIFTA-Übereinkommen von Mitgliedern der Gesellschaft bzw. des Verbandes gesprochen. In Art. 1 § 3 CARIFTA-Übereinkommen schließlich wird von den Institutionen der Gesellschaft / des Verbandes gesprochen, welche aus einem Rat und den in Art. 28 § 3 CARIFTA-Übereinkommen genannten Organen bestehen sollten. Die Tatsache, dass eine Gesellschaft bzw. ein Verband gegründet wurde, spricht, genau wie die Feststellung, dass es sich um „Mitgliedstaaten" und nicht lediglich um „Teilnehmerstaaten" oder „Signatarstaaten" handelt, für eine Völkerrechtspersönlichkeit der CARIFTA.[383] Gleiches gilt für die Bezeichnung der Institutionen der CARIFTA als Organe. Klarheit wurde geschaffen durch das Protocol on the legal capacity, privileges and immunities of the CARIFTA vom 25. November 1970, welches die Frage bezüglich der Rechtspersönlichkeit der CARIFTA gemäß Art. 37 § 1 CARIFTA-Übereinkommen beantwortet. So wird in Art. 1 des besagten Protokolls festgestellt, dass der CARIFTA Rechtspersönlichkeit zukommt. Aus Art. 30 CARIFTA-Übereinkommen ergibt sich aufgrund der Aufgabe des Rats, entsprechend den Bedürfnissen der CARIFTA, Beziehungen zu anderen Organisationen aufzubauen, dass sich diese Rechtsfähigkeit nicht nur auf die Rechtssysteme der Mitgliedstaaten beziehen soll, sondern auch für das Völkerrecht gilt. Bestätigung findet diese Tatsache im Übereinkommen zwischen der Regierung von Guyana und dem Rat der CARIFTA[384] über das Hauptquartier der Organisation. Dort heißt es, dass es sich bei „Archiven" i.S. dieses Übereinkommens um solche der Organisation selbst und nicht etwa um solche der Organe oder der Mitgliedstaaten handelt. Gleiches gilt für Mitarbeiter und Eigentum (vgl. Art. 1 lit. (a), (f) und (g) des Übereinkommens). Außerdem wurden der CARIFTA in Art. II § 2 des Übereinkommens in Guyana die Unabhängigkeit und die Handlungsfreiheiten garantiert, welche einer „Internationalen Organisation zustehen". Hiermit wurde nochmals die Völkerrechtspersönlichkeit der CARIFTA unterstrichen. Als Sitz der Organisation wurde auf der vierten Konferenz der Staats- und Regierungschefs der Commonwealth Caribbean Countries Georgetown in

[382] Lennert, Außenbeziehungen, S. 29.

[383] Vgl. hierzu auch die Ausführungen zur KSZE und OSZE.

[384] Dieser handelte mit Vertretungsmacht für die Organisation, war also nicht selbst Vertragspartner, Art. 37, § 2 CARIFTA – Übereinkommen.

Guyana beschlossen.[385] Die CARIFTA hörte entsprechend Art. 2 § 1 Georgetown Accord mit Wirkung vom 1. Mai 1974 auf zu existieren.[386]

b. Organe

Im Rat der CARIFTA war laut Art. 28 § 2 CARIFTA-Übereinkommen jeder Mitgliedstaat vertreten, wobei jedem Mitgliedstaat eine Stimme zukam. Der Rat war nach Art. 28 § 4 CARIFTA-Übereinkommen dazu ermächtigt, gegenüber den Mitgliedstaaten verbindliche Entscheidungen zu treffen und ihnen gegenüber Empfehlungen auszusprechen. Abgesehen von Ausnahmen mussten Entscheidungen und Empfehlungen einstimmig beschlossen werden, wobei das Quorum bei zwei Drittel der Mitgliedstaaten lag (Art. 28 § 5 CARIFTA-Übereinkommen). Zu den Aufgaben des Rates gehörte es laut Art. 28 § 1 CARIFTA-Übereinkommen, den Auftrag des Übereinkommens zu überwachen und seine Entwicklung zu analysieren sowie genau zu analysieren, ob seitens der Mitgliedstaaten weitere Maßnahmen mit dem Ziel ergriffen werden sollten, die Erreichung der Zielsetzungen der Organisation voranzutreiben und die Einrichtung engerer Verbindungen zu Drittstaaten, Staatenverbindungen und Internationalen Organisationen voranzutreiben sowie gemäß Art. 28 § 3 CARIFTA-Übereinkommen weitere Organe einzusetzen und diese mit den für die Erreichung ihrer Ziele notwendigen Vollmachten auszustatten.

Die Prüfungsausschüsse der CARIFTA setzten sich nach Art. 27 CARIFTA-Übereinkommen aus Personen zusammen, welche aufgrund ihrer Kompetenz und Rechtschaffenheit ausgewählt wurden. Diese Personen durften von keiner Stelle außerhalb der CARIFTA Empfehlungen und Weisungen empfangen und wurden seitens des Rats mit einfacher Mehrheit gewählt. Den Prüfungsausschüssen kam nach Art. 26 § 2, 3 CARIFTA-Übereinkommen die Aufgabe zu, konkrete Vorgänge zwischen Mitgliedstaaten, welche dem Inhalt des Übereinkommens zuwiderliefen, zu untersuchen. Diese Untersuchungen dienten dem Rat dann als Grundlage für weitere Maßnahmen.

---

385 Vgl. hierzu die Präambel des Übereinkommens zwischen der Regierung von Guyana und dem Rat der CARIFTA.

386 Simmonds, EPIL 1992, S. 533 (534).

Das Commonwealth Caribbean Regional Secretariat bildete gemäß Art. 28 § 3 CARIFTA-Übereinkommen das Hauptverwaltungsorgan der CARIFTA und konnte vom Rat mit solchen Funktionen ausgestattet werden, welche als notwendig erachtet wurden, um die Aufgaben des Sekretariats zu erfüllen.

2. Caribbean Community inklusive des Common Market

a. Geschichte und Ziele

Die Gründung der Caribbean Community (CARICOM) inklusive des Common Market als Nachfolgeorganisation der CARIFTA wurde während der siebten Konferenz der Regierungschefs in Chaguaramas in Trinidad im Oktober 1972 beschlossen[387] und am 4. Juli 1973, ebenfalls in Chaguaramas, mit Unterzeichnung des CARICOM-Übereinkommens (und des Annexes) in die Tat umgesetzt.[388] Das Übereinkommen trat am 1. August 1973 in Kraft.[389] Die CARICOM mit dem Common Market stellt, im Vergleich zur CARIFTA, eine wesentlich weitergehende Integrationsorganisation dar, welche auch bereits existierende regionale Einrichtungen meistens als sog. assoziierte Institutionen explizit mit einbezieht.[390] So wurde mit der CARIFTA zwar eine Freihandelszone eingerichtet, jedoch behandelte die CARIFTA nicht die Freizügigkeit von Arbeitnehmern und Kapital oder die Koordinierung der Agrar-, Industrie- oder Außenpolitik.[391] Die CARIFTA wurde in den Common Market transformiert und bildete nach Gründung der CARICOM einen „integralen Bestandteil" der CARICOM selbst.[392] Teilweise heißt es daher auch, dass es sich bei der CARICOM eigentlich um „zwei Organisationen" handele, deren oberste Organe („Entscheidungsgremien") „eng miteinander verzahnt seien".[393] Gemäß Art. 4 lit. a) CARICOM-Übereinkommen ist es die Aufgabe der CARICOM, ein System des gemeinsamen Marktes mit dem Ziel zu schaffen, die Wirtschafts- und Handelsbeziehungen unter den Mitgliedstaaten zu fördern, die Früchte des Wachstums

---

387 Lennert, Außenbeziehungen, S. 31.

388 Müllerleile, CARICOM, S.105.

389 CARICOM – Guide, S. 24; Sands / Klein, Bowett's Law, Rn. 07-017, S. 216; The History of the Caribbean Community (CARICOM).

390 Lennert, Außenbeziehungen, S. 34.

391 The Caribbean Community.

392 The Caribbean Community.

393 So Lennert, Außenbeziehungen, S. 33.

gleichmäßig und gerecht zu verteilen sowie eine erhöhte wirtschaftliche Unabhängigkeit und Effizienz bezüglich des Handels mit Dritten zu erzeugen. Laut Art. 4 lit. b) und c) CARICOM-Übereinkommen sollen ferner die Außenpolitiken der Mitgliedstaaten koordiniert sowie funktionelle Kooperationen hinsichtlich des gegenseitigen Verständnisses der Menschen und des effektiven Betriebs öffentlicher Dienste zum Vorteil der Menschen geschaffen werden. Die CARICOM genießt gemäß Art. 20 CARICOM-Übereinkommen, wie auch die CARIFTA, Völkerrechtssubjektivität[394] und hat ihren Sitz gemäß Art. 15 § 1 CARICOM-Übereinkommen ebenfalls in Georgetown, Guyana. Tatsächlich wird dem Caribbean Common Market nach Art. 63 § 1 Annex[395] ebenfalls Völkerrechtspersönlichkeit zugesprochen.

Fraglich erscheint nun, ob es sich bei der CARICOM mit dem Common Market als integralem Bestandteil um eine einzige Internationale Organisation handelt, oder aber ob es sich vielleicht um zwei Internationale Organisationen handeln könnte, welche gemeinsam die Rechtsnachfolge gegenüber der CARIFTA angetreten haben.

Teilweise wird die These aufgestellt, bei der CARICOM würde es sich um zwei Organisationen handeln, deren Entscheidungsgremien (es dürften die Organe gemeint sein) „eng miteinander" verzahnt seien. Zur Unterstützung dieser These wird angeführt, dass die Bahamas als einziges Mitglied der CARICOM beim Common Market lediglich Beobachterstatus hätten.[396] Nach dieser Sichtweise gäbe es also zum einen die CARICOM und zum anderen den Common Market als eigenständige Internationale Organisationen.

Laut eigener Darstellung ist die CARICOM eine Internationale Organisation mit dem Gemeinsamen Markt (Common Market) als integralem, wesentlichem Bestandteil.[397] Diese Sichtweise hat seine Ursache in der Regelung des Art. 32 CARICOM-Übereinkommen, wonach der Annex zum CARICOM-Übereinkommen eben einen solchen „integralen Bestandteil dieses Übereinkommens" bildet.

---

394 Vgl. auch Müllerleile, CARICOM, S.106.
395 Annex zum CARICOM-Übereinkommen, „The Caribbean Common Market".
396 Lennert, Außenbeziehungen, S. 33.
397 The history of the Caribbean Community (CARICOM).

Zwecks Beantwortung der aufgeworfenen Frage empfiehlt sich eine Analyse des Annexes zum CARICOM-Übereinkommen. So wurde laut Art. 1 Annex ein Caribbean Common Market eingerichtet, welchem nach Art. 63 § 1 Annex Völkerrechtspersönlichkeit zukommt. Weiterhin war gemäß Art. 63 § 2 jeder Mitgliedstaat dazu verpflichtet, dem Common Market jeweils auch die volle nationale Rechtsfähigkeit zu gewähren. Die internationale als auch die nationale Rechtsfähigkeit des Common Market qualifizierten diesen, neben den anderen erfüllten Voraussetzungen (der Common Market wurde durch einen Gründungsakt geschaffen und hat eigene Organe)[398], zu einer Internationalen Organisation. Das Sekretariat gemäß Art. 15 CARICOM-Übereinkommen war nicht nur das oberste Verwaltungsorgan der CARICOM, sondern gemäß Art. 9 Annex auch das des Common Market. Dementsprechend lag der Sitz des Common Market ebenfalls in Georgetown, Guyana. Wegen der Nichtmitgliedschaft der Bahamas beim Common Market könnte man zunächst zwar auch an einen Vorbehalt denken, angesichts der zuvor dargestellten Tatsache, dass dem Common Market eigene Rechtspersönlichkeit zukommt, erscheint eine solche Sichtweise jedoch ausgeschlossen.[399]

Abschließend kann also festgehalten werden, dass es sich bei der CARICOM mit dem Common Market als integralem Bestandteil um zwei Internationale Organisationen gehandelt hat (CARICOM und Common Market).

b. Organe

Gemäß Art. 6 CARICOM-Übereinkommen waren die Konferenz der Regierungschefs (auch: Konferenz) und der Rat des Gemeinsamen Markts die obersten Organe der CARICOM.[400]

Die Konferenz setzte sich gemäß Art. 2 CARICOM-Übereinkommen aus den Regierungschefs der Mitgliedstaaten zusammen, wobei sich jeder Regierungschef auch vertreten lassen konnte. Der Konferenz kam gemäß Art. 8 CARICOM-Übereinkommen die Aufgabe zu, die Politik der CARICOM zu bestimmen, solche Institutionen der Organisation zu errichten, die deren Zielen dien-

---

[398] Vgl. die Voraussetzungen unter A.IV.

[399] Carnegie, Commonwealth Caribbean Regionalism, S. 180 (190).

[400] Vgl. hierzu auch Sands / Klein, Bowett's Law, Rn. 07-017, S. 216.

lich waren und dem Rat und den Institutionen der Organisation Anweisungen zu erteilen. Ferner sollte die Konferenz für den Abschluss völkerrechtlicher Verträge der Organisation verantwortlich sein, mit anderen Organisationen der Region in Kontakt treten, die dafür notwendigen Einrichtungen aufbauen sowie die Entscheidungen treffen, welche den Finanzhaushalt der Organisation regelten.

Die Konferenz der Gesundheitsminister, die Ständigen Komitees der Kultusminister, Arbeitsminister, Außenminister, Finanzminister, Agrarminister und Bergbauminister bildeten die Institutionen der Gemeinschaft i. S. d. Art. 10 CARICOM-Übereinkommen. Für die Konferenz bestand die Möglichkeit, weitere Institutionen in Übereinstimmung mit dem CARICOM-Übereinkommen einzurichten. Die Institutionen der CARICOM setzen sich nach Art. 11 CARICOM-Übereinkommen aus den jeweiligen Ressortministern der Mitgliedstaaten zusammen, wobei sich diese auch vertreten lassen können. Sollte die Konferenz zusätzliche Institution schaffen, bestimmte sie auch deren Zusammensetzung. Die Institutionen arbeiteten laut Art. 12 CARICOM-Übereinkommen innerhalb ihrer Ressorts sowie gemäß den Zielen der Organisation und konnten, sofern notwendig, weitere Komitees oder Agenturen einsetzen. Jeder Mitgliedstaat hat in den Institutionen genau eine Stimme, Entscheidungen mussten einstimmig fallen.

Das Sekretariat war gemäß Art. 15 CARICOM-Übereinkommen das oberste Verwaltungsorgan der Organisation und hatte seinen Sitz in Georgetown, Guyana. Dem Sekretariat war als höchster Verwaltungsbeamter der CARICOM der Generalsekretär vorangestellt, welcher vom Rat vorgeschlagen und seitens der Konferenz für eine Amtsperiode von fünf Jahren gewählt wurde. Der Generalsekretär erstellte der Konferenz einen jährlichen Bericht über die Arbeit der CARICOM und war ausschließlich gegenüber der Organisation verpflichtet. Er hatte dementsprechend, genau wie das übrige Personal, jegliche Tätigkeit zu unterlassen, welche sich auf seine Tätigkeit als Generalsekretär auswirken konnte. Umgekehrt hatten die Mitgliedstaaten jegliche Beeinflussung des Personals des Sekretariats zu unterlassen. Zu den Aufgaben des Sekretariats zählte es, die Treffen der Institutionen und Komitees der Gemeinschaft zu betreuen und nachzubereiten, Studien bezüglich wirtschaftlicher und funktioneller Fragen der gesamten Region durchzuführen, den Mitgliedstaaten auf Anfrage Auskunft zu erteilen sowie jegliche ihm von Seiten der Konferenz oder anderer Institutionen der CARICOM übertragenen Aufgaben zu übernehmen (Art. 16 CARICOM-Übereinkommen).

Das Sekretariat übernahm gemäß Art. 9 Annex auch die administrativen Aufgaben des Gemeinsamen Marktes, zu welchen nach Art. 10 Annex die Vor- und Nachbereitung der Treffen des Rats und der Komitees, die Durchführung von Studien sowie die Erteilung von Auskünften zählten. Insofern war das Sekretariat auch Organ des Gemeinsamen Marktes.

Wie dargestellt, war der Rat des Gemeinsamen Markts das zweite oberste Organ der CARICOM mit dem Common Market. Tatsächlich bildete er das oberste Organ des Gemeinsamen Marktes. Gemäß Art. 5, 6 Annex setzte sich der Rat aus je einem Minister der jeweiligen Regierung, welcher sich vertreten lassen konnte, zusammen. Der Rat soll nach Art. 7 Annex seine Aufgaben im Hinblick auf die im Annex genannten Ziele wahrnehmen, eine effiziente Entwicklung des Gemeinsamen Marktes inklusive der Beilegung von Problemen sicherstellen, den Annex ständig überprüfen, behauptete Verstöße gegen die Bestimmungen des Annexes verfolgen und erwägen, welche weiteren Schritte unternommen werden sollten, um engere wirtschaftliche Verbindungen mit Dritten aufzubauen. Der Rat konnte ferner, soweit erforderlich, weitere Komitees einrichten, um seine Aufgaben von diesen wahrnehmen zu lassen. Im Rat hatte jeder Mitgliedstaat eine Stimme, Entscheidungen mussten einstimmig getroffen werden (Art. 8 Annex).

Gemäß Art. 12 Annex wurde als Organ des Gemeinsamen Marktes ein Tribunal eingerichtet, welchem die Aufgabe zukam, Streitigkeiten aus dem Annex zwischen den Mitgliedstaaten beizulegen. Zu diesem Zweck wurde eine Liste mit entsprechend qualifizierten Juristen als Schiedsrichtern zusammengestellt und beim Generalsekretär hinterlegt. Jeder Mitgliedstaat durfte hierbei zwei Juristen benennen. Im Falle einer Streitigkeit zwischen Mitgliedstaaten konnte jeder der Beteiligten einen Schiedsrichter von der besagten Liste auswählen, welche dann einen dritten als Vorsitzenden wählten. Für den Fall, dass mehr als zwei Mitgliedstaaten an Streitigkeiten beteiligt waren, hatten sich die Beteiligten auf zwei Schiedsrichter zu einigen. Für den Fall, dass dies nicht möglich war, ernannte der Generaldirektor einen einzigen.

Angesichts der Tatsache, dass es sich bei der CARICOM mit dem Common Market um zwei Organisationen handelt, erscheint auch der oben zitierte Art. 6 CARICOM-Übereinkommen inhaltlich zunächst zweifelhaft, wonach die Konferenz der Regierungschefs und der Rat des Gemeinsamen Markts die obersten Organe der CARICOM sind. Art. 6 CARICOM-Übereinkommen kann folglich nur dahingehend interpretiert werden, dass es sich bei dem Rat um das oberste Organ des Gemeinsamen Markts (als integralem Bestandteil der CARICOM) handelt, während die Konferenz der Regierungschefs zumindest hinsichtlich ihrer Funktion, Übereinkommen, welche vom Gemeinsamen Markt abgeschlossen wurden, zu ratifizieren, als Organ beider Organisationen fungierte.[401] Wie oben dargestellt, arbeitete neben diesem Organ auch das Sekretariat als Organ beider Organisationen.[402]

3. Tatbestand der Nachfolge

Fraglich erscheint, ob die CARIFTA und die CARICOM inklusive des Common Market identisch waren, also lediglich ein Namenswechsel stattgefunden hat oder aber ob ein echter Tatbestand der Nachfolge gegeben ist. Letzteres wäre dann der Fall, wenn sowohl die Funktionen als auch die Rechte und Pflichten der CARIFTA auf die CARICOM mit dem Common Market übergegangen wären. So wird die Behauptung aufgestellt, bei CARIFTA und CARICOM inklusive des Common Market würde es sich um keine Rechtsnachfolge, sondern vielmehr um einen dem der OEEC / OECD vergleichbaren Sachverhalt handeln, bei dem zwischen ursprünglicher und Nachfolgeorganisation Rechtsidentität herrsche.[403] Teilweise heißt es, die CARIFTA sei in die CARICOM mit dem Common Market „übergeleitet" worden[404] und bildete nach Gründung der CARICOM in Form des Common Market einen „integralen Bestandteil" der CARICOM selbst.[405] Insbesondere die Terminologie „überleiten" ließe eher auf eine Umformung bei Beibehaltung der Rechtspersönlichkeit schließen. Gleichzeitig wird aber auch von den „Räten der CARIFTA/CARICOM" gesprochen.[406] Die Verwendung des Plurals in diesem Zusammenhang deutet wiederum darauf hin, dass zumindest die Organe verschieden voneinander sind. Dies kann eher als

---

401 Carnegie, Commonwealth Caribbean Regionalism, S. 180 (192); so wohl auch Lennert, Außenbeziehungen, S. 33.

402 Simmonds, EPIL 1992, S. 533 (534).

403 Klabbers, Introduction, S. 330.

404 Press Release of Seventeenth Meeting of the CARIFTA Council of Ministers and Third Meeting of Common Market Council - CARIFTA Comes to an End, Christ Church, Barbados, 27.04.1974.

405 The Caribbean Community.

406 Press Release of Seventeenth Meeting of the CARIFTA Council of Ministers and Third Meeting of Common Market Council - CARIFTA Comes to an End, Christ Church, Barbados, 27.04.1974.

Argument gegen eine Rechtsidentität gewertet werden. Weiterhin wird durch den Wortlaut des Art. 1 CARICOM-Übereinkommen deutlich, dass „die Vertragsstaaten eine Organisation gründen", der, wie oben dargelegt, Völkerrechtspersönlichkeit zukommt. Schon aufgrund dieser Neuschaffung einer Internationalen Organisation konnte diese nicht identisch mit der CARIFTA sein.

Letztendlich ist gegen eine Rechtsidentität der CARIFTA sowohl mit der CARICOM als auch mit dem Common Market anzuführen, dass die CARIFTA, wie dargestellt, gemäß Art. 2 § 1 Georgetown Accord mit Wirkung vom 1. Mai 1974 nicht mehr existierte. CARICOM und Common Market hingegen entstanden mit Inkrafttreten der Verträge bereits am 01. August 1973.[407] Demzufolge haben die CARIFTA sowie CARICOM und Common Market neun Monate parallel existiert. Wäre die CARIFTA mit einer der beiden zuletzt genannten Organisationen identisch, wäre diese Parallelexistenz nicht möglich. Eine Organisation kann weiterhin unmöglich mit zwei Nachfolgeorganisationen identisch sein. Auch wurde eine Resolution verabschiedet, in welcher der Rat des Gemeinsamen Markts beschloss, die besonderen Beziehungen zwischen der CARIFTA und Antigua (damals noch kein Mitglied der CARICOM sowie des Common Market) ab dem 1. Mai 1974 noch drei Monate weiterlaufen zu lassen.[408] Wäre die CARIFTA mit dem Common Market identisch gewesen, wäre eine solche Resolution überflüssig. Im Lichte dieser Tatsache ist daher die angeführte These, wonach die CARIFTA und CARICOM mit Common Market miteinander identisch seien, nicht zu halten.

Die CARIFTA wurde geschaffen, um den Handel der Mitgliedstaaten untereinander zu fördern, zu liberalisieren und auszudehnen. Des weiteren sollte mittels der CARIFTA das Wirtschaftswachstum in den Mitgliedstaaten angeregt werden. CARICOM und Common Market stellen im Vergleich zur CARIFTA wesentlich weitergehende Integrationsorganisationen dar, welche neben der Freizügigkeit von Arbeitnehmern und Kapital auch die Koordinierung der Agrar-, Industrie- oder Außenpolitik zur Intention hatten.[409] In der CARICOM mit dem Common Market wurden die ehemaligen Ziele der CARIFTA somit nicht nur wieder aufgegriffen, sondern vor allem ausgebaut und erweitert. Die Funktionen

---

[407] Vgl. hierzu auch Art. 1 § 2 Gerorgetown Accord.

[408] Press Release of Seventeenth Meeting of the CARIFTA Council of Ministers and Third Meeting of Common Market Council - CARIFTA Comes to an End, Christ Church, Barbados, 27.04.1974.

[409] The Caribbean Community.

der CARIFTA wurden somit von der CARICOM und dem Common Market gemeinsam übernommen. Insofern haben die CARICOM und der Common Market gemeinsam die CARIFTA als Organisation ersetzt.[410]

Die Mitarbeiter, Aktiva und Schulden der CARIFTA wurden von der CARICOM übernommen. Resolutionen, welche die Übertragungen regelten, oder gesonderte Übertragungsgeschäfte gab es jedoch nicht. Bestimmungen, welche die Angestelltenverhältnisse des Sekretariats der CARIFTA regelten, wurden gemäß einer Entscheidung während der ersten Konferenz der Regierungschefs der CARICOM (15. – 18. Juli 1974) von der CARIFTA übernommen.[411]

Im Rat der CARIFTA war jeder Mitgliedstaat vertreten, wobei jedem Mitgliedstaat eine Stimme zukam. Der Rat traf gegenüber den Mitgliedstaaten verbindliche Entscheidungen und sprach ihnen gegenüber Empfehlungen aus. Den Prüfungsausschüssen der CARIFTA kam die Aufgabe zu, konkrete Vorgänge zwischen Mitgliedstaaten, welche dem Inhalt des Übereinkommens zuwiderliefen, zu untersuchen.

Die Konferenz der Regierungschefs der CARICOM setzte sich aus den Regierungschefs der Mitgliedstaaten zusammen, wobei sich jeder Regierungschef auch vertreten lassen konnte. Sie bestimmte die Politik der CARICOM. Die Konferenz der Gesundheitsminister und die Ständigen Komitees der Minister verschiedener Ressorts arbeiteten in der Konferenz zur Erreichung der Ziele der Organisation zusammen. Sie konnten weitere Komitees oder Agenturen einsetzen. Der Rat des Gemeinsamen Markts war das zweite oberste Organ der CARICOM, er bestimmte die Politik und die effiziente Entwicklung des Gemeinsamen Marktes.

Bei einem Vergleich der Organe der CARIFTA mit denen der CARICOM mit dem Common Market wird deutlich, dass die Konferenz der Regierungschefs der CARICOM sowie die Konferenzen der Gesundheitsminister und die Ständigen Komitees einerseits und der Rat des Gemeinsamen Markts andererseits als oberste Organe die Funktionen des Rats der CARIFTA wahrgenommen haben. Zu den Prüfungsausschüssen der CARIFTA gab es in der CARICOM kein Äquivalent. Das Commonwealth Caribbean Regional Secretariat wurde gemäß Art. 15 § 1 CARICOM-Übereinkommen direkt in das Gemeinschaftssekretariat

---

410 Sands / Klein, Bowett's Law, Rn. 07-017, S. 216.

411 Auskunft der Rechtsabteilung der CARICOM incl. the CSME vom 04.08.2006.

(engl.: Community Secretariat) der CARICOM „umgewandelt“.[412] Bei diesem Sekretariat handelt es sich um das jeweils einzige ständige Organ der CARIFTA und der CARICOM mit dem Common Market. Das Tribunal des Gemeinsamen Markts hatte keinen Vorläufer in der CARIFTA.

Abschließend kann festgehalten werden, dass sowohl die CARICOM als auch der Common Market als „integraler Bestandteil“ der CARICOM gemeinsam Rechtsnachfolger der CARIFTA waren.[413] Hierbei ergänzten sie sich gegenseitig[414].

---

412 S. a. Lennert, Außenbeziehungen, S. 34.
413 Carnegie, Commonwealth Caribbean Regionalism, S. 180 (199).
414 Carnegie, Commonwealth Caribbean Regionalism, S. 180 (199).

X. Caribbean Community inclusive des Common Market und Caribbean Community inklusive des CARICOM Single Market and Economy

Die Geschichte und Ziele sowie die Organe der CARICOM und des Common Market wurden bereits dargestellt. Im Folgenden soll nun die Caribbean Community inklusive des CARICOM Single Market and Economy (CSME) analysiert werden. In diesem Rahmen soll erörtert werden, ob die Caribbean Community inklusive des CARICOM Single Market and Economy (CSME) Rechtsnachfolger der CARICOM und des Common Market ist.

1. Caribbean Community inklusive des CARICOM Single Market and Economy

a. Geschichte und Ziele

Laut Artikel 2 R-CARICOM-Übereinkommen[415] wurde mittels dieses Übereinkommens eine Gemeinschaft gegründet, welche laut Protokoll zur Revision der Übereinkunft von Chaguaramas[416] die Bezeichnung Caribbean Community including the CARICOM Single Market and Economy (CSME) trägt. Die Ziele der Organisation bestehen gemäß Art. 6 lit. a) – i) in der Verbesserung der Lebens- und Arbeitsbedingungen, der umfassenden Nutzung von Arbeitskräften und anderen Produktionsfaktoren, in der Beschleunigung, Koordination und Nachhaltigkeit der wirtschaftliche Entwicklung und Annäherung, im Ausbau des Handels und der Wirtschaftsbeziehungen mit Drittstaaten, in der Steigerung der internationalen Wettbewerbsfähigkeit, in der Organisation gesteigerter Produktion und Produktivität, im Erreichen eines höheren Ausmaßes an wirtschaftlichem Einfluss und Effektivität der Mitgliedstaaten beim Handel mit Drittstaaten, Staatengruppen und sonstigen Einheiten, in der Steigerung der Koordination der Außenpolitiken und Außenwirtschaftspolitiken der Mitgliedstaaten, sowie darin, die funktionelle Zusammenarbeit in den Bereichen der öffentlichen Dienste und Aktivitäten am Bürger zu verbessern, das Verständnis der Völker untereinander und das Wachstums der sozialen, kulturellen und wirtschaftlichen Entwicklung

---

415 Revised Treaty of Chaguaramas Establishing the Caribbean Community Including the CARICOM Single Market and Economy = revisioniertes CARICOM-Übereinkommen.

416 Weiterhin: „Protokoll".

zu beschleunigen sowie die Tätigkeiten in den Bereichen Gesundheit, Erziehung, Transport und Telekommunikation zu intensivieren. Das R-CARICOM-Übereinkommen konnte gemäß Art. II § 2 Protokoll vom 5. Juli 2001 an signiert werden und wurde am 1. Januar 2006 für 12 der 15 Mitglieder der Caribbean Community und der 14 Mitglieder des Common Market wirksam.[417] Der Sitz der Organisation befindet sich gemäß Art. 23 § 1 R-CARICOM-Übereinkommen in Georgetown, Guyana.

b. Organe

Gemäß Art. 10 §§ 1, 2 hat die Caribbean Community inklusive des CSME die Konferenz der Regierungschefs und den Rat der Minister als oberste Organe, welche vom Finanz- und Planungsrat, vom Rat für Handel und wirtschaftliche Entwicklung, vom Rat für Außen- und Gemeinschaftsangelegenheiten und vom Rat für menschliche und soziale Entwicklung unterstützt werden.

Die Konferenz der Regierungschefs setzt sich gemäß Art. 11 R-CARICOM-Übereinkommen aus den Regierungschefs zusammen, welche sich jedoch durch einen Minister oder durch eine andere Person vertreten lassen können. Die Konferenz stellt nach Art. 12 R-CARICOM-Übereinkommen das höchste Organ der Organisation dar, bestimmt die Politik der Organisation, regelt völkerrechtliche Vertragsschlüsse, bestimmt den Finanzhaushalt, setzt bei Bedarf weitere Organe ein, erteilt den anderen Organen Richtlinien in Bezug auf die Ziele der Organisation und schlichtet bei Streitigkeiten zwischen Mitgliedstaaten. Sie kann ferner Ausrüstung anschaffen, welche sie zur Kontaktaufnahme mit anderen Organisationen benötigt und hat als administrativen Teil ein Büro, welches sich aus dem aktuellen, dem scheidenden und dem zukünftigen Vorsitzenden zusammensetzt.

Der Ministerrat der Gemeinschaft setzt sich gemäß Art. 13 §§ 1, 2 R-CARICOM-Übereinkommen aus den jeweiligen Ministern für Gemeinschaftsangelegenheiten der Mitgliedstaaten sowie aus weiteren Ministern zusammen, welche von den Mitgliedstaaten in freiem Ermessen ernannt werden. Er trägt die Verantwortung für die Politik in den Bereichen der wirtschaftlichen Integration, der funktionellen Zusammenarbeit sowie der Außenbeziehungen. In diesem Zusammenhang empfiehlt der Ministerrat die Programme der Gemeinschaft auch

---

[417] Establishment of the CSME.

auf Grundlage von Empfehlungen anderer Organe und ändert Vorschläge der Ressorträte ab bzw. fordert diese auf, Gemeinschaftsziele auszuarbeiten. Ferner überwacht und genehmigt der Ministerrat der Gemeinschaft den Finanzhaushalt, stellt Ressourcen zur Verfügung, baut ein System regionaler und nationaler Foren auf, fördert und überwacht nationale Durchführungsprozesse, bereitet die Treffen der Konferenz vor, stellt das Funktionieren des CSME sicher, untersucht behauptete Verstöße gegen Verpflichtungen aus dem Vertrag sowie Streitigkeiten zwischen den Organen und überwacht die zeitliche Durchführung von Gemeinschaftsentscheidungen durch andere Organe (Art. 13 §§ 3, 4 R-CARICOM-Übereinkommen).

Der Finanz- und Planungsrat (COFAP) hat die oberste Verantwortung im Bereich der Koordination der Wirtschaftspolitiken sowie der monetären Integration der Mitgliedstaaten, welche er durch die Koordination der nationalen Politiken im makroökonomischen Bereich, durch die Förderung der monetären Kooperation, durch Vorschläge im Bereich der Finanzdisziplin und der freien Konvertierbarkeit der Währungen sowie durch den Aufbau und die Integration von Kapitalmärkten in der Gemeinschaft fördert (Art. 14 R-CARICOM-Übereinkommen).

Dem Rat für Handel und wirtschaftliche Entwicklung (COTED) kommt gemäß Art. 15 R-CARICOM-Übereinkommen die Aufgabe zu, den Handel und die wirtschaftliche Entwicklung der Gemeinschaft beispielsweise durch die Überwachung des CSME, die Förderung der Produktion und deren Vielfältigkeit, die Förderung von Dienstleistungen und den Aufbau von Infrastruktur, die Entwicklung regenerativer Energiesysteme und Naturschutz, die Beschleunigung der Forschung und die Anhebung des Außenhandels zu fördern.

Der Rat für Außen- und Gemeinschaftsangelegenheiten (COFCOR) koordiniert nach Art. 16 R-CARICOM-Übereinkommen die Beziehungen zwischen der Gemeinschaft und Internationalen Organisationen und Drittstaaten, indem er friedliche und vorteilhafte Beziehungen unterstützt, die Außenpolitiken der Mitgliedstaaten und deren Positionen in Internationalen Organisationen koordiniert, in Zusammenarbeit mit dem COTED die Außenwirtschafts- und Außenhandelsbeziehungen fördert sowie die Außenpolitiken der Mitgliedstaaten mit den Staaten in der weiteren Karibischen Region abspricht.

Der Rat für menschliche und soziale Entwicklung (COHSOD) trägt in seinem Ressort durch die Förderung des Aufbaus besserer Gesundheits- und Bildungssysteme, durch den Ausbau des Arbeitnehmerschutzes, durch die Förderung der Jugend und der Frauen in der Gemeinschaft, und den Ausbau von Sport und Kulturprogrammen sowie von Programmen zum Erhalt einer gesunden Natur und Umwelt bei (Art. 17 R-CARICOM-Übereinkommen).

Alle vier Ressorträte setzen sich aus Ministern der Mitgliedstaaten zusammen, welche sich vertreten lassen können.

Das Sekretariat der Caribbean Community inklusive des CSME ist gemäß Art. 23 R-CARICOM-Übereinkommen das oberste Verwaltungsorgan der Organisation und befindet sich am Sitz der Organisation in Georgetown, Guyana. Im Sekretariat wirkt der Generalsekretär als höchster Beamter mit seinem Personal, welche vollkommen unabhängig zu sein haben und daher keinerlei Anweisungen seitens der Mitgliedstaaten oder anderen Organisationen erhalten dürfen. Das Sekretariat unterstützt die Treffen der Organe der Gemeinschaft, initiiert Studien, sammelt und erteilt Informationen, koordiniert die Arbeit anderer Organisationen und unterstützt die anderen Organe bei der Umsetzung der Gemeinschaftsziele, bereitet den Haushaltsentwurf vor, leistet den nationalen Behörden technische Unterstützung bei der Verwirklichung der Gemeinschaftsziele, ermittelt Sachverhalte in Mitgliedstaaten und bereitet für die anderen Organe Entwürfe vor, welche sich auf das Erreichen der Gemeinschaftsziele beziehen (Art. 25 R-CARICOM-Übereinkommen). Der Generalsekretär, der gemäß Art. 24 § 1 R-CARICOM-Übereinkommen auf Empfehlung des Ministerrats der Gemeinschaft von der Konferenz ernannt wird, ist das oberste Organ der Gemeinschaft und nimmt die in Art. 24 § 2 R-CARICOM-Übereinkommen vorgesehenen Aufgaben wahr.

Nach Art. 27 §§ 1, 3 R-CARICOM-Übereinkommen kommt jedem Mitgliedstaat bei Abstimmungen innerhalb der Organe jeweils eine Stimme zu, wobei die einfache Mehrheit das Quorum bildet und Entscheidungen in prozessualen Angelegenheiten ebenfalls einer einfachen Mehrheit bedürfen. Abstimmungen in der Konferenz müssen generell einstimmig, solche im Ministerrat der Gemeinschaft und in den Ressorträten mit qualifizierter Mehrheit erfolgen.

2. Tatbestand der Nachfolge

Fraglich erscheint, welche Bedeutung unter Berücksichtigung der zuvor gewonnenen Erkenntnisse der „Vertragsrevision" aus dem Jahr 2001 beizumessen ist. Generell können völkerrechtliche Verträge einvernehmlich von allen Vertragsparteien abgeändert werden.[418] Unter einer Revision wird die umfassende Änderung des ganzen Vertrages verstanden, während die Änderung lediglich einzelner Vertragsbestimmungen auch als „Änderung" bzw. „amendment" bezeichnet wird. Die Revision unterscheidet sich von der Aufhebung völkerrechtlicher Verträge darin, dass bei einer Aufhebung eine Fortführung der vertraglichen Beziehungen gerade nicht erwünscht wird. Die Revision der Satzung einer Internationalen Organisation lässt diese somit, wenn auch mit abgeänderter Geltungsgrundlage, weiterbestehen.[419] Fraglich ist nun, ob die „Vertragsrevision" des CARICOM-Übereinkommens von 2001 wirklich als solche zu verstehen ist. Laut Art. 2 R-CARICOM-Übereinkommen wurde mittels des Übereinkommens von 2001 eine Gemeinschaft gegründet, welche als Nachfolgerin der Caribbean Community und des Common Market verstanden werden soll. Diese Gemeinschaft trägt laut Protokoll zur Revision der Übereinkunft von Chaguaramas[420] die Bezeichnung Caribbean Community including the CARICOM Single Market and Economy (CSME). Gemäß Art. I Protokoll soll die Carribbean Community inklusive des CSME der Rechtsnachfolger der Caribbean Community und des Common Market sein. Grundbesitz sowie jegliches andere Eigentum und einklagbare Forderungen wurden seitens der Vorgängerorganisation auf den Nachfolger übertragen.[421] Gleiches gilt für Rechte und Privilegien einerseits sowie für Schulden und Verpflichtungen andererseits.[422] Anhängige Gerichtsverfahren in Bezug auf die in Art. III lit. a) Protokoll genannten Angelegenheiten und Gegenstände gingen ebenfalls auf die Nachfolgeorganisation über.[423]

Angesichts dieser Tatsachen erscheint es als zweifelhaft, ob es sich vorliegend tatsächlich um eine Vertragsrevision handelt. Wären die Caribbean Community und der Common Market identisch mit der Carribbean Community inklusive des CSME, dann wäre die oben dargestellte Übertragung des Grundbesitzes und jeg-

---

418 Ipsen, Völkerrecht, § 13, Rn. 1.
419 Döll, Völkerrechtliche Kontinuitätsprobleme, S. 40.
420 Weiterhin: „Protokoll".
421 Vgl. auch Art. III lit. a) Protokoll.
422 Vgl. auch Art. III lit. b) Protokoll.
423 Vgl. auch Art. III lit. c) Protokoll.

lichen anderen Eigentums sowie der Forderungen, Rechte und der Schulden nicht nur überflüssig, sondern unmöglich. Die Übertragung der genannten Rechte und des Eigentums manifestiert somit die bereits in Art. 2 R-CARICOM-Übereinkommen getroffene Feststellung, dass eine neue Organisation gegründet wird, welche die Nachfolgerin der bis dato bestehenden Organisation sein sollte. Gleiches wird auch durch Artikel I Protokoll festgestellt. Art. V Protokoll hingegen besagt, dass das CARICOM-Übereinkommen mit dem Inkrafttreten des R-CARICOM-Übereinkommens seine Wirksamkeit verliert. Dies gilt jedoch nur in Bezug auf die Parteien des R-CARICOM-Übereinkommens. Die Revision der Satzung einer Internationalen Organisation lässt diese, wie dargestellt, mit abgeänderter Geltungsgrundlage weiterbestehen. Hier wurde jedoch eine neue Internationale Organisation geschaffen, folglich ist im vorliegenden Fall kein Fall der Vertragsrevision, sondern ein solcher der Aufhebung und der Neugründung einer Internationalen Organisation gegeben. Der Neue Vertrag entfaltet Wirksamkeit für 12 Staaten, während die Bahamas, Haiti und Montserrat dem neuen Vertrag noch nicht beigetreten sind.[424] Gemäß Art. V Protokoll entfaltet daher für diese Staaten das CARICOM-Übereinkommen nach wie vor Wirkung.

Bezüglich der Organe der Organisationen wurden insgesamt nur unwesentliche Veränderungen vorgenommen.

Die Konferenz der Regierungschefs der CARICOM bildete das oberste Organ der Organisation. Nach der „Revision" des Vertrages wurde dieses Organ durch ein Organ gleichen Namens ersetzt.

Die Konferenz der Gesundheitsminister, die Ständigen Komitees der Kultusminister, Arbeitsminister, Außenminister, Finanzminister, Agrarminister und Bergbauminister bildeten die Institutionen der Gemeinschaft i. S. d. Art. 10 CARICOM-Übereinkommen. Ihre Aufgaben wurden vom Finanz- und Planungsrat (COFAP), vom Rat für Handel und wirtschaftliche Entwicklung (COTED), vom Rat für Außen- und Gemeinschaftsangelegenheiten (COFCOR) und vom Rat für menschliche und soziale Entwicklung (COHSOD) übernommen. Die Räte setzen sich wie zuvor die Institutionen aus Ministern der Mitgliedstaaten zusammen.

---

424 The Establishment of the CSME.

Der Rat des Gemeinsamen Markts (Art. 5, 6 Annex) setzte sich aus je einem Minister der jeweiligen Regierung zusammen. Zu seinen Aufgaben gehörten vor allem die effiziente Entwicklung des Gemeinsamen Marktes sowie die Beilegung von Streitigkeiten. Der jetzige Ministerrat der Gemeinschaft setzt sich aus den jeweiligen Ministern für Gemeinschaftsangelegenheiten der Mitgliedstaaten zusammen und trägt die Verantwortung für die Politik in den Bereichen der wirtschaftlichen Integration und der funktionellen Zusammenarbeit. Insofern hat auch hier letzterer die Aufgaben des ersten übernommen.

Das Sekretariat der Carribbean Community inklusive des CSME hat seinen Sitz (und mit ihm die Organisation) ebenso wie das Sekretariat der CARICOM und des Common Market in Georgetown, Guyana. Nach wie vor ist das Sekretariat das höchste Verwaltungsorgan der Organisation mit einem Generalsekretär an der Spitze.

Das Tribunal des Gemeinsamen Markts hatte fand in der Carribbean Community inklusive des CSME keinen Nachfolger.

Insgesamt bleibt somit festzuhalten, dass die Rechte und Pflichten der CARICOM und des Common Market auf die Carribbean Community inklusive des CSME übergegangen sind. Somit ist mit dem vorliegenden Sachverhalt ein Tatbestand der Rechtsnachfolge gegeben.

Es wurden zwei Internationale Organisationen, welchen unterschiedliche Funktionen und daher unterschiedliche Leistungsvermögen zukamen und welche in Bereichen tätig waren, die miteinander verwandt waren (Common Market als „integraler Bestandteil" der CARICOM, s.o.), miteinander vereinigt. Dies geschah in einer Art und Weise, in der die Organisationen aufgelöst und durch eine neue ersetzt wurden, welche Elemente von jeder der Vorgängerorganisationen in sich vereinte. Der Nachfolgetatbestand kann daher als Fusionstatbestand qualifiziert werden.

XI. Konferenz für Sicherheit und Zusammenarbeit in Europa und Organisation für Sicherheit und Zusammenarbeit in Europa

1. Konferenz für Sicherheit und Zusammenarbeit in Europa

a. Geschichte und Ziele

Die Konferenz für Sicherheit und Zusammenarbeit in Europa (KSZE, auch: Conference on Security and Co-operation in Europe, CSCE) zielte darauf ab, durch den Aufbau eines Forums für Diskussionen zwischen west- und osteuropäischen Staaten in Europa ein europäisches System der kollektiven Sicherheit zu etablieren.[425] Diese Aufgabe umfasste denknotwendigerweise auch die friedliche Beilegung von Streitigkeiten.[426] Die erste Stufe der Konferenz startete im Jahr 1973, während die dritte Stufe die Annahme der Schlussakte von Helsinki am 1. August 1975[427] durch die 35 Teilnehmerstaaten (33 europäische Staaten, USA, Kanada) bezeugte.[428] Die Schlussakte von Helsinki setzte sich aus vier Kapiteln, sog. „Körben“ zusammen, die sich auf die verschiedenen Felder der Zusammenarbeit bezogen, welche auf der Konferenz bestimmt wurden.[429] Diese „Körbe“ sind: Sicherheitsfragen, Zusammenarbeit in den Feldern der Wirtschaft, Wissenschaft und Technologie sowie der Umwelt, Zusammenarbeit im humanitären Bereich und Folgetätigkeiten der Konferenz.[430] Die Schlussakte von Helsinki stellt keinen völkerrechtlich verbindlichen Vertrag dar.[431] Durch die Schlussakte wurden für die Unterzeichnerstaaten lediglich außerrechtliche, d.h. Verpflichtungen politisch-moralischer Art begründet.[432] Seit dieser Konferenz 1975 gab es etliche weitere Folgetreffen, auf welchen zum Teil substanzielle abschließende Papiere verabschiedet wurden.[433] Die in Belgrad, Madrid und Wien verabschiedeten Papiere sowie Konferenzdokumente sind ebenso rechtlich verbindlich wie die Schlussakte von Helsinki, s.o.[434] In den Dokumenten von Wien (15. Januar 1989), Kopenhagen (29. Juni 1990) und Moskau (3. Oktober

---

425 Sands / Klein, Bowett's Law, Rn. 06-084, S. 199.
426 Seidl-Hohenveldern / Loibl, Internationale Organisationen, Rn. 0251.
427 KSZE-Schlussakte, Bull. 1975, Nr. 102, S. 965 ff.; CSCE/OSCE timeline.
428 Sands/Klein, Bowett's Law, Rn. 6-084, S. 199.
429 Bloed, Arie, The CSCE, S. 46.
430 Sands/Klein, Bowett's Law, Rn. 06-084, S. 199.
431 Hobe / Kimminich, Völkerrecht, S. 145.
432 Seidl-Hohenveldern / Beyerlin, Lexikon des Rechts, S. 277.
433 Sands / Klein, Bowett's Law, Rn. 06-084, S. 199.
434 Seidl-Hohenveldern / Beyerlin, Lexikon des Rechts, S. 277.

1991) wurden deutliche Weiterentwicklungen auf dem Gebiet der Menschenrechte sowie der bürgerlichen und politischen Rechte verzeichnet, welche auch als Folge der damaligen politischen Umwälzungen in Europa zu werten sind.[435] Im Rahmen der KSZE wurde ferner im Jahre 1992 zwecks Förderung ihrer Intention ein Übereinkommen über Vergleichs- und Schiedsverfahren innerhalb der KSZE geschlossen, welches gleichzeitig die Grundlage für die Errichtung des späteren Schiedsgerichtshofs der OSZE darstellte[436]. Das Helsinki-Dokument von 1992 kann auch als „Organisationsstatut“[437] der KSZE bezeichnet werden.

b. Organe

Die KSZE war aufgrund der Tatsache, dass sie eine Konferenz und keine Internationale Organisation darstellte, mit keinerlei permanenter Struktur ausgestattet. Erst 1990 wurde die institutionelle Struktur der KSZE neu definiert.[438] Zu dieser Neudefinition bzw. Einrichtung von Institutionen wird weiter unten ausführlich Stellung genommen.

2. Organisation für Sicherheit und Zusammenarbeit in Europa

a. Geschichte und Ziele

Die Organisation für Sicherheit und Zusammenarbeit in Europa (OSZE, auch: Organization for Security and Co-operation in Europe, OSCE) ist 1995 aus der KSZE hervorgegangen.[439] Vergleicht man den Aufgabenbereich der KSZE mit dem der OSZE, so stellt man schnell fest, dass die Aufgaben der OSZE deutlich umfangreicher sind als die der KSZE. Generell kann die „politische Krisenbewältigung“ als Hauptaufgabe der OSZE bezeichnet werden.[440] Zu dieser Hauptaufgabe gehören u. a. die Kontrolle illegalen Handels, Waffenkontrolle, Terro-

---

435 Seidl-Hohenveldern / Beyerlin, Lexikon des Rechts, S. 277.
436 Seidl-Hohenveldern / Beyerlin, Lexikon des Rechts, S. 410.
437 Ipsen, Völkerrecht, § 34, Rn. 9.
438 Sands/Klein, Bowett's Law, Rn. 06-084, S. 199; Ipsen, Völkerrecht, § 34, Rn. 9.
439 Hobe / Kimminich, Völkerrecht, S. 145.
440 Oppermann, Europarecht, § 3, Rn. 24.

rismusbekämpfung, Konfliktprävention, Demokratisierung und Wirtschafts- und Umweltsicherheit.[441] Weiterhin stellt der Menschenrechtsschutz in der heutigen OSZE einen Schwerpunkt der Arbeit dar. Besonders in Mittel- und Osteuropa sowie in den asiatischen Gebieten ihrer Mitgliedstaaten leistet die OSZE mittels der „Schaffung von Grundbedingungen für die Achtung von Menschenrechten" einen wichtigen Beitrag zum Menschenrechtsschutz auf internationaler Ebene.[442] Weiterhin wurde die OSZE auch in solchen Krisensituationen tätig, welche sich aus der Desintegration der Sowjetunion und Jugoslawiens ergaben. Ferner kämpft sie gegen Antisemitismus und ist aktiv beim Schutz nationaler Minderheiten.[443]

b. Institutionen

Viele Institutionen der OSZE wurden mit dem „Zusatzdokument zur Durchführung einiger Bestimmungen der Charta von Paris für ein neues Europa"[444] eingerichtet.

Zunächst ist das Treffen der Staats- und Regierungschefs zu nennen. Entsprechend der Charta von Paris[445] war es verbunden mit den Folgetreffen der KSZE. Nach der Regelung des Helsinki Dokuments von 1992[446] findet das Treffen nun alle zwei Jahre statt.

Der Ministerrat der OSZE setzt sich aus den Außenministern der Teilnehmerstaaten zusammen und bildet das zentrale Forum für regelmäßige politische Konsultationen. Er tritt zumindest einmal jährlich zusammen, wobei der Vertreter des Gastlandes für die Dauer des Ratstreffens den Vorsitz führt.[447]

Der Hohe Rat setzt sich aus hochrangigen Beamten der Außenministerien zusammen. Er tritt zumindest zweimal im Jahr vor den Treffen des Ministerrats in Prag zusammen. Der Hohe Rat bereitet die Treffen des Ministerrates vor und

---

441 Hobe / Kimminich, Völkerrecht, S. 146, 147; vgl. hierzu auch: http://www.osce.org.
442 Hobe / Kimminich, Völkerrecht, S. 456.
443 Oppermann, Europarecht, § 3, Rn. 24.
444 Bull. 1990, Nr. 137, S. 1409 (1416 ff.).
445 Charta von Paris, Bull. 1990, Nr. 137, S. 1409 (1416 ff.).
446 Helsinki - Dokument 1992, Bull. 1992, Nr. 82, S. 777 (781).
447 Helsinki - Dokument 1992, Bull. 1992, Nr. 82, S. 777 (781); vgl. a. Bortloff, Die OSZE, S. 375.

führt dessen Beschlüsse durch. Er tritt ferner einmal jährlich als Wirtschaftsforum zusammen, um Fragen der Wirtschaft, Wissenschaft und Technik zu erörtern.[448]

Die Überprüfungskonferenzen sind den Treffen der Staats- und Regierungschefs vorangestellt. Ihre Aufgabe ist es, den gesamten Bereich der Aktivitäten der OSZE zu überprüfen.[449] Das Treffen findet auf der Ebene der Beamten statt.[450]

Der Ständige Rat der OSZE untersteht dem Hohen Rat, bereitet dessen Treffen vor und kann als das operative Hauptorgan der OSZE bezeichnet werden. Ihm kommt bezüglich der OSZE eine Allzuständigkeit zu, wobei wichtige Entscheidungen dem Hohen Rat vorbehalten bleiben.[451]

Der Amtierende Vorsitzende ist der Vorsitzende des Ministerrats der OSZE. Er stellt die politische Spitze der OSZE dar und ist für die politische Führung der OSZE-Aktivitäten verantwortlich.[452] Im Falle einer Krise oder eines persönlichen Konflikts kann er einen sog. Persönlichen Vertreter bestimmen, welcher dem Amtierenden Vorsitzenden verantwortlich ist.[453]

Das Sekretariat[454] gewährleistet die administrative Unterstützung des Rates sowie des Ausschusses Hoher Beamter. Es bildet somit die Verwaltung der OSZE und setzt sich aus einem Direktor an der Spitze, aus Beamten und administrativem und technischem Personal zusammen, welches vom Direktor eingestellt wird. Sitz des Sekretariats ist Wien. Vorläufer des Sekretariats in Wien war das Sekretariat in Prag, dessen Einrichtung auf dem Gipfeltreffen in Paris[455] beschlossen wurde und das heute als Außenstelle des Pariser Sekretariats dient.

Der Hohe Kommissar für nationale Minderheiten stellt ein Instrument zur Konfliktverhütung im frühestmöglichen Zeitpunkt dar. Er sorgt für Frühwarnung und Frühmaßnahmen bei Spannungen in Verbindung mit nationalen Minderheiten.[456]

---

448 Ipsen, Völkerrecht, § 34, Rn. 11.
449 Helsinki - Dokument 1992, Bull. 1992, Nr. 82, S. 777 (781).
450 Bortloff, Die OSZE, S. 375.
451 Bortloff, Die OSZE, S. 380.
452 Bortloff, Die OSZE, S. 381.
453 Helsinki - Dokument 1992, Bull. 1992, Nr. 82, S. 777 (782).
454 Viertes Treffen des Rates der Außenminister der KSZE-Teilnehmerstaaten, Bull. 1993, Teil III-IV, Nr. 112, S. 1233 (1239).
455 Charta von Paris für ein neues Europa, Bull. 1990, Nr. 137, S. 1409 (1416).
456 Helsinki - Dokument 1992, Bull. 1992, Nr. 82, S. 777 (783).

Das Büro für Demokratische Institutionen und Menschenrechte überwacht die Einhaltung der Bestimmungen über die Menschliche Dimension der OSZE.[457] Es liefert den ehemaligen Staaten des Warschauer Paktes Unterstützung beim Aufbau demokratischer Strukturen.[458]

Das Amt des OSZE-Vertreters für Medienfreiheit wurde im Dezember 1997 erstmals besetzt, nachdem seine Schaffung bereits ein Jahr zuvor während des Gipfeltreffens von Lissabon 1996 beschlossen worden war.[459]

Die Institution des Generalsekretärs der OSZE wurde während des dritten Treffens der Außenminister im Ministerrat am 14. und 15. Dezember 1992 in Stockholm geschaffen.[460] Am 15. Juni 1993 nahm der erste Generalsekretär der OSZE (zu diesem Zeitpunkt noch KSZE) seine Tätigkeit auf. Es handelte sich um den deutschen Diplomaten Dr. Wilhelm Höynck.[461]

Das Forum für Sicherheitskooperation (FSK)[462] hat seinen Sitz in Wien und dient der Konfliktverhütung. Es stellt eine Institutionalisierung der Konsultationen der OSZE-Teilnehmerstaaten in den Bereichen der Rüstungskontrolle, der Abrüstung sowie der Vertrauens- und Sicherheitsbildung dar. Das Konfliktverhütungszentrum (KVZ) ist in das Forum für Sicherheitskooperation integriert.

Die Parlamentarische Versammlung der OSZE wurde 1991 in Madrid gegründet.[463] Ihre Einrichtung ist das Resultat der Bemühungen der Teilnehmerstaaten, im OSZE-Prozess ein stärkeres demokratisches Moment zu etablieren. Die Versammlung kommt einmal jährlich zu einer Tagung zusammen. Ihr kommt lediglich beratende Funktion zu.[464]

Dem Vergleichs- und Schiedsgerichtshof kommt die Aufgabe zu, mittels Vergleich und Schiedsgerichtsbarkeit Streitigkeiten beizulegen, welche ihm ent-

---

457 Helsinki - Dokument 1992, Bull. 1992, Nr. 82, S. 777 (794).

458 Bortloff, Die OSZE, S. 391.

459 Lissabonner Dokument, Bull. 1996, Nr. 9, S. 7 (8).

460 Drittes Treffen des Rates der Außenminister der KSZE-Teilnehmerstaaten in Stockholm, Bull. 1992, Nr. 138, S. 1257 (1263, 1264). Bloed, Arie, The CSCE, S. 111; CSCE/OSCE: First Secretary general appointed.

461 CSCE/OSCE: First Secretary general appointed.

462 Helsinki - Dokument 1992, Bull. 1992, Nr. 82, S. 777 (790).

463 Erstes Treffen des Rates der Außenminister der Teilnehmerstaaten der KSZE, Bull. 1991, Nr. 72, S. 577 (583).

464 Bortloff, Die OSZE, S. 396.

sprechend der Regelungen vorgelegt werden.[465] Jeder Vertragsstaat ernennt gemäß Art. 3 und 4[466] zwei Schlichter, weiterhin einen Richter und einen Stellvertreter (für den Richter). Der Sitz des Gerichtshofs ist gemäß Art. 10 I[467] in Genf.

Neben den bereits aufgezählten OSZE-Institutionen gibt es noch die OSZE-Unterstützung in der Durchsetzung Bilateraler Übereinkommen[468], eine Planungsgruppe höchster Ebene sowie OSZE-verwandte Institutionen[469].[470]

3. Tatbestand der Nachfolge

Die Institutionalisierung der KSZE begann mit dem Gipfeltreffen der Staats- und Regierungschefs der Mitgliedstaaten in Paris im November 1990.[471] Während dieses Sondergipfels wurde die „Charta von Paris für ein neues Europa“ verabschiedet, welche den Charakter der KSZE durch die Einrichtung von Organen[472] veränderte.[473] Wie oben bereits dargestellt, ist die OSZE 1995 aus der KSZE hervorgegangen. So war die Umbenennung der KSZE in OSZE mit Wirkung vom 1. Januar 1995 Folge der Konferenz von Budapest (1994).[474] Die Umbenennung erfolgte somit erst nach der Institutionalisierung der KSZE, auch wenn manche Institutionen erst nach der Umbenennung geschaffen wurden.

---

465 Beschluss über friedliche Beilegung von Streitigkeiten, Bull. 1993, Nr. 2, S. 5 (6 ff. – Anhang 2).

466 Beschluss über friedliche Beilegung von Streitigkeiten, Bull. 1993, Nr. 2, S. 5 ff. (Anhang 2).

467 Beschluss über friedliche Beilegung von Streitigkeiten, Bull. 1993, Nr. 2, S. 5 ff. (Anhang 2).

468 1) Der OSZE-Vertreter an der russisch-lettischen Gemeinschaftskommission bezüglich militärischer Pensionäre und
2) Der OSZE-Vertreter an der estnischen Regierungskommission bezüglich militärischer Pensionäre.

469 Neben dem Vergleichs- und Schiedsgerichtshof sind dies die Gemeinsame Beratungsgruppe und die Open Skies Beratungskommission.

470 Zu allen vgl. www.osce.org/about/13509.html.

471 CSCE/OSCE timeline.

472 Vgl. hierzu die Charta von Paris für ein neues Europa, Bull. 1990, Nr. 137, S. 1409 (1414) und Zusatzdokument zur Durchführung einiger Bestimmungen der Charta von Paris für ein neues Europa, Bull. 1990, 1416ff.

473 Ipsen, Völkerrecht, § 34, Rn. 9.

474 Vgl. hierzu das Budapester Dokument, Bull. 1994, Nr. 119,S. 1097 (1100), Punkt I.1.

Darüber, ob der KSZE mit der Einführung von Organen oder mit der Umbenennung in OSZE Rechtspersönlichkeit zugekommen (die KSZE war keine Internationale Organisation im eingangs definierten Sinne, s. o.) und somit eine Internationale Organisation entstanden ist, herrscht keine Einigkeit. So wird festgestellt, dass die OSZE mit dem Beschluss von Budapest eine Internationale Organisation geworden ist.[475] An anderer Stelle wird diese These mit der Feststellung untermauert, schon bei Schaffung der KSZE habe ein Wille der „Gründungsstaaten" existiert, eine Internationale Organisation zu schaffen. Nach Ansicht des IGH[476] ist der Wille von Staaten, eine Organisation zu gründen, darin zu sehen, dass man die Organisation mit Mitteln ausstattet, welche zur Erreichung der Organisationsziele erforderlich sind. So hätten die „Gründungsstaaten" der KSZE selbiger Völkerrechtspersönlichkeit verliehen, ohne dies ausdrücklich zu artikulieren.[477] Es wird die Auffassung vertreten, dass man den Umständen, dass man sich 1994 explizit zu einer „Folgenlosigkeit der Umbenennung" bekannt hat und dass die Teilnehmerstaaten nach außen hin immer noch als solche handeln, Rechnung tragen sollte.[478] Allerdings wird auch angeführt, dass das oben dargestellte, weit ausdifferenzierte Institutionengefüge als Argument für die Zuerkennung des Status einer Internationalen Organisation an die OSZE zu werten sei. Dies solle vor allem bei einer weiteren „Verfestigung" in organisatorischer Hinsicht der Fall sein.[479]

Wie jedoch eingangs dargestellt[480], ist die Rechtsfähigkeit Voraussetzung für die Qualifikation einer Organisation als Internationale Organisation. Diese wiederum richtet sich nach dem Willen der Gründungsmitglieder und ist in der Satzung wiedergegeben.[481] Dementsprechend ist für die Beurteilung der Völkerrechtsfähigkeit einer Organisation im Endeffekt der Wille ihrer Mitgliedstaaten ausschlaggebend.[482] Unter Bezugnahme auf die KSZE / OSZE wird deutlich, dass ein solcher Wille der Mitgliedstaaten gerade nicht festzustellen ist und auch nie erkennbar war.[483] So kann in keinem der KSZE- oder OSZE-Dokumente, welche sich auf die Institutionen der Konferenz bzw. der „Organisation" bezie-

---

475 Seidl-Hohenveldern / Loibl, Internationale Organisationen, Rn. 2218.
476 ICJ Reports 1949, S. 174 (182).
477 Seidl-Hohenveldern in: FS Bernhardt, S. 229 (233).
478 Hobe / Kimminich, Völkerrecht, S. 146.
479 Hobe / Kimminich, Völkerrecht, S. 146.
480 S.o., A. IV. 2.
481 S.o., A. IV. 2.
482 Bortloff, Die OSZE, S. 402.
483 Soweit auch Bortloff, Die OSZE, S. 402.

hen, ein Hinweis darauf gefunden werden, dass es sich bei der KSZE oder der OSZE um eine rechtsfähige (Internationale) Organisation handeln solle oder dass es sich bei den Institutionen um solche der OSZE handelt.[484] Ferner wird immer von „Teilnehmerstaaten“, aber nie von „Mitgliedstaaten“ gesprochen.[485] Teilnehmen kann man jedoch nur an Veranstaltungen (wie Konferenzen), während eine Mitgliedschaft in einer Organisation eine solche voraussetzt. Der Wortgebrauch lässt daher den Rückschluss zu, dass es keine Organisation mit Rechtspersönlichkeit gibt, in der man Mitglied sein kann. Die These, dass der OSZE keine Völkerrechtsfähigkeit zukommt findet ihre Unterstützung auch darin, dass es an einem für die Gründung einer „Internationalen Organisation üblicherweise konstitutiven völkerrechtlichen Vertrag“ fehlt.[486] Weiterhin kann angeführt werden, dass die OSZE-Teilnehmerstaaten einerseits in der Erklärung der Gipfelkonferenz von Helsinki kundgetan haben, dass sie sich insoweit einig seien, dass es sich bei der OSZE um eine regionale Abmachung gemäß Kapitel VIII UN-Charta handele[487], andererseits aber in weiteren Schlussakten und Gipfelerklärungen beschlossen haben, dass die Dokumente gerade nicht gemäß Art. 102 UN-Charta registrierbar seien[488].[489] Auch die Umbenennung der KSZE in OSZE ändert am Rechtsstatus nichts, denn es handelt sich eben lediglich um eine Umbenennung bzw. eine Namensänderung.[490] Weder der Status der KSZE/OSZE und ihrer Institutionen noch der Charakter der KSZE-Verpflichtung sollte sich durch den besagten Namenwechsel ändern.[491] Ganz abgesehen von dieser eindeutigen Stellungnahme wird zusätzlich durch den Wortlaut des Dokuments („KSZE-Verpflichtung“ und nicht „Verpflichtung gegenüber der KSZE [oder OSZE]“) deutlich, dass seitens der Teilnehmerstaaten nie beabsichtigt war, der KSZE oder der OSZE Völkerrechtspersönlichkeit zu-

---

484 Zur gleichen Erkenntnis gelangt Bortloff, Die OSZE, S. 402.

485 Vgl. z. B. Charta von Paris für ein neues Europa, Bull. 1990, Nr. 137, S. 1409 ff.; Helsinki - Dokument 1992, Bull. 1992, Nr. 82, S. 777 ff.; Budapester Dokument 1994, Bull. 1994, Nr. 120, S. 1097 ff.; Die Behauptung, im Rahmen der OSZE würde der Begriff „Teilnehmerstaat“ lediglich deswegen Anwendung erfahren, weil es die „Mitgliedstaaten nicht wahrhaben wollten, dss es sich bei der OSZE eben doch um eine Internationale Organisation handele“ erscheint insofern kaum nachvollziehbar – vgl. Bortloff, Die OSZE, S. 405.

486 Ipsen, Völkerrecht, § 34, Rn. 16.

487 Helsinki - Dokument 1992, Bull. 1992, Nr. 82, S. 777 (780).

488 Helsinki - Dokument 1992, Bull. 1992, Nr. 82, S. 777 (781); Budapester Dokument 1994, Bull. 1994, Nr. 120, S. 1097 (1098).

489 Ipsen, Völkerrecht, § 34, Rn. 16.

490 Budapester Dokument 1994, Bull. 1994, Nr. 120, S. 1097 (1100).

491 Budapester Dokument 1994, Bull. 1994, Nr. 120, S. 1097 (1101); vgl. auch Herdegen, Völkerrecht, § 45, Rn. 6.

kommen zu lassen. Mangels Rechtsfähigkeit ist die OSZE somit keine Internationale Organisation im eingangs definierten Sinne, obgleich sie eine Organisation i. S. einer Organisationsstruktur oder eines Organisationsgebildes darstellen mag. Die OSZE stellt somit eine Art „verstetigte Staatenkonferenz" dar. Allerdings ist vorstellbar, dass sie sich zukünftig durch von den Teilnehmerstaaten mitgetragenes „Vorgehen in eigenem Namen in eine Organisation mit Rechtspersönlichkeit" verwandelt.[492] Insofern kann man die OSZE allenfalls als „Internationale Organisation *in statu nascendi*"[493] ansehen.[494] Hieran ändert neben den oben aufgeführten Argumenten auch die Tatsache nichts, dass sich die OSZE (oder vielmehr die Verwaltung der Teilnehmerstaaten im nichtvölkerrechtsfähigen Kollektiv) selbst als vollwertige Internationale Organisation zu betrachten scheint.[495] Die Bezeichnung der OSZE als (wie auch immer geartete) Internationale Organisation erweist sich somit als Falschbezeichnung, welche ihren nach wie vor bestehenden Charakter als Konferenz verschleiert.[496] Die OSZE stellt also lediglich ein „gemeinsames Forum der Teilnehmerstaaten" dar[497], jedoch keine Internationale Organisation.[498]

Den einzelnen Institutionen der OSZE wird ebenfalls keine Völkerrechtssubjektivität zugebilligt. Den Institutionen der OSZE kommt lediglich innerstaatliche Rechtsfähigkeit im Interesse ihrer selbst zu. Zweck dieser Regelung ist, die Institutionen nicht vom innerstaatlichen privaten Rechtsverkehr auszuschließen. Es soll ihnen die Möglichkeit offengehalten werden, die Gegenstände zu erwerben und die Aufträge zu vergeben (z.B. Dienstleistungsaufträge), die sie für die Aufrechterhaltung ihrer Funktions- und Arbeitsfähigkeit benötigen.[499] Mit der Rechtsfähigkeit auf nationaler Ebene erhält jede Institution die Möglichkeit, anstelle von bei ihr beschäftigten Personen selbst Vertragspartner zu sein.[500] Weiterhin wurden den OSZE-Institutionen (auch hier *nicht*: „der OSZE") Vorrechte und Immunitäten seitens der Teilnehmerstaaten zugebilligt.[501] Auch dies hat den

492 Herdegen, Völkerrecht, § 45, Rn. 1, 8.
493 (lat.) Im Zustand des Entstehens.
494 So Schweisfurth in: FS Bernhardt, S. 213 (228).
495 Vgl. CSCE/OSCE timeline.
496 Schweisfurth in: FS Bernhardt, S. 213 (228).
497 So Ipsen, Völkerrecht, § 34, Rn. 16.
498 Oppermann, Europarecht, § 3, Rn. 21.
499 Bortloff, Die OSZE, S. 372.
500 Bortloff, Die OSZE, S. 372.
501 Viertes Treffen des Rates der Außenminister der KSZE-Teilnehmerstaaten. Zusätzlicher Beschluss des KSZE-Außenministerrates von Rom, Bull. 1993, Nr. 112, S. 1233 (1242 ff.).

Sinn, die unabhängige Wahrnehmung der Aufgaben der Mitarbeiter der jeweiligen Institution sicherzustellen.[502]

Bezüglich der KSZE / OSZE fand also lediglich eine Namensänderung statt. Ein Rechtsnachfolgetatbestand existiert nicht. Hinsichtlich der Institutionen der KSZE / OSZE wurden, abgesehen vom stetigen weiteren Ausbau des Institutionsgefüges, ebenfalls keine Änderungen vorgenommen, die auf einen Nachfolgetatbestand hindeuten könnten.

[502] Viertes Treffen des Rates der Außenminister der KSZE-Teilnehmerstaaten, Zusätzlicher Beschluss des KSZE-Außenministerrates von Rom, Bull. 1993, Nr. 112, S. 1233 (1242, Ziff. 3).

XII. Handelsbüro der Amerikanischen Republiken, Panamerikanische Union und Organisation Amerikanischer Staaten

1. Handelsbüro der Amerikanischen Republiken

Die Einrichtung des Handelsbüros der Amerikanischen Republiken wurde am 29. März 1890 durch die Annahme einer entsprechenden Resolution einer internationalen (rein amerikanischen) Konferenz beschlossen.[503] Der Ausschuss für Zollbestimmungen erstellte daraufhin einen Sonderbericht, welcher am 14. April 1890 in einer weiteren Vollversammlung der Konferenz einstimmig angenommen wurde.[504] Entsprechend der im März 1890 verabschiedeten Resolution empfahl der Ausschuss den Teilnehmerstaaten in Art. (1) seines Berichtes, dass diese „zum Zwecke der raschen Sammlung und Verteilung von den Handel betreffenden Informationen eine Vereinigung mit der Bezeichnung Internationale Union Amerikanischer Republiken" bilden. Gemäß Art. (2) und (3) dieses Beschlusses wurde die Internationale Union von einem in Washington D.C. eingerichteten Büro repräsentiert, welches unter der Aufsicht des Außenministers der USA stand. Das Büro veröffentlichte nach Art. (3) bis (6) des Berichts eine Bulletin mit Zolltarifen, amtlichen Vorschriften in Bezug auf Handel, Handelsverträge zwischen den Amerikanischen Republiken sowie Handelstatistiken. Es stand ferner gemäß Art. (7) des Berichts als Informations- und Verbindungsstelle für Personen zur Verfügung, welche Auskunft über Fragen bezüglich des Handels, der Schifffahrt und der Zölle der Amerikanischen Republiken begehrten. Die Union sollte, gerechnet vom Tag ihrer Errichtung an, für zehn Jahre existieren, wobei die Mitgliedschaft jedes Mitgliedstaates in keinem Falle vor Ablauf dieser Zeit endete. Sofern nicht eine Mehrheit der Mitglieder der Union zwölf Monate vor Ablauf der zehnjährigen Mindestlaufzeit ein Ende begehrte, sollte sich die Laufzeit der Union um weitere zehn Jahre verlängern. Jede weitere Periode sollte gleichermaßen gehandhabt werden (Art. (17) des Berichts). Die Internationale Union Amerikanischer Republiken war keine Organisation im

---

[503] Knipping, Das System der Vereinten Nationen, Bd. II, S. 73 (73).

[504] Auf der Konferenz waren Delegationen Argentiniens, Boliviens, Brasiliens, Chiles, Costa Ricas, Ecuador, Guatemalas, Honduras, Kolumbiens, Mexikos, Nicaraguas, Paraguays, Perus, Venezuelas und der USA vertreten; vgl. auch: Knipping, Das System der Vereinten Nationen, Bd. II, S. 73 (73), Fn. 1.

modernen Sinne[505], sondern stellte eher eine Reihe von Konferenzen dar, deren Ziel es war, den Handel sowie die friedliche Streitbeilegung voranzutreiben.[506] Das Handelsbüro der Amerikanischen Republiken wurde im Jahre 1902 in Internationales Büro der Amerikanischen Republiken umbenannt. Diese Umbenennung geschah aufgrund der kontinuierlichen Ausdehnung des Arbeitsbereiches des Büros in Folge einer Reihe weiterer Konferenzen.[507] Auch während der Konferenz in Rio de Janeiro 1906 wurden die Arbeitsbereiche des Büros weiter ausgedehnt.[508] Im Jahre 1910, während der vierten Panamerikanischen Konferenz in Buenos Aires, wurde der Name des Büros von Internationales Büro der Amerikanischen Republiken in Panamerikanische Union umbenannt.[509]

2. Union Amerikanischer Staaten

Am 20. Februar 1928 schließlich wurde während der sechsten panamerikanischen Konferenz in Havanna das Statut der Panamerikanischen Union verabschiedet[510]. Dessen Art. 1 benannte die Union Amerikanischer Staaten als Trägerin zweier Organe. Im Folgenden soll nun analysiert werden, ob durch das Statut der Panamerikanischen Union die Union Amerikanischer Staaten als Internationale Organisation mit Rechtspersönlichkeit gegründet wurde, oder ob es sich bei der Union Amerikanischer Staaten um ein juristisch nicht existentes Gebilde handelte.

Laut Präambel ist es das Ziel des Statuts, „die periodischen Treffen der Internationalen Konferenzen Amerikanischer Staaten sowohl mit Hilfe von Organen, welche aufgrund internationaler Übereinkommen geschaffen wurden, als auch mittels der Panamerikanischen Union, welche ihren Sitz in Washington hat und deren Organisation und Funktionen durch dieses Statut“ festgelegt werden, zu organisieren. Gemäß Art. 1 Statut der Panamerikanischen Union hatte die Union Amerikanischer Staaten als Organe die Internationale Konferenz Amerikanischer Staaten (lit. (a)) und die Panamerikanische Union (also das Internationale

505 Definition s.o.
506 Sands / Klein, Bowett’s Law, Rn. 7-002, S. 206.
507 Stoetzer, Panamerika, S. 38, zu den Konferenzen vgl. auch Knipping, Das System der Vereinten Nationen, Bd. II, S. 83 ff.
508 Sands / Klein, Bowett’s Law, Rn. 7-002, S. 206.
509 Stoetzer, Panamerika, S. 38.
510 AJIL Bd. 22 (1928), S. 161 ff.

Büro der Amerikanischen Republiken) unter der Leitung eines Verwaltungsrats (lit. (b)). Zusätzliche Organe konnten durch Konventionen zwischen den beteiligten Staaten eingerichtet werden (Art. 1 lit. (c) Statut der Panamerikanischen Union).

Die Internationalen Konferenzen Amerikanischer Staaten sollten gemäß Art. 2 Statut der Panamerikanischen Union in periodischen Intervallen stattfinden, wobei die Zeitpunkte der Konferenzen vom Verwaltungsrat festgelegt wurden. Es sollten nicht mehr als fünf Jahre zwischen zwei Konferenzen liegen.

Gemäß Art. 6 Statut der Panamerikanischen Union sollte diese die ihr übertragenen Aufgaben in nichtpolitischer Weise ausführen. Zu ihren Aufgaben gehörte das Aufstellen und Verbreiten von Berichten und Informationen über die landwirtschaftliche, industrielle und soziale Entwicklung sowie über die Entwicklung in den Bereichen der Landwirtschaft, im Handel, der Erziehung sowie über den generellen Fortschritt der Amerikanischen Republiken. Ferner sollte in diesen Bereichen beim Aufbau verbesserter Beziehungen zwischen den Staaten Hilfe geleistet werden, Informationen über internationale Verträge gesammelt und veröffentlicht werden. Die Akten und Archive der Konferenzen sollten verwaltet, die Ratifikationen der verabschiedeten Verträge und Konventionen eingeholt, die von der Internationale Konferenz Amerikanischer Staaten verabschiedeten Resolutionen durchgeführt und in Abstimmung mit den Regierungen das weitere Programm für die Internationalen Konferenzen Amerikanischer Staaten erarbeitet werden (Art. 6 §§ 1 bis 4 Statut der Panamerikanischen Union). Der Verwaltungsrat an der Spitze der Panamerikanischen Union setzte sich nach Art. 3 Statut der Panamerikanischen Union aus von den Amerikanischen Regierungen ernannten Vertretern zusammen. Jeder Vertreter konnte dabei auch mehrere Staaten vertreten und hatte entsprechend viele Stimmen. Der Vorsitz und der stellvertretende Vorsitz wurden vom Verwaltungsrat jährlich neu gewählt.

Als fraglich erscheint jedoch, ob die Internationalen Konferenzen Amerikanischer Staaten und die Panamerikanische Union als echte Organe der Union Amerikanischer Staaten verstanden werden können. Die aufgeworfene Frage resultiert aus den Bedenken, welche an der Rechtsfähigkeit der Union Amerikanischer Staaten bestehen. So regelt das Statut der Panamerikanischen Union zwar die Aufgaben der „Organe" der „Organisation", jedoch verschafft die Bezeichnung des Statuts bereits Klarheit darüber, worum es in ihm eigentlich geht, nämlich um die Panamerikanische Union. Auch bei genauerer Betrachtung des Art. 5 Statut der Panamerikanischen Union wird deutlich, das die Beiträge der „Mitgliedstaaten“ an die Panamerikanische Union und nicht etwa an die Union Amerikanischer Staaten zu entrichten waren. Auch die Quote, welche von den Staaten zu entrichten war, wurde nicht durch die Internationalen Konferenzen Amerikanischer Staaten, sondern durch den Verwaltungsrat der Panamerikanischen Union festgelegt. Durch Art. 12 Statut der Panamerikanischen Union wird ebenfalls bestätigt, dass die Vertragstaaten aus der Panamerikanischen Union (und nicht etwa aus der Union Amerikanischer Staaten) ausscheiden können. In Art. 9 Statut der Panamerikanischen Union wird festgelegt, dass die Arbeitsprogramme und die Entwicklung der Aktivitäten anderer Panamerikanischer Organisationen mit der Zielsetzung, deren Arbeit zu koordinieren, Gegenstand von Übereinkünften zwischen deren leitenden Organen und dem Verwaltungsrat der Panamerikanischen Union (nicht: der Union Amerikanischer Staaten) sein sollten.

Diese Fakten lassen den Schluss zu, dass lediglich der Panamerikanischen Union, keinesfalls aber der Union amerikanischer Staaten Rechtspersönlichkeit zukam. Als Folge dessen war auch eine Auflösung letzterer nicht nötig, denn sie war völkerrechtlich nicht existent. Die Panamerikanische Union hingegen wurde ebenfalls nicht aufgelöst, sondern blieb wie sich weiter zeigen wird, bestehen.

3. Organisation Amerikanischer Staaten

a. Geschichte und Ziele

Zwischen dem 30. März und dem 2. Mai 1948 fand in Bogotá die Neunte Internationale Konferenz der Amerikanischen Staaten statt. Während dieser Konferenz, am 30. April 1948, wurde die Charta der Organisation Amerikanischer Staaten (Organization of American States, OAS)[511] unterzeichnet.[512] Sie trat am 13. Dezember 1951 mit der Deponierung der 14. Ratifikationsurkunde in Kraft.[513] Gemäß Art. 4 OAS-Charta sind es die Ziele der OAS, Frieden und

[511] Sofern nicht anders gekennzeichnet, handelt es sich um die Originalfassung; abgedruckt in: Stoetzer, Panamerika, S. 85 ff.

[512] Ipsen, Völkerrecht, § 34, Rn. 24.

[513] Stoetzer, Panamerika, S. 16 und 84.

Sicherheit des amerikanischen Kontinents zu stärken (lit. a)), das Prinzip der friedlichen Streitbeilegung zu sichern (lit. b)), gemeinsames Handeln im Angriffsfalle zu organisieren (lit. c)), Lösungen für Probleme verschiedenster Art zwischen den Mitgliedstaaten zu finden (lit. d)) sowie mittels gemeinsamen Handelns die Entwicklung in den Bereichen der Wirtschaft, der Kultur sowie im sozialen Bereich zu fördern (lit. e)). Die OAS bildet somit ein (regionales) System der kollektiven Sicherheit.

Gemäß Art. 4 OAS-Charta[514] sind alle amerikanischen Staaten, die die Charta ratifizieren, Mitglieder der Organisation. Die OAS hat somit Rechtspersönlichkeit.

b. Organe

Die OAS bediente sich gemäß Art. 32 OAS-Charta (jetzt: Kapitel VIII, Art. 53 OAS-Charta[515]) der Interamerikanischen Konferenz, der konsultativen Versammlung der Außenminister, des Rates, der Panamerikanischen Union und der Spezialkonferenzen als Organe.

Die Interamerikanische Konferenz war gemäß Art. 33 OAS-Charta (jetzt: Kapitel IX, Art. 54 – 60 OAS-Charta[516]) das höchste Organ der Organisation. Die Konferenz bestimmt die Politik der OAS und sollte i. S. d. Art. 35 OAS-Charta alle fünf Jahre zusammenkommen. Gemäß Art. 36 OAS-Charta konnten unter besonderen Umständen sowie mit Zustimmung von zwei Dritteln der Regierungen der Mitgliedstaaten besondere Interamerikanische Konferenzen abgehalten werden. Alle Mitgliedstaaten hatten das Recht, auf den Konferenzen vertreten zu sein und hatten bei Abstimmungen jeweils eine Stimme (Art. 34 OAS-Charta).

Die konsultative Versammlung der Außenminister sollte nach Art. 39 OAS-Charta (jetzt: Kapitel X, Art. 61 - 69 OAS-Charta[517]) immer dann stattfinden, wenn dringende Probleme der Amerikanischen Staaten zu behandeln waren, wobei gemäß Art. 40 OAS-Charta jeder der Mitgliedstaaten einen entsprechenden Antrag an den Rat stellen konnte. Für den Fall „eines bewaffneten Angriffs

---

514 Aktuelle Fassung der OAS-Charta (Charter of the Organization of American States).
515 Aktuelle Fassung der OAS-Charta.
516 Aktuelle Fassung der OAS-Charta.
517 Aktuelle Fassung der OAS-Charta.

innerhalb des Gebietes eines Amerikanischen Staates oder innerhalb der durch die geltenden Verträge festgelegten Sicherheitszone“ sollte eine konsultative Versammlung abgehalten werden, welche vom Vorsitzenden des Rates der OAS einzuberufen war (Art. 43 OAS-Charta). Der konsultativen Versammlung sollte als beratendes Organ gemäß Art. 44 – 47 OAS-Charta ein konsultatives Verteidigungskomitee zur Seite gestellt werden.

Der Rat der OAS setzte sich gemäß Art. 48 OAS-Charta (jetzt: Kapitel XII, Art. 80 - 92 OAS-Charta[518]) aus je einem Vertreter jedes Mitgliedstaates zusammen, welcher von seiner Regierung ernannt wurde und welchem der Rang eines Botschafters zukam. Der Rat wählte aus seiner Mitte einen Vorsitzenden und dessen Stellvertreter mit einjähriger Amtsdauer (Art. 49 OAS-Charta). Dem Rat kam i. S. d. Art. 52, 53 und 54 die Funktion zu, im Falle eines bewaffneten Angriffs innerhalb des Gebietes eines Amerikanischen Staates vorläufig als konsultatives Organ zu arbeiten, die allgemeinen Leitlinien der Politik der OAS festzulegen sowie einen Beitragsschlüssel zur Finanzierung der Organisation aufzustellen. Gemäß Art. 56 OAS-Charta hatte der Rat seinen Sitz in der Panamerikanischen Union und entsprechend Art. 57 OAS-Charta drei weitere Organe.

Die Panamerikanische Union bildete nach Art. 78 OAS-Charta (jetzt: Kapitel XVI, Art. 107 - 121 OAS-Charta[519]) zugleich das ständige Zentralorgan und das Generalsekretariat der OAS. Entsprechend Art. 79 OAS-Charta wurde seitens des Rates ein Generalsekretär für die Amtszeit von zehn Jahren gewählt. Dieser durfte nicht wiedergewählt werden und auch keinen Nachfolger gleicher Staatsangehörigkeit haben. Der Generalsekretär war Leiter und gesetzlicher Vertreter der Panamerikanischen Union und hatte in den anderen Organen beratende Funktion (Art. 80, 81 OAS-Charta). Zu den Aufgaben der Panamerikanischen Union zählte gemäß Art. 82, 83 OAS-Charta neben der Förderung der wirtschaftlichen, sozialen, rechtlichen und kulturellen Beziehungen zwischen allen Mitgliedstaaten auch die Einberufung der anderen Organe, die Unterstützung des Rats und des Gastgeberlandes einer Konferenz, die Überwachung von Archiven und das Verfassen eines Jahresberichtes.

Den Spezialkonferenzen kam gemäß Art. 93 OAS-Charta (jetzt: Kapitel XVII, Art. 122 - 123 OAS-Charta[520]) die Aufgabe zu, sich mit besonderen technischen

---

518 Aktuelle Fassung der OAS-Charta.
519 Aktuelle Fassung der OAS-Charta.
520 Aktuelle Fassung der OAS-Charta.

Angelegenheiten zu befassen und besondere Gesichtspunkte interamerikanischer Zusammenarbeit zu prüfen, sofern dies beschlossen, für notwendig erachtet oder durch internationale Abkommen vorgesehen wurde.

Weiterhin wurden in Art. 32 lit. f) OAS-Charta (jetzt: Kapitel XVIII, Art. 124 - 130 OAS-Charta[521]) Spezialorganisationen der OAS als Organe der OAS bezeichnet. Allerdings erscheint fragwürdig, ob diese tatsächlich als „Organe“ im juristischen Sinne zu qualifizieren sind. Gemäß Art. 95 OAS-Charta „gelten als interamerikanische Spezialorganisationen die durch multilaterale Abkommen zwischen den Regierungen errichteten Organisationen“. Diese Definition lässt allerdings darauf schließen, dass es sich bei den Sonderorganisationen der OAS, vergleichbar mit denen der UN, um solche Organisationen handelt, die in einem besonderen Verhältnis zur „Hauptorganisation“, hier der OAS, stehen. Die Spezialorganisationen sind somit keine Organe im eigentlichen Sinne.

In den letzten Dekaden hat sich die OAS bedeutend weiterentwickelt. Nach einigen Interamerikanischen Konferenzen in den sechziger Jahren fand sowohl 1973 als auch 1988 je eine Restrukturierung der OAS statt. Weitere Änderungen an der OAS-Charta wurden 1997 vorgenommen.[522] Insgesamt hat die OAS heute mehr Organe, als mit der Original Charta eingerichtet wurden. Zu den bereits dargestellten Organen sind weiterhin die Räte der Organisation (Kapitel XI)[523], der Interamerikanische Rat für integrale Entwicklung (Kapitel XIII)[524], das Interamerikanische Juristische Komitee (Kapitel XIV)[525] und die Interamerikanische Kommission für Menschenrechte (Kapitel XV) hinzugekommen.

4. Tatbestand der Nachfolge

Die Panamerikanische Union (identisch mit dem Internationalen Büro der Amerikanischen Republiken, s.o.) wurde 1948 in das Sekretariat der OAS „umgewandelt“.[526] Sie bildet mithin die älteste Einheit des Interamerikanischen Systems und zeigt im Hinblick auf seine Funktionen und den Charakter seines Per-

---

521 Aktuelle Fassung der OAS-Charta.
522 Sands / Klein, Bowett’s Law, Rn. 7-004, S. 207.
523 Aktuelle Fassung der OAS-Charta.
524 Aktuelle Fassung der OAS-Charta.
525 Aktuelle Fassung der OAS-Charta.
526 Stoetzer, Panamerika, S. 16, 37.

sonals die typischen Eigenschaften eines modernen internationalen Sekretariats auf.[527]

Fraglich erscheint jedoch, wie diese „Umwandlung" und die zeitgleiche Schaffung der OAS zu qualifizieren ist. Kann die These, die Panamerikanische Union sei auf der Konferenz von Bogotá 1948 in Organisation Amerikanischer Staaten „umbenannt" worden[528], gehalten werden oder ist die Panamerikanische Union in der (neu gegründeten) OAS aufgegangen? Tatsächlich findet sich die Panamerikanische Union, die, wie oben dargestellt, als Sekretariat mit Rechtspersönlichkeit der Union Amerikanischer Staaten fungierte, in der OAS (einer Organisation mit Rechtspersönlichkeit) als Organ (Sekretariat) ohne Rechtspersönlichkeit wieder.

Die Tatsache, dass es keinerlei Verträge zur Überleitung der Arbeitsverträge der Angestellten sowie des Eigentums der Panamerikanischen Union auf die OAS gab und dass solche nach dem Selbstverständnis der OAS auch nicht nötig waren[529] lässt daher nur den Schluss zu, dass es sich bei dem „Nachfolgetatbestand" gerade um keinen solchen handelt. Tatsächlich hat es sich bei der „Gründung" der OAS am 30. April 1948 um eine Namensänderung gehandelt. [530] Mit dieser Namensänderung wurden durch die OAS-Charta auch Organe innerhalb der Rechtspersönlichkeit der OAS (ehemals Panamerikanische Union) geschaffen.

Irritierend ist insoweit lediglich, dass der Name „Panamerikanische Union" innerhalb der OAS als Bezeichnung für das Sekretariat fortgeführt wird. Juristisch darf dieser Tatsache jedoch keine Bedeutung beigemessen werden, die Bezeichnung dürfte eher auf die historisch gewachsene Struktur des Sekretariats hindeuten und darin ihre Wurzel finden.

Abschließend lässt sich daher die Aussage treffen, dass die OAS auf die Union der Amerikanischen Republiken vom 14. April 1890 zurückgeht.[531] Weitergehend kann gesagt werden, dass die OAS mit der ursprünglichen (!) Panamerikanische Union rechtsidentisch ist.

---

527 Garcia-Amador, EPIL 1997, S. 810, 814.
528 Knipping, Das System der Vereinten Nationen, Bd. II, Dokument 5, S. 73 (73).
529 So die Auskunft des „Department of Legal Services" der OAS per Email vom 25. September 2007.
530 So auch Stoetzer, Panamerika, S. 15.
531 So auch Ipsen, Völkerrecht, § 34, Rn. 24.

XIII. Nothilfe- und Wiederaufbauverwaltung der Vereinten Nationen und Internationale Flüchtlingsorganisation

1. Nothilfe- und Wiederaufbauverwaltung der Vereinten Nationen

a. Geschichte und Ziele

Das 20. Jahrhundert wird auch als das „Jahrhundert des Flüchtlings" bezeichnet, was seine Ursache hauptsächlich in den durch zwei Weltkriege verursachten Flüchtlingsströmen hat.[532] Insbesondere der Zweite Weltkrieg hat Massenbewegungen verursacht, welche bis zu diesem Zeitpunkt unbekannt waren. So wurden während der Kriegsjahre die Bewohner ganzer Provinzen zu Flüchtlingen, so dass es in den Nachkriegsjahren allein in Europa zu ca. acht Millionen Flüchtlingen kam.[533] Das internationale Flüchtlingsproblem in der Nachkriegszeit des Zweiten Weltkriegs übertraf das nach dem Ersten Weltkrieg damit zahlenmäßig bei weitem. Bis in die fünfziger und sechziger Jahre des vergangenen Jahrhunderts hinein war das Flüchtlingsproblem europäischer Natur, erst in den siebziger Jahren verschob sich das Flüchtlingsproblem zunehmend in die sog. „Dritte Welt".[534] In der Zeit nach dem Zweiten Weltkrieg lebte somit eine sehr große Anzahl von Menschen nicht mehr in ihren Herkunftsländern.[535] Hintergrund der Gründung der Nothilfe- und Wiederaufbauverwaltung der Vereinten Nationen (United Nations Relief and Rehabilitation Administration, UNRRA) war die Tatsache, dass die Weltlage nach dem Ersten Weltkrieg und die Langsamkeit in der Erholung von den Auswirkungen eine noch bei weitem schlechtere Lage nach dem Zweiten Weltkrieg, welcher eine weit größere und verteilte Zerstörung zur Folge hatte, prophezeite.[536] Aufgrund dieser Erwartung wurde die UNRRA schon am 9. November 1943, also eineinhalb Jahre vor Ende des Krieges, in Atlantic City gegründet.[537] Bei den Alliierten setzte sich schon früh die Ansicht durch, dass es sich nicht allein um eine militärische Aufgabe handele, verschleppte Personen und Flüchtlinge zu versorgen und heimzuführen.[538] Der Tä-

---

532 Hobe / Kimminich, Völkerrecht, S. 457.
533 Sonnewald, Satzung der IRO, S. 1; UNYB 1946-47, S. 805, 807.
534 Seidl-Hohenveldern / Kempen, Lexikon des Rechts, S. 115.
535 Türk, Das Flüchtlingshochkommissariat, S. 15.
536 Goodman, International Health Organizations, S. 139.
537 Präambel des UNRRA-Übereinkommens; Frings, Das Flüchtlingsproblem, S. 49; Türk, Das Flüchtlingshochkommissariat, S. 14.
538 Von Von Glahn, Der Kompetenzwandel, S. 61.

tigkeitsbereich der UNRRA war umfassend und die Organisation war mit entsprechend umfangreichen finanziellen Mitteln ausgestattet.[539] Aufgabe der UNRRA war es gemäß Art. 1 § 2 lit. (a) UNRRA-Übereinkommen[540], den befreiten Völkern in den Bereichen der Landwirtschaft, Industrie, Verkehr und im öffentlichen Dienst Aufbauhilfe zu leisten.[541] Die UNRRA war neben dem Flüchtlingsbereich noch auf vielen anderen Gebieten tätig, unter anderem auch im Bereich der öffentlichen Gesundheit. Die Arbeit der UNRRA auf dem Gebiet der Gesundheit hatte, gemessen am gesamten Tätigkeitsbereich der Organisation, nur einen relativ geringen Anteil. Trotzdem ist auch dieser zu den erfolgreichsten aller Tätigkeitsgebiete zu zählen.[542] Im Bereich der Flüchtlingshilfe umfasste die Arbeit der UNRRA auch die Auslandsrückholung der nach Deutschland sowie in andere besetzte Gebiete verschleppten Personen (z.B. Zwangsarbeiter). Weiterhin verwaltete die UNRRA die Lager, in denen viele der kriegsbedingten Flüchtlinge sowie der verschleppten Personen versorgt wurden.[543] Der Schwerpunkt der Arbeit der UNRRA lag im Bereich der Rückführung der verschleppten Personen in ihre Heimat. So gelang es der Organisation, insgesamt mehr als sieben Millionen Menschen in ihre Herkunftsländer zurückzuführen, und das obwohl sich viele der Flüchtlinge und verschleppten Personen weigerten, in ihre Heimat zurückzukehren.[544] Ausgenommen von der Hilfe durch die UNRRA waren nach dem Willen der USA die Angehörigen der ehemaligen Feindstaaten, sofern diese nicht selbst Opfer des Nazi-Regimes waren. Kriegsgefangene und Flüchtlinge aus der Zeit vor dem Zweiten Weltkrieg wurden ebenfalls nicht vom Mandat der UNRRA erfasst.[545] Der Sitz der UNRRA lag in Washington.[546] Die UNRRA war von Beginn an nur als temporäre Organisation gedacht, die darauf ausgelegt war, eine Notsituation abzudecken. Dementsprechend wurde während der fünften Ratsversammlung im August 1946 in Genf beschlossen, die Organi-

---

539 Von Von Glahn, Der Kompetenzwandel, S. 61.

540 Abgedruckt in: AJIL, Supplement 36-38, 1942-1948.

541 Vgl. auch Von Glahn, Der Kompetenzwandel, S. 62 und Türk, Das Flüchtlingshochkommissariat, S. 14.

542 Goodman, International Health Organizations, S. 138.

543 Türk, Das Flüchtlingshochkommissariat, S. 15.

544 Von Glahn, Der Kompetenzwandel, S. 66; Türk, Das Flüchtlingshochkommissariat, S. 15.

545 Von Glahn, Der Kompetenzwandel, S. 62 / 63.

546 Von Glahn, Der Kompetenzwandel, S. 62.

sation aufzulösen.[547] Die UNRRA wurde schließlich mit Wirkung vom 1. Juli 1947 aufgelöst.[548]

b. Organe

Von den Organen ist zunächst die Ratsversammlung (auch: Rat) zu nennen. Die Ratsversammlung stellte gemäß Art. 3 § 1 UNRRA-Übereinkommen das Haupt- und Kontrollorgan der UNRRA dar. Die Ratsversammlung hatte sich ihre eigenen Verfahrensregeln zu geben und für jede Sitzung eines ihrer Mitglieder zu bestimmen, welches den Vorsitz hatte. Sofern im Übereinkommen oder durch Beschluss der Ratsversammlung nichts anderes bestimmt war, waren Beschlüsse mit einfacher Mehrheit zu fassen. Jeder Mitgliedstaat war im Rat mit einem Repräsentanten vertreten, wie Art. 3 § 1 UNRRA-Übereinkommen zum Ausdruck bringt. Der Rat hatte gemäß Art. 3 § 2 UNRRA-Übereinkommen zumindest zweimal jährlich auf Einladung des Zentralkomitees zu ordentlichen Sitzungen zusammenzukommen. Weiterhin sollten immer dann, wenn es das Zentralkomitee für notwendig erachtete, außerordentliche Sitzungen anberaumt werden.

Im oben erwähnten Zentralkomitee des Rats war gemäß Art. 3 § 2 UNRRA-Übereinkommen nur ein Teil der Mitglieder des Übereinkommens vertreten.[549] Der Generaldirektor der UNRRA führte den Vorsitz, hatte jedoch kein Stimmrecht. Dem Zentralkomitee kam die Aufgabe zu, in Notfällen zwischen den Sitzungen des Rats wichtige Entscheidungen zu treffen.

Das Versorgungskomitee des Rats setzte sich nach Art. 3 § 4 UNRRA-Übereinkommen aus Mitgliedern des Rats oder deren Stellvertretern zusammen, welche die Regierungen der Mitgliedstaaten repräsentierten, die voraussichtlich Hauptlieferanten von Gütern für Hilfs- und Wiederaufbaumaßnahmen sein würden. Hauptaufgabe des Versorgungskomitees war es gemäß Art. 3 § 4 UNRRA-Übereinkommen, Maßnahmen zu beraten, zu formulieren und an den Rat weiterzuleiten, welche sich mit der Ausstattung der benötigten Versorgungsgüter befassten.

---

[547] Goodman, International Health Organizations, S. 147 / 151.
[548] S. a. Türk, Das Flüchtlingshochkommissariat, S. 15.
[549] Es handelte sich um China, die UdSSR, Großbritannien und die USA.

Das Komitee des Rats für Europa setzte sich gemäß Art. 3 § 4 UNRRA-Übereinkommen aus bestimmten Mitgliedern des Rats oder aus deren Stellvertretern zusammen. Bei diesen Mitgliedern des Rats (oder ihren Stellvertretern) handelte es sich um solche, die entweder Regierungen von Mitgliedstaaten, deren Territorien innerhalb des europäischen Raumes lagen, oder anderer Ratsmitglieder, die direkt in die Probleme der Hilfe und des Wiederaufbaus im europäischen Raum involviert waren, repräsentierten. In entsprechend gleicher Weise setzte sich nach Art. 3 § 4 UNRRA-Übereinkommen das Komitee des Rats für den Fernen Osten zusammen. Diese regionalen Komitees hatten sich zu ordentlichen Sitzungen in ihren jeweiligen Regionen zu treffen. Ihre Aufgabe war es, Maßnahmen in Bezug auf Hilfe und Wiederaufbau in ihren jeweiligen Regionen zu erörtern sowie dem Rat und dem Zentralkomitee zu empfehlen.

Der Generaldirektor bildete gemäß Art. 4 § 1 UNRRA-Übereinkommen die vollziehende Gewalt der Organisation und wurde nach einstimmiger Nominierung seitens des Zentralkomitees durch den Rat gewählt. Er konnte nach einstimmiger Empfehlung durch das Zentralkomitee vom Rat seines Amtes enthoben werden. Der Generaldirektor war dazu ermächtigt, die Hilfsoperationen der Organisation innerhalb der verfügbaren Mittel und der vom Rat festgelegten umfassenden Zielsetzung durchzuführen. Er hatte direkt nach Amtsantritt in Verbindung mit dem Militär und anderen Dienststellen der Vereinten Nationen für Nothilfe gegenüber der zivilen Bevölkerung in jedem der durch militärische Kräfte einer der Vereinten Nationen besetzten Gebiete zu sorgen (Art. 4 § 2 UNRRA-Übereinkommen). Der Generaldirektor hatte gemäß Art. 4 § 4 und 5 UNRRA-Übereinkommen Stellvertreter, Beamte, ausgebildetes Personal und sonstige Angestellte sowohl für das Hauptquartier als auch für jede andere Einrichtung der Organisation zu ernennen sowie in bestimmten Zeitabständen dem Zentralkomitee und dem Rat über die Fortschritte der UNRRA in ihrer Arbeit zu berichten.

Sowohl der Generalsekretär als auch das Zentralkomitee waren mit umfassenden Kompetenzen ausgestattet, um so ohne weitreichende Bürokratie ein möglichst schnelles und effektives Vorgehen der Organisation sicherzustellen.[550]

---

[550] Von Glahn, Der Kompetenzwandel, S. 62.

2. Internationale Flüchtlingsorganisation

a. Geschichte und Ziele

Schon in der zweiten Hälfte des Jahres 1945 wurde deutlich, dass die UNRRA mit dem Flüchtlingsproblem überfordert war und das es einer neuen Organisation bedurfte, um die anstehenden Aufgaben zu lösen. Bereits im Mai 1945, also noch vor Gründung der Vereinten Nationen, schlugen norwegische Delegierte die Gründung einer internationalen Flüchtlingsorganisation vor.[551] Am 12. Februar 1946 wurde im Rahmen einer UN-Vollversammlung eine Resolution angenommen, nach welcher der UN-Wirtschafts- und Sozialrat damit beauftragt wurde, eine besondere Kommission zur Prüfung des weltkriegsbedingten Flüchtlingsproblems vorzunehmen.[552] Die erste Sitzung dieser am 22. Februar 1946 errichteten Kommission fand vom 8. April bis zum 1. Juni 1946 statt. Während dieser Sitzung wurde eine Empfehlung angenommen, welche die Gründung einer in ihrer Existenz zeitlich begrenzten Sonderorganisation für Flüchtlingsfragen zum Gegenstand hatte.[553] Am 15. Dezember 1946 wurde eine in der Zwischenzeit ausgearbeitete IRO-Satzung[554] von der UN-Vollversammlung angenommen.[555] Bis zur Konstituierung der Internationalen Flüchtlingsorganisation (International Refugee Organization, IRO) sollte eine Vorbereitungskommission, welche am 31. Dezember 1946 erstmals zusammentrat, die Aufgaben der IRO übernehmen.[556] Dies geschah schon ein halbes Jahr später, am 1. Juli 1947.[557] Dann erhielt die Vorbereitungskommission bereits die Verantwortung für die Funktions- und Arbeitsbereiche der IRO.[558] Dem war eine formelle Resolution seitens der IRO-Vorbereitungskommission vorangegangen, worin diese erklärte, die organisationsmäßige Verantwortung ab dem genannten Datum zu übernehmen.[559] Die IRO-Satzung trat in Übereinstimmung mit Art. 18 II IRO-Satzung an dem Tage in Kraft, an dem ihr „wenigstens fünfzehn Staaten beigetreten sind, deren Beiträge zu Titel I des Haushalts für die Hilfsmaßnahmen ge-

551 Von Glahn, Der Kompetenzwandel, S. 67.
552 Sonnewald, Satzung der IRO, S. 2; Türk, Das Flüchtlingshochkommissariat, S. 16.
553 Sonnewald, Satzung der IRO, S. 2.
554 Abgedruckt in: Sonnewald, Satzung der IRO (S. 10-24).
555 Grahl-Madsen, The Status of Refugees, S. 18 / 36 / 133.
556 Sonnewald, Satzung der IRO, S. 2.
557 Grahl-Madsen, The Status of Refugees, S. 18; Türk, Das Flüchtlingshochkommissariat, S. 17.
558 Sonnewald, Satzung der IRO, S. 2.
559 UNYB 1946-47, S. 805, 807.

mäß Anhang II dieser Satzung nicht weniger als 75 % des Gesamtbetrags ausmachen“, so dass die IRO ihre Arbeit erst am 20. August 1948 aufnahm.[560] Wie schon bei der UNRRA waren auch in Bezug auf die IRO die Angehörigen der Feindstaaten von ihrem Mandat ausgenommen.[561] Zwischen dem 1. Juli 1947 und dem 20. August 1948 übernahm die Vorbereitungskommission den Aufgabenbereich der IRO.[562] Am 16. September 1948 schließlich wurde Genf als Sitz der IRO bestimmt.[563] Für die IRO waren weltweit Ende 1949 mehr als 2600 Personen tätig.[564] Das eigentliche Hauptziel der IRO, nämlich die Repatriierung von Flüchtlingen, konnte angesichts der Tatsache, dass viele Flüchtlinge aufgrund verschiedenster Gründe nicht mehr in ihre Herkunftsländer zurückkehren wollten, nur zu einem geringen Teil verwirklicht werden. Als Folge dessen wurde die Auswanderungshilfe immer mehr zum Schwerpunkt der Tätigkeiten der IRO.[565] Bei der IRO handelte es sich gemäß Art. 3 IRO-Satzung um eine UN-Sonderorganisation[566], welche, wie auch schon die UNRRA, nur für eine eher kurze Lebensdauer konzipiert war[567] und insofern auch als „temporäre Sonderorganisation“ der Vereinten Nationen bezeichnet wird.[568] Die IRO sollte ursprünglich am 30. Juni 1950 zu existieren aufhören, per Beschluss des IRO-Rats vom 20. Oktober 1949 wurde die Existenz jedoch bis zum 31. März 1951 verlängert.[569] Letztendlich arbeitete die IRO noch bis zum 31. Januar 1952 weiter und wurde schließlich am 1. März 1952 liquidiert.[570]

b. Organe

Die IRO hatte gemäß Art. 5 IRO-Satzung drei Hauptorgane. Dies waren der Rat, der Verwaltungsausschuss und das Sekretariat.

---

560 An diesem Tag trat die IRO-Satzung in Kraft; siehe auch Sonnewald, Satzung der IRO, S. 3 und Türk, Das Flüchtlingshochkommissariat, S. 17.
561 Von Glahn, Der Kompetenzwandel, S. 63.
562 Türk, Das Flüchtlingshochkommissariat, S. 17.
563 Sonnewald, Satzung der IRO, S. 2.
564 Sonnewald, Satzung der IRO, S. 2.
565 Von Glahn, Der Kompetenzwandel, S. 82.
566 Von Glahn, Der Kompetenzwandel, S. 73.
567 Türk, Das Flüchtlingshochkommissariat, S. 20.
568 Sonnewald, Satzung der IRO, S. 2/3.
569 Sonnewald, Satzung der IRO, S. 7.
570 Von Glahn, Der Kompetenzwandel, S. 90; Türk, Das Flüchtlingshochkommissariat, S. 20.

Der Rat stellte gemäß Art. 6 I IRO-Satzung das oberste entscheidende Organ der IRO dar. Jedes Mitglied der IRO war im Rat mit einem Abgeordneten und entsprechenden Stellvertretern vertreten und hatte eine Stimme. Gemäß Art. 6 II IRO-Satzung wurde der Rat vom Verwaltungsausschuss zumindest einmal jährlich zu einer ordentlichen Tagung einberufen. Weiterhin sollte der Rat in den ersten drei Jahren nach der Gründung der Organisation zumindest zweimal jährlich zu einer ordentlichen Tagung zusammentreten. Unter den in Art. 6 II IRO-Satzung genannten Umständen konnten auch außerordentliche Tagungen einberufen werden.

Dem Verwaltungsausschuss kam nach Art. 7 I IRO-Satzung die Aufgabe zu, die zur Durchführung der vom Rat erlassenen Richtlinien erforderlichen Aufgaben zu erfüllen. Er war ferner ermächtigt, zwischen den Tagungen des Rats „grundsätzliche Entscheidungen dringender Art" zu treffen. Der Verwaltungsausschuss setzte sich gemäß Art. 7 II IRO-Satzung aus Vertretern von neun Mitgliedern der Organisation zusammen. Diese Vertreter wurden vom Rat auf zwei Jahre gewählt, die Möglichkeit der Wiederwahl war gegeben. Der Verwaltungsausschuss war nach Art. 7 IV lit. a) IRO-Satzung auf Veranlassung des Vorsitzenden einzuberufen. Gewöhnlich hatte dies zweimal im Monat stattzufinden. Weiterhin bestand gemäß Art. 7 IV lit. b) IRO-Satzung die Möglichkeit, dass der Verwaltungsausschuss auf Verlangen eines Mitglieds hin einberufen wird. Der Verwaltungsausschuss konnte unter gewissen Voraussetzungen dem Generaldirektor Weisungen erteilen sowie dessen Berichte überprüfen sowie Berichte des Generaldirektors anfordern (Art. 7 V, VI IRO-Satzung).

Der Generaldirektor war gemäß Art. 8 I IRO-Satzung der leitende Beamte der IRO. Er war sowohl dem Rat als auch dem Verwaltungsausschuss verantwortlich und hatte ferner „die Organisation in Übereinstimmung mit den Beschlüssen des Rats und des Verwaltungsausschusses" zu verwalten und über die Ausführung der Beschlüsse zu berichten. Der Generaldirektor wurde nach Art. 8 II IRO-Satzung vom Rat ernannt, nachdem er vom Verwaltungsausschuss vorgeschlagen wurde. Gemäß Art. 8 IV IRO-Satzung wurde das Personal der Organisation vom Generaldirektor ernannt. Dies geschah nach Vorschriften, welche der Rat festgesetzt hatte. Der Generaldirektor hatte den Sitzungen des Rats, des Verwaltungsausschusses sowie der anderen Ausschüsse und Unterausschüsse beizuwohnen bzw. musste einen Vertreter dorthin entsenden (Art. 8 V IRO-Satzung). Sowohl der Generaldirektor als auch das übrige Personal der Organisation durften gemäß Art. 9 III IRO-Satzung bei der Erfüllung ihrer Obliegenheiten keinerlei Weisungen von Regierungen oder andersgearteten Dienststellen außerhalb der Organisation anfordern oder entgegennehmen. Darüber hinaus durften Generaldirektor und Personal keinerlei Tätigkeiten ausführen, welche ihre Stellung als internationale Beamte, die nur gegenüber der IRO verantwortlich waren, beeinträchtigen könnten. Umgekehrt waren nach besagter Norm die Mitgliedstaaten der IRO verpflichtet, die Pflichten des Generaldirektors und des Personals zu achten und keinen Versuch zu unternehmen, diese bezüglich ihrer Arbeit zu beeinflussen.

3. Tatbestand der Nachfolge

Die IRO-Kommission traf ein Abkommen mit der UNRRA, nach welchem sie die Vermögenswerte sowie in Teilen auch das Personal der UNRRA übernehmen konnte. Auch Abkommen, welche die UNRRA mit über 60 freiwilligen Hilfsorganisationen geschlossen hatte, trat die IRO nun anstelle der UNRRA bei.[571] Die IRO erhielt insgesamt 16,5 Mio. US-$ aus dem verbleibenden Guthaben der UNRRA.[572] Die UNRRA wurde zum 1. Juli 1947 aufgelöst.[573] Ab diesem Datum wurden die auf die IRO bzw. die auf die Vorbereitungskommission der IRO übertragenen Aufgaben und Funktionen von dieser übernommen.[574] Zu diesem Zeitpunkt wurden seitens der Organisation ca. 633.000 noch nicht repatriierte verschleppte Personen in Deutschland, Österreich, Italien sowie Ländern des mittleren Ostens betreut. Die weitere Sorge um diese Menschen, inklusive deren Gesundheit, wurde ebenfalls auf die IRO übertragen.[575] Weitere Aufgaben der UNRRA wurden nicht nur auf die IRO, sondern auch auf die WHO und die FAO[576] übertragen.[577]

Vergleicht man die Organe beider Organisationen, so wird deutlich, dass sich diese bezüglich ihrer Aufgabenzuweisung und ihrer jeweiligen Einbindung in die Organisation sehr ähnlich sind.

---

571 Sonnewald, Satzung der IRO, S. 2.
572 Goodman, International Health Organizations, S. 148.
573 Türk, Das Flüchtlingshochkommissariat, S. 15.
574 UNYB 1946-47, S. 805, 807.
575 Goodman, International Health Organizations, S. 148; Türk, Das Flüchtlingshochkommissariat, S. 15.
576 Siehe dort.
577 Siehe dort; vgl. auch Seidl-Hohenveldern / Loibl, Internationale Organisationen, Rn. 0612.

Die Ratsversammlung der UNRRA war, wie dargestellt, das Kontrollorgan der Organisation, in welchem Beschlüsse mit einfacher Mehrheit zu fassen waren und in dem jeder Mitgliedstaat mit einem Repräsentanten vertreten war. Die Ratsversammlung bzw. der Rat der IRO entspricht nach seiner Struktur und seinen Aufgaben dem Rat der UNRRA. Auch hier war jedes Mitglied mit einem Abgeordneten mit jeweils einer Stimme vertreten.

Im Zentralkomitee des Rats der UNRRA, welches in Notfällen zwischen den Sitzungen des Rats wichtige Entscheidungen traf, war nur ein Teil der Mitglieder vertreten. Gleiches gilt für

den Verwaltungsausschuss der IRO.

Wie dargelegt, bildete der Generaldirektor der UNRRA die vollziehende Gewalt der Organisation. Es war seine Aufgabe, die Hilfsoperationen der Organisation durchzuführen. Er ernannte Stellvertreter, Beamte, ausgebildetes Personal und sonstige Angestellte der Organisation und hatte dem Zentralkomitee und dem Rat zu berichten. Der Generaldirektor der IRO war ebenfalls der leitende Beamte seiner Organisation. Er war dazu verpflichtet, sowohl dem Rat als auch dem Verwaltungsausschuss Bericht zu erstatten und hatte die Organisation zu verwalten und gleichfalls das Personal der Organisation zu ernennen. Auch diese beiden Organe entsprachen sich demnach.

Die Versorgungskomitees des Rats der UNRRA sowie die Komitees des Rats für Europa und für den Fernen Osten fanden in der IRO keine Äquivalente.

Die IRO übernahm den Schwerpunkt der Tätigkeiten der UNRRA und hatte dementsprechend eine der UNRRA vergleichbare Intention. Dies spiegelt sich auch in den Organen der IRO wieder, die denen der UNRRA sehr ähnlich sind. Die IRO kann insofern als Nachfolgeorganisation der UNRRA bezeichnet werden.[578]

Das Amt des Hochkommissars der Vereinten Nationen für Flüchtlinge (UN High Commissioner for Refugees, UNHCR) wurde am 14. Dezember 1950[579] per Resolution der Generalversammlung der Vereinten Nationen ins Leben ge-

578 So Von Glahn, Der Kompetenzwandel, S. 63.
579 UNHCR: Basic Facts.

rufen,[580] um die Arbeiten und Funktionen der IRO weiterzuführen, nachdem diese ihre Aktivitäten eingestellt hatte.[581] Zu diesem Zweck hatte die IRO bereits im Januar 1951 mit den Vereinten Nationen ein Übereinkommen abgeschlossen, wonach der Bereich des Schutzes von Gruppen und Kategorien von Flüchtlingen mit sofortiger Wirkung auf das UN-Hochkommissariat für Flüchtlinge übergehen sollte, während der Aufgabenbereich des Schutzes einzelner Flüchtlinge bis zum Ende ihrer Existenz bei der IRO verbleiben sollte.[582]

Zusammenfassend gehört es zu den Aufgaben des Hochkommissariats der Vereinten Nationen für Flüchtlinge, internationale Maßnahmen zum Schutze der Flüchtlinge anzuführen und zu koordinieren. Hauptaufgabe des Amts ist die Gewährleistung der Rechte und des Wohlergehens von Flüchtlingen.[583] Der Hochkommissar hat seinen Sitz in Genf.[584] Die Funktionen der IRO wurden jedoch nicht nur auf den Hohen Kommissar der Vereinten Nationen für Flüchtlinge, sondern auch auf die ICEM (Inter-Governmental Committee for European Migration) übertragen.[585] Das Büro des Hochkommissars wurde gut zwei Wochen nach der Resolution und mit Wirkung vom 1. Januar 1951 eingerichtet.[586] Der Hochkommissar der Vereinten Nationen für Flüchtlinge darf übrigens nicht mit dem Hochkommissar für Flüchtlinge des Völkerbundes verwechselt werden, welcher bereits am 30. September 1938 eingerichtet wurde und am 1. Januar 1939 mit seiner Tätigkeit begann.[587]

---

580 GA Res. 319 (IV), 1949.
581 Sands / Klein, Bowett's Law, Rn. 2-095, S. 70; UNYB 1952, S. 1 / 6.
582 UNYB 1952, S. 491 / 497.
583 UNHCR: Basic Facts.
584 Hobe / Kimminich, Völkerrecht, S. 458.
585 Seidl-Hohenveldern / Loibl, Internationale Organisationen, Rn. 0612.
586 Sands / Klein, Bowett's Law, Rn. 2-095, S. 70.
587 Türk, Das Flüchtlingshochkommissariat, S. 13.

XIV. Internationales Amt für öffentliche Gesundheitspflege, Gesundheitsorganisation des Völkerbundes und Weltgesundheitsorganisation

1. Internationales Amtes für öffentliche Gesundheitspflege

a. Geschichte und Ziele

Nach einer Reihe von Regierungskonferenzen auf dem Gebiet der Öffentlichen Gesundheit zwischen 1851 und 1903 machte die französische Regierung auf der Konferenz von Paris 1903 den Vorschlag, im Bereich des öffentlichen Gesundheitswesens eine internationale Organisation zu gründen.[588] Als Folge dieses Vorschlags wurde die Errichtung des Internationalen Amtes für Öffentliche Gesundheitspflege (International Office of Public Health, auch: Office international d'hygiène publique, OIHP) in der Pariser Sanitätskonvention vom 3. Dezember 1903 in Aussicht genommen. Fast genau vier Jahre später, nämlich am 9. Dezember 1907, fand in Rom die Gründung dieser Organisation statt.[589] Völkerrechtlich trat der Gründungsvertrag mit Wirkung vom 15. November 1908 in Kraft, während er für das Deutsche Reich am 11. August 1928 verbindlich wurde.[590] Die Mitarbeiter und Räumlichkeiten wurden 1909 eingestellt und gemietet.[591] Die Ursache für die eingangs erwähnten Konferenzen in der zweiten Hälfte des 19. Jahrhunderts und die spätere Gründung des Internationalen Amtes für öffentliche Gesundheitspflege ist in den verbesserten Verkehrs- und Reisemöglichkeiten der entsprechenden Epoche zu sehen. Mit dieser ging eine vergrößerte Gefahr im Bereich der Verbreitung von Seuchen und Epidemien, auch bedingt durch die Reisen moslemischer Pilger nach Mekka und Medina, einher.[592] So brachten Menschen auf ihren Wegen zu den heiligen Stätten Krankheiten wie Pest, Cholera und Pocken mit, welche sich dort rasch ausbreiteten und von den Pilgern auf ihren Rückwegen in viele andere Regionen hineingetragen wurden. So kam es in den Jahren 1865 und 1893 zu Choleraepidemien mit vielen Toten.[593] Sitz der Organisation war gemäß Art. 1 Abkommen über die Errichtung und Unterhaltung eines Internationalen Gesundheitsamts und Art. 1 Satzung des Internationalen Amtes für Öffentliche Gesundheitspflege Paris. Nach Art. 4 Sat-

[588] Knipping, Das System der Vereinten Nationen, Bd. II, Dokument 14, S. 277 (277).
[589] Goodman, International Health Organizations, S. 87 / 91.
[590] Knipping, Das System der Vereinten Nationen, Bd. II, Dokument 14, S. 277 (277).
[591] Goodman, International Health Organizations, S. 91.
[592] Knipping, Das System der Vereinten Nationen, Bd. II, Dokument 14, S. 277 (277).
[593] Goodman, International Health Organizations, S. 5.

zung des Internationalen Amtes für Öffentliche Gesundheitspflege war es die Hauptaufgabe des Amtes, „Tatsachen und Nachweise allgemeiner Art über die öffentliche Gesundheit und im besonderen über ansteckende Krankheiten [...] sowie über die zu ihrer Bekämpfung unternommenen Maßnahmen zu sammeln und zur Kenntnis der beteiligten Staaten zu bringen".

b. Organe

Der Internationale Ausschuss des Amtes, in dem Gesandte aller Mitgliedstaaten vertreten waren, stellte gemäß Art. 1 Abkommen über die Errichtung und Unterhaltung eines Internationalen Gesundheitsamts und Art. 6 Satzung des Internationalen Amtes für Öffentliche Gesundheitspflege die Oberleitung des Amtes dar. Er führte die Aufsicht über das Amt und setzte sich aus je einem sachverständigen Vertreter für jeden Vertragsstaat zusammen. Die Anzahl der Stimmen jedes Staats richtete sich nach seiner individuellen Beitragsklasse. Nach Art. 7 Satzung des Internationalen Amtes für öffentliche Gesundheitspflege hatte sich der Ausschuss regelmäßig, jedoch zumindest einmal im Jahr, zu versammeln, wobei die Dauer der Tagungen unbegrenzt war.

Das Amt selbst arbeitete gemäß Art. 8 Satzung des Internationalen Amtes für Öffentliche Gesundheitspflege mit besoldetem Personal, welches sich aus einem Direktor, einem Generalsekretär sowie weiteren benötigten Angestellten zusammensetzte. Die beiden erstgenannten wurden vom Ausschuss des Amtes ernannt. Der Direktor hingegen ernannte und entließ die übrigen Angestellten, er hatte den Ausschuss darüber zu unterrichten. Obwohl das Amt über eine eigene Verwaltung verfügte, welche nach Struktur und Aufgabenbereich einem Sekretariat entsprach (vgl. auch den Wortlaut: „General*sekretär*"), wird in der Satzung des Internationalen Amtes für Öffentliche Gesundheitspflege nicht explizit von einem Sekretariat gesprochen.

2. Gesundheitsorganisation des Völkerbundes

a. Geschichte und Ziele

Neben dem Internationalen Amt für Öffentliche Gesundheitspflege gab es noch die Ständige Gesundheitsorganisation des Völkerbundes. Ursprünglich erwartete die Bundesversammlung des Völkerbundes, dass sich das Internationale Amt für öffentliche Gesundheitspflege dem Völkerbund unterstellen würde.[594] Dies wurde seitens des Amtes jedoch abgelehnt.[595] In der Überzeugung, dass es wichtig und notwendig sei, „die Unsicherheit und Verwirrung zu vermeiden, die das Bestehen zweier verschiedener Organisationen hervorrufen könnte, und dass es ratsam sei, enge Verbindungen zwischen den Gesundheitsdiensten des Völkerbunds und dem Internationalen Amt für Öffentliche Gesundheitspflege zu knüpfen", wurde die Gesundheitsorganisation des Völkerbundes ins Leben gerufen.[596] Die Gründung der Gesundheitsorganisation des Völkerbundes erfolgte mit der Billigung des Berichts des Besonderen Gemischten Ausschusses am 7. Juli 1923.[597] Der Besondere Gemischte Ausschuss setzte sich zu gleichen Teilen aus Mitgliedern des Vorläufigen Gesundheitsausschusses, welcher vom Völkerbundsrat am 2. März 1921 mit der Zielsetzung, die Einrichtung einer ständigen Gesundheitsorganisation des Völkerbundes vorzubereiten, eingesetzt wurde,[598] und des Internationalen Amts für Öffentliche Gesundheitspflege zusammen.[599] Der Bericht vom 7. Juli 1923[600] (datiert auf den 2. Juli 1923) fußte auf der Erkenntnis, dass es zum derzeitigen Zeitpunkt nicht möglich war, eine einzige internationale Gesundheitsorganisation zu errichten. Er enthielt einen Plan bezüglich der Organstruktur der Organisation sowie die Form der Zusammenarbeit mit dem Internationalen Amt für Öffentliche Gesundheitspflege. Zum Aufgabengebiet der Gesundheitsorganisation des Völkerbundes gehörte ganz allgemein die Epidemiologie (Wissenschaft von der Entstehung, Verbreitung, Bekämpfung und den sozialen Folgen von Epidemien, zeittypischen Massener-

---

594 Goodman, International Health Organizations, S. 108-110; Knipping, Das System der Vereinten Nationen, Bd. II, Dokument 46, S. 755 (755).

595 Eine Unterstellung unter den Völkerbund scheiterte an der Zustimmung der USA, vgl. Knipping, Das System der Vereinten Nationen, Bd. II, Dokument 46, S. 755 (756), und Goodman, International Health Organizations, S. 110.

596 Knipping, Das System der Vereinten Nationen, Bd. II, Dokument 47, S. 765 (771).

597 Knipping, Das System der Vereinten Nationen, Bd. II, Dokument 47, S. 765 (765).

598 Knipping, Das System der Vereinten Nationen, Bd. II, Dokument 47, S. 755 (755).

599 Knipping, Das System der Vereinten Nationen, Bd. II, Dokument 47, S. 765 (765).

600 Vgl. Knipping, Das System der Vereinten Nationen, Bd. II, Dokument 47, S. 765 (765).

krankungen und Zivilisationsschäden[601]) mit dem Epidemieninformationsdienst, der Bereich der technischen Studien und internationalen Standards, ferner weitere Arbeiten inklusive technischer Hilfe im Feld sowie Studienreisen und das Fernostbüro in Singapur.[602]

b. Organe

Der Allgemeine Beratende Gesundheitsrat (Gerneral Advisory Health Council; auch: Beratender Hygiene Generalrat) war der ständige Internationale Ausschuss des Pariser Internationalen Amtes für Öffentliche Gesundheitspflege, welcher unter diesem neuen Namen weitere Aufgaben übernahm. Er hatte die Aufgabe, solche Fragen zu bearbeiten, welche ihm vom Ständigen Gesundheitskomitee zwecks Begutachtung vorgelegt wurden und konnte ferner auch von sich aus Fragen zur Bearbeitung an das Ständige Gesundheitskomitee weiterleiten.[603] In der Praxis führte dies hauptsächlich zu Berichten über verschiedene Aspekte der Arbeit des Amtes im vergangenen Jahr, welche dem Ständigen Gesundheitskomitee jährlich nach einer seiner Sitzungen übergeben wurden.[604] Das Amt für Öffentliche Gesundheitspflege war somit als beratendes Organ in das Organisationsgefüge der Gesundheitsorganisation des Völkerbundes eingeschaltet.[605]

Das Ständige Gesundheitskomitee (Standing Health Committee; auch: Ständiges Hygienekomitee) war ein Sachverständigenkomitee. Zunächst mit zahlreichen Mitgliedern versehen, setzte es sich im Jahre 1938 nur noch aus zwölf Mitgliedern zusammen, wovon elf vom Völkerbundsrat auf jedes Mal drei Jahre bestellt wurden. Das zwölfte Mitglied war der Präsident des Internationalen Amtes für Öffentliche Gesundheitspflege in Paris, dem hier das Amt des Vizepräsidenten zukam.[606] Das Ständige Gesundheitskomitee leitete die Arbeiten des Völkerbundes auf dem Gebiet der öffentlichen Gesundheitspflege und Hygiene und

---

601 Duden, Deutsches Universalwörterbuch, S. 504.
602 Goodman, International Health Organizations, S. 114.
603 Göppert, Der Völkerbund, S. 650; vgl. auch Bericht des Besonderen Gemischten Ausschusses in: Knipping, Das System der Vereinten Nationen, Bd. II, Dokument 47, S. 765 (767) – „Allgemeiner Beratender Gesundheitsrat, I-IV".
604 Goodman, International Health Organizations, S. 111.
605 Dischler, WHO, S. 2.
606 Göppert, Der Völkerbund, S. 649; Goodman, International Health Organizations, S. 112.

stellte ein Arbeitsprogramm für die Organisation auf.[607] Das Ständige Gesundheitskomitee hatte über jede den Völkerbund betreffende Frage der öffentlichen Gesundheit, welche in den Bereich seiner Zuständigkeit fiel, zu beraten und dem Völkerbundsrat Bericht zu erstatten. Es konnte ferner Sonderausschüsse einrichten und hatte die Jahresberichte der Gesundheitsorganisation des Völkerbundes zwecks Unterstützung der Arbeit des Allgemeinen Beratenden Gesundheitsrats an diesen weiterzuleiten.[608] Das Ständige Gesundheitskomitee traf sich in aller Regel viermal jährlich in Genf.[609]

Die Gesundheitsabteilung des Sekretariats des Völkerbunds stand unter der Leitung eines medizinischen Direktors. Die Pflichten bzw. der Arbeitsplan des Sekretariats wurden in Absprache mit dem Generalsekretär des Völkerbundes vom Ständigen Gesundheitskomitee aufgestellt.[610] Im Sekretariat waren zahlreiche Mediziner verschiedener Nationalitäten beschäftigt, welche zusammen mit weiteren Mitarbeitern (1938: insgesamt 28 Personen) die größte technische Sektion im Sekretariat des Völkerbundes darstellten.[611]

3. Weltgesundheitsorganisation

a. Geschichte und Ziele

Nach dem Zweiten Weltkrieg waren die Probleme des Gesundheitswesens stark angestiegen.[612] Gleichzeitig war der Völkerbund gescheitert, so dass sich die „Notwendigkeit einer Neuregelung“ der Zusammenarbeit im internationalen Gesundheitssektor „auf universeller Grundlage“ ergab.[613] Die Weltgesundheitsorganisation (World Health Organization, WHO) wurde am 22. Juni 1946 gegründet[614] und trat gemäß Art. 80 WHO-Satzung in Kraft, als 26 Mitglieder der

---

607 Göppert, Der Völkerbund, S. 649.
608 Bericht des Besonderen Gemischten Ausschusses in: Knipping, Das System der Vereinten Nationen, Bd. II, Dokument 47, S. 765 (767/769) – „Ständiger Gesundheitsausschuss, I-IV“.
609 Goodman, International Health Organizations, S. 112.
610 Göppert, Der Völkerbund, S. 649; Goodman, International Health Organizations, S. 113.
611 Goodman, International Health Organizations, S. 113.
612 Döll, Völkerrechtliche Kontinuitätsprobleme, S. 101.
613 Döll, Völkerrechtliche Kontinuitätsprobleme, S. 114.
614 Knipping, Das System der Vereinten Nationen, Bd. I/2, Dokument 116, S. 381 (381); Sands / Klein, Bowett's Law, Rn. 3-045; UN-Yearbook 1947/1948, S. 909 (909).

UN Vertragsparteien geworden sind. Dies geschah am 7. April 1948.[615] Ziel der Weltgesundheitsorganisation ist gemäß Art. 1 WHO-Satzung[616] die Erreichung eines möglichst guten Gesundheitszustands aller Völker.[617] Um dieses Ziel zu erreichen, unterstützt sie die staatliche Zusammenarbeit auf dem Gebiet der Gesundheitsfürsorge und stellt mit Schwerpunkt in Entwicklungsländern technische Hilfe zur Verfügung. Weiterhin sollen Heilmittel und Gesundheitsvorschriften standardisiert werden.[618] Die WHO unterstützt in verschiedenen Gebieten ferner Forschung und medizinische Studien.[619] Alle Aufgaben, welche die WHO zwecks der Erreichung ihres oben genannten Zieles wahrzunehmen hat, sind in Art. 2 lit. a) – v) WHO-Satzung genannt. Die WHO hat den Vereinten Nationen bei der Unterstützung der Bevölkerung Europas nach dem Zweiten Weltkrieg Hilfe geleistet und war in der Vergangenheit bei der Ausrottung verschiedener Krankheiten (z.B. Pocken) behilflich.[620] Generell ist es die Aufgabe der WHO, als die koordinierende Dienststelle im Bereich internationaler Gesundheit bestimmte internationale Dienste instandzuhalten, die Forschung im Gesundheitsbereich zu fördern und verbesserte Standards im Bereich der Ausbildung in Gesundheits- und Medizin- und verwandten Sektoren zu entwickeln.[621] Gemäß Art. 3 WHO-Satzung können alle Staaten Mitglieder der Organisation werden. Die WHO ist eine UN-Sonderorganisation i. S. d. Art. 57 UN-Charta.[622] Sitz der WHO ist gemäß Art. 43 WHO-Satzung Genf.[623]

b. Organe

Die Arbeit der Weltgesundheitsversammlung (auch: Gesundheitsversammlung) ist in Kapitel V. der WHO-Satzung geregelt. Sie besteht gemäß Art. 10 WHO-

615 About WHO; UN-Yearbook 1947/1948, S. 909 (909).

616 Vgl. Knipping, Das System der Vereinten Nationen, Bd. I/2, Dokument 116, S. 381 (383).

617 About WHO; Seidl-Hohenveldern / Loibl, Internationale Organisationen, Rn. 2801; UN-Yearbook 1947/1948, S. 909 (909).

618 Seidl-Hohenveldern / Loibl, Internationale Organisationen, Rn. 280; Shaw, International Law VI, S. 1285.

619 Shaw, International Law V, S. 1097.

620 Sands / Klein, Bowett's Law, Rn. 3-045.

621 UN-Yearbook 1947/1948, S. 909 (909).

622 Ipsen, Völkerrecht, § 32, Rn. 87; Knipping, Das System der Vereinten Nationen, Bd. II, Dokument 14, S. 381 (383). Seidl-Hohenveldern / Oppermann, Lexikon des Rechts, S. 374.

623 Shaw, International Law V, S. 1097.

Satzung aus Delegierten, welche die Mitglieder vertreten. Jedes Mitglied der WHO hat maximal drei Delegierte in der Gesundheitsversammlung, die unter den besten Fachleuten des Gesundheitswesens des jeweiligen Mitgliedstaates ausgewählt werden sollen (Art. 11 WHO-Satzung). Die Gesundheitsversammlung tritt i.S.d. Art. 13 WHO-Satzung zu einer ordentlichen Jahrestagung sowie im Bedarfsfall zu außerordentlichen Tagungen zusammen, welche entweder auf Ersuchen des Rates oder aber einer Mehrheit der Mitglieder einberufen werden können. Die Jahrestagungsorte der Gesundheitsversammlung finden gemäß Art. 14 WHO-Satzung in dem Land oder der Region statt, die von ihr auf der vergangenen Jahrestagung festgelegt wurde. Der Rat hingegen bestimmt die Orte der außerordentlichen Tagungen. Die Gesundheitsversammlung bestimmt die Zielsetzung der Organisation (Art. 18 lit. a) WHO-Satzung). Weitere Aufgaben sind in Art. 18 lit. b) – m) WHO-Satzung festgehalten. Die Gesundheitsversammlung ist gemäß Art. 19 befugt, mit Zweidrittelmehrheit Übereinkommen und Abkommen über die in die Zuständigkeit der Organisation fallenden Angelegenheiten zu schließen.

Die Aufgaben und Regelungen für den Exekutivrat (auch: Rat) ergeben sich aus Kapitel VI. WHO-Satzung. Der Rat setzt sich gemäß Art. 24 WHO-Satzung aus 32 Personen zusammen, welche von ebenfalls 32 Mitgliedern benannt werden. Die Mitglieder, die berechtigt sind, eine Person für den Rat zu benennen sowie die dabei zu berücksichtigenden Kriterien sind in Art. 24. WHO-Satzung genannt. Der Rat tritt i. S. d. Art. 26 WHO-Satzung mindestens zweimal pro Jahr zusammen und bestimmt den Ort jeder Tagung. Die Aufgaben des Rates ergeben sich aus lit. a) – i) Art. 28 WHO-Satzung. Ferner übt der Rat im Namen der Gesundheitsversammlung die ihm von dieser übertragenen Befugnisse aus (Art. 29 WHO-Satzung).

Die vom Sekretariat wahrzunehmenden Aufgaben ergeben sich aus Kapitel VII. WHO-Satzung. Das Sekretariat setzt sich gemäß Art. 30 aus dem Generaldirektor und weiterem Fachpersonal zusammen. Der Generaldirektor untersteht nach Art. 31 WHO-Satzung dem Rat und wird auf seinen Vorschlag hin von der Gesundheitsversammlung gewählt. Er ist automatisch der Sekretär der Gesundheitsversammlung und des Rates sowie aller Ausschüsse der Organisation und der von ihr einberufenen Konferenzen. Der Generaldirektor kann diese Aufgaben übertragen (Art. 32 WHO-Satzung). Er ernennt ferner gemäß Art. 35 WHO-Satzung die Bediensteten des Sekretariats und stellt i. S. d. Art. 34 WHO-Satzung die Finanzberichte sowie die Haushaltsvoranschläge der Organisation auf und legt sie dem Rat vor. Sämtliche Bediensteten des Sekretariats dürfen nach Art. 36 WHO-Satzung bei der Wahrnehmung der ihnen seitens der Organisation übertragenen Aufgaben weder von einer Regierung noch von einer anderen autoritären Stelle außerhalb der WHO Weisungen erbitten oder entgegennehmen und haben ferner alles zu unterlassen, was ihrer Stellung als internationale Beamte abträglich sein könnte.

Ausschüsse (Kapitel VIII WHO-Satzung) werden vom Rat nach Maßgabe der Art. 38 – 40 WHO-Satzung eingesetzt und bezüglich der Notwendigkeit ihres Fortbestehens überprüft. Bei den Ausschüssen der WHO kann es sich auch um gemischte oder gemeinsame Ausschüsse mit anderen Organisationen handeln.

(Sonder-) Konferenzen verschiedener Natur (Kapitel IX WHO-Satzung) können gemäß der Art. 41 und 42 WHO-Satzung von der Gesundheitsversammlung oder vom Rat der WHO einberufen werden, um organisationsinterne Fragen überprüfen zu lassen oder um für die Vertretung staatlicher oder nichtstaatlicher internationaler - sowie mit Zustimmung der betreffenden Regierung – nationaler Organisationen auf derartigen Konferenzen zu sorgen.

Ausschüsse und (Sonder-) Konferenzen sind, so der Umkehrschluss aus Art. 9 WHO-Satzung, keine Organe der WHO.[624]

4. Tatbestand der Nachfolge

a. In Bezug auf das Internationale Amt für Öffentliche Gesundheitspflege

Ganz allgemein übernahm die WHO die Funktionen des Internationalen Amtes für Öffentliche Gesundheitspflege.[625] Im Jahre 1946 wurde auf der ersten Sitzung des Wirtschafts- und Sozialforums der Vereinten Nationen ein Komitee eingesetzt und damit beauftragt, die Verfassung für eine internationale Gesundheitsorganisation aufzusetzen, welche auf einer zukünftigen internationalen Konferenz zur Diskussion stehen sollte. Das besagte Komitee kam diesem Auftrag nach und schlug ferner vor, das bereits bestehende Internationale Amt für Öffentliche Gesundheitspflege in der neu zu gründenden Organisation aufgehen

[624] Vgl. auch Sands / Klein, Bowett's Law, Rn. 3-046.
[625] Sands / Klein, Bowett's Law, Rn. 3-045.

zu lassen.[626] Die Möglichkeit, die Nachfolge anderer Internationaler Organisationen anzutreten, wurde von Anfang an gesehen und dementsprechend in Art. 72 der WHO-Satzung geregelt.[627] Der Vorschlag des Komitees wurde von der Internationalen Gesundheitskonferenz in New York vom 19. Juni bis zum 22. Juli 1946 aufgenommen. Auf dieser Konferenz wurde beschlossen, die WHO zu gründen. Ferner wurde die WHO-Satzung verabschiedet und eine Übergangskommission (Interim Commission; auch: Vorläufiger Ausschuss) ins Leben gerufen.[628] Dieser Übergangskommission kam die Aufgabe zu, das erste Treffen der Weltgesundheitsversammlung der WHO alsbald zusammenzurufen, maximal sechs Monate nach dem Inkrafttreten der WHO-Satzung. Die Kommission setzte sich aus den Repräsentanten von 18 Staaten zusammen, welchen die Aufgabe zukam, alle Signatarstaaten der WHO-Satzung zu vertreten.[629] Die Übergangskommission sollte den Unterzeichnerstaaten dieser Übereinkunft die Agenda der ersten Weltgesundheitsversammlung sowie die notwendigen Dokumente und Empfehlungen mindestens sechs Wochen vor selbiger zukommen lassen. Diese Dokumente und Empfehlungen sollten auch Vorschläge für das zukünftige Hauptquartier der Organisation, den ersten Haushalt, für mögliche Regionalorganisationen der WHO und für Finanz- und Personalvorschriften enthalten, die der Gesundheitsversammlung zur Annahme vorgelegt werden sollten.[630] Ferner sollte in Übereinstimmung mit dem am 22. Juli 1946 unterzeichneten Protokoll bezüglich des Internationalen Amtes für Öffentliche Gesundheitspflege[631] die Übertragung der Pflichten und Funktionen an die Übergangskommission sowie weitere Schritte vorgenommen werden, welche für die Übertragung des Vermögens und der Verbindlichkeiten des Internationalen Amtes für Öffentliche Gesundheitspflege auf die WHO nach Terminierung der Vereinbarung von Rom (1907) notwendig waren.[632] Im Protokoll vom 22. Juli 1946 wurde in einem Protokoll (s.o.) festgehalten, dass sich die Signatarstaaten darin

---

626 Myers, Succession, S.12, Shaw, International Law V, S. 22.

627 Art. 72 WHO-Satzung: "Vorbehaltlich der Genehmigung durch eine Zweidrittelmehrheit der Gesundheitsversammlung kann die Organisation von jeder anderen internationalen Organisation oder Einrichtung, deren Zwecke und Tätigkeiten in die Zuständigkeit der Organisation fallen, alle Aufgaben, Mittel und Verpflichtungen übernehmen, die ihr durch internationale Übereinkunft oder durch eine zwischen den zuständigen Stellen der betreffenden Organisationen getroffene, für beide Teile annehmbare Vereinbarung übertragen werden."

628 UNTS 9 (1947), S. 33.

629 UNYB 1947/1948, S. 909 (909).

630 UNTS 9 (1947), S. 33, 34.

631 UNTS 9 (1947), S. 66/67.

632 UNTS 9 (1947), S. 34.

einig sind, dass die Pflichten und Funktionen des Internationalen Amtes für Öffentliche Gesundheitspflege zukünftig von der WHO bzw. von der Übergangskommission ausgeübt werden sollen und dass die Signatarstaaten alle Schritte, welche hierzu nötig sind, in die Wege leiten wollen. Ferner wurde festgehalten, dass alle Staaten, welche sowohl das Übereinkommen von 1907 als auch das Protokoll vom Juli 1946 unterzeichnet haben, der Auflösung des Internationalen Amtes für Öffentliche Gesundheitspflege zustimmen. Weiterhin sollte die Auflösung des Internationalen Amtes für Öffentliche Gesundheitspflege mit dem Datum geschehen, mit dem alle Mitglieder des Vertrages von 1907 diesem Protokoll beigetreten sind.[633] Für den Fall, dass nicht alle Parteien des Vertrages von 1907 bis zum 15. November 1949 der Auflösung des Internationalen Amtes für Öffentliche Gesundheitspflege zugestimmt hätten, hatten sich die Signatarstaaten des Protokolls dazu verpflichtet, den Vertrag von 1907 zu kündigen, wobei das Protokoll nur dann Gültigkeit erlangen sollte, wenn diesem zumindest 20 Vertragstaaten des Vertrages von 1907 beigetreten sind.[634] Die Übergangskommission traf am 19. Juli 1948 erstmals zusammen und wurde per Resolution der ersten Versammlung der Weltgesundheitskonferenz (24. Juni 1948 – 24. Juli 1948) wieder aufgelöst.[635] Bis zu diesem Zeitpunkt übernahm der Exekutivrat der WHO ab eigener Entstehung die Aufgaben des Verwaltungsgremiums der Übergangskommission, welches mit Konstitution des Exekutivrats der WHO zu existieren aufhörte.[636] Die Auflösung der Übergangskommission wurde am 31. August 1948 um Mitternacht wirksam.[637]

Auf Seiten des Internationalen Amtes für Öffentliche Gesundheitspflege entschied sich der Ausschuss im Oktober 1946 dazu, die Auflösung der Organisation einer Finanz- und Transferkommission zu übertragen. Diese Kommission arbeitete mit der Übergangskommission der WHO bezüglich der Übertragung von Funktionen in Bezug auf Konventionen, den Pensionsfond, die Veröffentlichung des monatlichen Bulletins und verschiedener epidemiologischer Arbeiten zusammen.[638] Bezüglich der durch die Finanz- und Transferkommission sowie die Übergangskommission vollzogene Übernahme der Verpflichtungen inklusi-

633 UNTS 9 (1947), S. 66, Art. 1-3.
634 UNTS 9 (1947), S. 67, Art. 4 und 7.
635 Handbook of Resolutions and Decisions, S. 360 (6.5.2) – WHA1.87; UNYB 1947/1948, S. 909 (909).
636 Handbook of Resolutions and Decisions, S. 360 (6.5.2) – WHA1.87.
637 Handbook of Resolutions and Decisions, S. 360 (6.5.2) – WHA1.87.
638 Myers, Succession, S.12, Shaw, International Law V, S. 23.

ve des Pensionsfonds des Amtes für Öffentliche Gesundheitspflege erteilte die Gesundheitsversammlung ihre Zustimmung im Juli 1948.[639] Auf einer Tagung vom 5. und 6. Mai 1950 beschloss der internationale Ausschuss des Amtes für öffentliche Gesundheitspflege, die Funktionen und Vermögenswerte des Amtes mit Wirkung vom 15. November 1950 auf die WHO zu übertragen.[640] Im Mai 1950 schließlich akzeptierte die WHO den (am 15. November 1950 tatsächlich vollzogenen) Transfer der gesamten Bibliothek sowie aller Archive des Internationalen Amtes für Öffentliche Gesundheitspflege und der Außenstände und der Summen, welche aus der Liquidierung der Aktiva des Amtes resultierten.[641] Die Finanz- und Transferkommission übertrug die Aktiva des Internationalen Amtes für Öffentliche Gesundheitspflege auf die WHO, welche sich ihrerseits im Mai 1951 mittels einer Resolution der Gesundheitsversammlung bei dem Vorsitzenden der Finanz- und Transferkommission für die geleistete Arbeit bezüglich der Liquidierung der Verbindlichkeiten und der Übertragung Aktiva des Amtes bedankte sowie die Übertragung der Aktiva bestätigte und zugleich den Generaldirektor des Internationalen Amtes für öffentliche Gesundheitspflege darum bat, Nachforschungen anzustellen bezüglich der Staaten, welche die Übereinkunft von 1907 noch nicht gekündigt hatten.[642] Im April 1951 war die Abwicklung des Internationalen Amtes für Öffentliche Gesundheitspflege und alle damit verbundenen Übertragungen von Bibliotheken, Archiven und Aktiva bestehend aus Barvermögen, Sicherheiten, Möbeln und Ausrüstung sowie von Ansprüchen abgeschlossen.[643]

b. In Bezug auf die Ständige Gesundheitsorganisation des Völkerbundes

Als entschieden war, dass die Vereinten Nationen und ihre Charta den Völkerbund und seine Satzung ersetzen sollen, wurde schnell klar, dass auch das Ende der Gesundheitsorganisation des Völkerbundes gekommen war.[644] Im April 1946 wurde die Übertragung der Funktionen der Gesundheitsorganisation des Völkerbundes auf den Vorläufigen Ausschuss der WHO während der letzten

---

[639] Handbook of Resolutions and Decisions, S. 362 (6.5.3) – WHA1.84.
[640] Handbook of Resolutions and Decisions, S. 362 (6.5.3) – WHA3.98.
[641] Handbook of Resolutions and Decisions, S. 362 (6.5.3) – WHA3.98.
[642] Handbook of Resolutions and Decisions, S. 362 (6.5.3) – WHA4.58.
[643] Dischler, WHO, S. 3; Myers, Succession, S.12; Shaw, International Law V, S. 23; vgl. Döll, Völkerrechtliche Kontinuitätsprobleme, S. 115.
[644] Dischler, WHO, S. 2.

Sitzung der Bundesversammlung des Völkerbundes genehmigt.[645] Am 22. Juli 1946 wurde auf der bereits erwähnten Internationalen Gesundheitskonferenz in New York per Resolution beschlossen, dass die Übergangskommission der WHO alle Schritte zur Umsetzung des Transfers bezüglich der Funktionen, Aktivitäten und Aktiva, welche von der Gesundheitsorganisation des Völkerbundes bereits an die Vereinten Nationen übertragen wurden, auf sich selbst in die Wege leiten soll.[646] Am 16. Oktober 1946 schließlich wurden die Funktionen der Gesundheitsorganisation des Völkerbundes, welcher zu diesem Zeitpunkt schon, wie dargestellt, in Auflösung begriffen war, von der WHO bzw. vom Vorläufigen Ausschuss der WHO übernommen.[647]

c. In Bezug auf die Organe

Wie dargestellt, gab es im Internationalen Amt für öffentliche Gesundheitspflege den Internationalen Ausschuss des Amtes, in dem Gesandte aller Mitgliedstaaten vertreten waren. Weiterhin gab es das Personal, bestehend aus einem Direktor, einem Generalsekretär sowie weiteren benötigten Angestellten. Die beiden Erstgenannten wurden vom Ausschuss des Amtes ernannt. In der Satzung des Internationalen Amtes für Öffentliche Gesundheitspflege wird jedoch das Sekretariat nicht erwähnt.

Die Gesundheitsorganisation des Völkerbundes hingegen hatte drei Organe. Der Allgemeine Beratende Gesundheitsrat, welcher identisch mit dem Internationalen Ausschuss des Pariser Internationalen Amtes für Öffentliche Gesundheitspflege war, stellte aufgrund dieser Identität und seiner Funktion eine Art „Verbindungsorgan" schon zu Zeiten der Parallelexistenz beider Organisationen dar. Auch im Ständigen Gesundheitskomitee war der Präsident des Internationalen Amtes für Öffentliche Gesundheitspflege vertreten, um den Informationsaustausch zu unterstützen. Das Sekretariat bestand aus einer Abteilung des Sekretariats des Völkerbunds.

Die Weltgesundheitsversammlung der WHO besteht aus Delegierten, welche die Mitglieder vertreten. Im Rat hingegen sind nicht alle Mitgliedstaaten der WHO

645 Goodman, International Health Organizations, S. 134.
646 UNTS 9 (1947), S. 34.
647 Dischler, WHO, S. 3.

vertreten. Das Sekretariat setzt sich aus dem Generaldirektor und weiterem Fachpersonal zusammen. Die Ausschüsse und (Sonder-) Konferenzen sind, wie dargestellt, keine Organe.

Wenn man die Organstrukturen der Organisationen miteinander vergleicht wird deutlich, dass die Gesundheitsorganisation des Völkerbundes kein Organ hatte, in dem alle Mitgliedstaaten vertreten waren. Dies war jedoch beim Internationalen Amt für öffentliche Gesundheitspflege und ist nun auch bei der WHO der Fall. Der Rat der WHO erscheint vergleichbar mit dem Ständigen Gesundheitskomitee der Gesundheitsorganisation des Völkerbundes. Alle drei Organisationen hatten ein Sekretariat, auch wenn dieses beim Internationalen Amt für öffentliche Gesundheitspflege nicht explizit als solches bezeichnet wird, sondern nur allgemein vom Personal und den Bediensteten gesprochen wird. Die WHO vereint in sich somit Organtypen beider Vorgängerorganisationen.

d. In Bezug auf die Nothilfe- und Wiederaufbauverwaltung der Vereinten Nationen und Gesamtergebnis

Teilweise heißt es, die Gesundheitsorganisation des Völkerbundes sei der Vorläufer der im System der Vereinten Nationen errichteten WHO.[648] Umgekehrt formuliert würde dies bedeuten, dass die WHO die Nachfolgeorganisation der Gesundheitsorganisation des Völkerbundes wäre. Dem ist, wie sich in den obigen Darstellungen gezeigt hat, nur insoweit zuzustimmen, als die WHO heute einen der Gesundheitsorganisation des Völkerbundes vergleichbaren Platz (jedoch mit universeller Natur) in den Vereinten Nationen hat. Aufgrund der Tatsache, dass die WHO jedoch auch in vollem Umfang die Bibliotheken, Archive, das Barvermögen, die Sicherheiten, Möbel und Ausrüstung des Internationalen Amtes für Öffentliche Gesundheitspflege übernommen hat, bleibt, unter Berücksichtigung der eingangs angeführten Definition eines Fusionstatbestandes, festzustellen, dass es sich um eine Fusion handelt. So wurden zwei Internationale Organisationen, das Internationale Amt für Öffentliche Gesundheitspflege und die Ständige Gesundheitsorganisation des Völkerbundes, deren Aufgabenbereiche eng miteinander verwandt waren[649], miteinander vereinigt. Weiterhin kamen

[648] Knipping, Das System der Vereinten Nationen, Bd. II, Dokument 47, S. 765 (765).

[649] zum Aufgabengebiet der Gesundheitsorganisation des Völkerbundes gehörte die Epidemiologie inklusive des Epidemieninformationsdienstes, technische Studien und interna-

beiden Organisationen zum Teil auch unterschiedliche Funktionen und dementsprechend unterschiedliche Leistungsvermögen zu. Auch wurden die Organisationen aufgelöst und durch die WHO ersetzt, welche Elemente von jeder der Vorgängerorganisationen in sich vereint (neben den Funktionen, Aktiva etc. auch manche Organtypen). Die WHO ist also nicht die Nachfolgeorganisation einer einzigen Organisation, sondern aus einer Fusion des Internationalen Amtes für Öffentliche Gesundheitspflege und der Ständigen Gesundheitsorganisation des Völkerbundes hervorgegangen.

Die WHO hat im Übrigen auch Verpflichtungen, Aktiva und Funktionen der UNRRA[650] übernommen. Schon auf der eingangs erwähnten Konferenz von New York waren Beobachter der UNRRA anwesend.[651] Die Übergangskommission der WHO übernahm schließlich verschiedene Aktivitäten der UNRRA auf dem Gebiet der Gesundheit. So wurden die Funktionen und Pflichten der UNRRA, welche sich aus der Sanitätskonvention von 1944 ergaben, am 1. Dezember 1946 auf die Kommission transferiert. Am 1. Januar 1947 und am 1. April 1947 wurden zusätzlich Feldoperationen in Bezug auf die Verwaltung öffentlicher Gesundheit sowie weitere Programme der Kommission übergeben. Dies bezog sich jeweils sowohl auf die zugehörigen finanziellen Mittel als auch auf die Verantwortlichkeiten selbst.[652]

Angesichts der Tatsache, dass die Verpflichtungen und die Fonds der UNRRA, welche auf die Übergangskommission der WHO übertragen wurden, bis zur Auflösung der Übergangskommission noch nicht erfüllt bzw. aufgebraucht waren, verpflichtete sich die WHO per Resolution, diese Pflichten und Guthaben zu übernehmen sowie die seitens der UNRRA auf die Übergangskommission übertragenen Aufgaben und Funktionen bestmöglich weiterzuführen.[653] In weiteren Resolutionen wurde die Art der Verwendung von 1 Mio. US-Dollar, welche die UNRRA auf die WHO übertrug, festgelegt.[654]

---

tionale Standards, Arbeiten inklusive technischer Hilfe im Feld und Studienreisen; Hauptaufgabe des Internationalen Amtes für Öffentliche Gesundheitspflege war eher das Sammeln und Veröffentlichen von Tatsachen und Nachweisen über die öffentliche Gesundheit und über ansteckende Krankheiten sowie über Maßnahmen zur Krankheitsbekämpfung.

650 S.o.

651 Dischler, WHO, S. 3.

652 UNYB 1946-47, S. 789, 792.

653 Handbook of Resolutions and Decisions, S. 364 (6.5.4) – WHA1.85.

654 WHA1.- 13,314; EB2.- 14,17; EB3.- 17,12; WHA3.79; EB6.R33; Vgl. auch: Handbook of Resolutions and Decisions, S. 364.

XV. Asociación Latinoamericana de Libre Comercio und Asociación Latinoamericana de Integración

1. Asociación Latinoamericana de Libre Comercio

a. Geschichte und Ziele

Der Prozess der wirtschaftlichen Einigung in Europa diente anderen Regionen der Welt als Vorbild für vergleichbare Entwicklungen.[655] In Bezug auf Lateinamerika führte dies zur Gründung der Asociación Latinoamericana de Libre Comercio (ALALC, auch: Latin American Free Trade Association, LAFTA) am 18. Februar 1960. Ziel der ALALC war es, zwischen allen Mitgliedstaaten sämtliche Handelsbarrieren abzubauen, wobei gemäß Art. 18 Montevideo-Vertrag von 1960 das Prinzip der Meistbegünstigung galt.[656] Der Abbau der Handelsbarrieren sollte gemäß Art. 2, 3 Montevideo-Vertrag von 1960 innerhalb von zwölf Jahren geschehen. Bei der ALALC handelte es sich mithin um eine Freihandelszone.[657] Dieses ursprüngliche Ziel der Einrichtung einer Freihandelszone vermochte die ALALC insbesondere aufgrund der verschiedenen wirtschaftlichen Entwicklungen in den Mitgliedstaaten jedoch letztendlich nicht zu erreichen.[658] Gemäß Art. 1 Montevideo-Vertrag von 1960 befand sich der Sitz der ALALC in Montevideo, Uruguay. Die Organisation war gemäß Art. 46 Montevideo-Vertrag von 1960 mit voller Rechtspersönlichkeit ausgestattet. Insbesondere sollte ihr das Recht zustehen, Personal einzustellen, Anlagebesitz und Grundvermögen an- und abzuschaffen, vor Gericht aufzutreten sowie Gelder in jeglicher Währung zu verwalten und entsprechende Transfergeschäfte durchzuführen.

655 Seidl-Hohenveldern / Loibl, Internationale Organisationen, Rn. 0246.
656 Hummer, VRÜ 1980, S. 361 (361).
657 Seidl-Hohenveldern / Loibl, Internationale Organisationen, Rn. 3118.
658 Hummer, VRÜ 1980, S. 361 (361); Sands / Klein, Bowett's Law, Rn. 7-034, S. 225, Fn. 57.

b. Organe

Gemäß Art. 33 Montevideo-Vertrag von 1960 hatte die ALALC drei Organe. Diese waren der Rat der Außenminister, die Konferenz sowie das permanente Exekutivkomitee.

Der Rat[659] bildete gemäß Art. 34 das oberste Organ der Gemeinschaft und setzte sich aus den Außenministern der Mitgliedstaaten oder entsprechenden Stellvertretern zusammen. Der Rat war ermächtigt und beauftragt, Regelungen in Bezug auf die oberste Politik der Gemeinschaft zu verabschieden. Insbesondere war der Rat angewiesen,

- die generellen Regeln der Gemeinschaft vorzugeben, um so die Verwirklichung der im Vertrag vorgesehenen Ziele zu ermöglichen;
- die erfüllten Ziele zu überprüfen sowie Regeln, welche den anderen Organen als Basis für Arbeitsprogramme dienen, aufzustellen;
- die Fragen und Probleme, die seitens der Konferenz und des Komitees vorgebracht wurden, zu bearbeiten und zu lösen;
- Regelungen bezüglich der Beziehungen der Gemeinschaft zu Drittstaaten, Gemeinschaften sowie zu internationalen Organisationen und Rechtspersönlichkeiten aufzustellen;
- der Konferenz oder dem Komitee bestimmte Aufgaben mit dem Zweck zu übertragen, die Erreichung der Ziele des Vertrages so einfacher zu ermöglichen;
- Vertragsänderungen zu bestätigen;
- sein eigenes Abstimmungssystem sowie das der Konferenz zu ändern und
- seine eigenen Rechtsvorschriften einzuführen.

---

659 Der Rat wurde erst durch ein Zusatzübereinkommen der Mitgliedstaaten vom 12. Dezember 1966 geschaffen und trat 1975 (im Jahr des Inkrafttretens der Vereinbarung) erstmals zusammen, vgl. Hummer, VRÜ 1980, S. 361 (362), Fn. 14.

Die Konferenz setzte sich nach Art 35 Montevideo-Vertrag von 1960 aus Delegationen der Mitgliedstaaten zusammen, wobei jede Delegation eine Stimme hatte. Ihr kamen gemäß Art. 35 Montevideo-Vertrag von 1960 die Aufgaben zu,

- die Verwirklichung von Verhandlungen i. S. d. Art. 4 des Vertrages zu fördern und deren Ergebnisse zu bewerten[660]

- die ihr seitens des Rates übertragenen Pflichten zu erfüllen;

- die seitens des Komitees eingereichten Fragen zu erörtern und zu bearbeiten;

- zur Ausführung des Vertrages und entsprechender Protokolle notwendige Maßnahmen zu verabschieden;

- den Jahresarbeitsplan des Komitees und den Haushaltsplan der Gemeinschaft zu genehmigen sowie die Beiträge der Mitgliedstaaten festzusetzen;

- eigene Rechtsvorschriften sowie die des Komitees zu genehmigen;

- den Exekutivsekretär des Komitees zu bestimmen und

- alle übrigen Gesichtpunkte von Gemeinschaftsinteresse, welche nicht in den Zuständigkeitsbereich des Rats fallen, zu bearbeiten.

Sowohl der Rat als auch die Konferenz trafen gemäß Art 36 Montevideo-Vertrag von 1960 einmal jährlich zusammen. Das Komitee bildete i. S. d. Art. 39 Montevideo-Vertrag von 1960 das permanente Exekutivorgan der Gemeinschaft und war ermächtigt,

- Rat und Konferenz einzuberufen sowie die Tagesordnungen aufzustellen;

---

[660] Art. 4 Montevideo Vertrag von 1960 bestimmte Ziele, welche durch Verhandlungen erreicht werden sollten, um so Zölle und Abgaben nach Art. 3 Montevideo Vertrag von 1960 abzubauen.

- der Konferenz zur Genehmigung einen Jahresarbeitsplan sowie einen Haushaltsentwurf einzureichen;
- die Gemeinschaft gegenüber Dritten sowie gegenüber internationalen juristischen Personen zu vertreten;
- Studien durchzuführen, Maßnahmen vorzuschlagen und gegenüber Rat und Konferenz für notwendig empfundene Empfehlungen für die beste Umsetzung des Vertrages zu machen;
- dem Rat und der Konferenz zu deren jährlichen Treffen Berichte über die eigenen Tätigkeiten und die Umsetzung des Vertrages zu machen;
- notwendige technische Hilfe von Privatpersonen oder internationalen Körperschaften zu beantragen;
- seitens des Rats und der Konferenz delegierte Entscheidungen zu übernehmen und
- die ihm seitens des Rats und der Konferenz übertragenen Pflichten sowie diese mit eigener Zuständigkeit auszuführen.

Das Komitee setzte sich gemäß Art. 40 Montevideo-Vertrag von 1960 aus je einem ständigen Vertreter der Mitgliedstaaten zusammen, wobei jedem eine Stimme zustand. Das Komitee hatte gemäß Art. 41 Montevideo-Vertrag von 1960 einen Sekretär, welcher unter der Regie eines Exekutivsekretärs stand, sowie technisches uns administratives Personal. Sowohl den Sekretären als auch dem übrigen Personal des Sekretariats war es verboten, Anweisungen von Regierungen oder sonstigen nationalen oder internationalen Körperschaften entgegenzunehmen (Art. 42 Montevideo-Vertrag von 1960).

2. Asociación Latinoamericana de Integración

a. Geschichte und Ziele

Die ALADI (engl.: Latin American Integration Association) wurde per Resolution vom 12. August 1980 in Montevideo gegründet. Bei der ALADI handelt es sich um die größte Lateinamerikanische Integrationsgemeinschaft mit 12 Mitgliedstaaten[661] und mehr als 493 Millionen Einwohnern. Langfristiges Ziel der ALADI ist gemäß Art. 1 Montevideo Vertrag von 1980, einen gemeinsamen Lateinamerikanischen Markt aufzubauen. Dieses Ziel soll durch drei Mechanismen erreicht werden. Zum einen sollen, gemessen an den geltenden Tarifen für Drittstaaten, Produkte mit Ursprung aus den Mitgliedstaaten in der Region steuerlich bevorzugt werden. Weiterhin sollen regionale Übereinkünfte zwischen allen Mitgliedstaaten geschlossen werden. Ferner sollen im Rahmen der ALADI auch Übereinkünfte zwischen lediglich zwei oder mehreren, jedoch nicht zwingend allen Staaten geschlossen werden.[662] Gemäß Art. 2 Montevideo Vertrag von 1980 ist es das Ziel des Vertrages, den wechselseitigen Handel der Mitgliedstaaten zu fördern und zu regulieren. Weitere Ziele des Vertrages sind die wirtschaftliche Komplementierung sowie die Entwicklung von der wirtschaftlichen Zusammenarbeit dienenden Unternehmungen hinsichtlich der Expansion des Marktes. Als neues Charakteristikum sieht die ALADI zwischen den Mitgliedstaaten eine unterschiedliche Behandlung vor, um so den verschiedenen Standards in der wirtschaftlichen Entwicklung der Mitglieder Rechnung zu tragen.[663] Die Mitgliedstaaten werden dazu gemäß ihres wirtschaftlichen Standes in drei Gruppen eingeteilt, wobei den ärmeren mehr als den wohlhabenderen Staaten entgegen gekommen wird und die Unterstützung eher individuell als kollektiv erfolgt.[664] Der Sitz der ALADI befindet sich gemäß Art. 1 Montevideo Vertrag von 1980 in Montevideo in Uruguay. Auch die ALADI ist, wie die ALALC (s.o.), gemäß Art. 52 Montevideo-Vertrag von 1980 mit umfassender Rechtspersönlichkeit ausgestattet. Insbesondere soll sie Verträge abschließen, mobiles und immobiles Eigentum erwerben, Klagen einreichen sowie Ge-

---

[661] Argentinien, Bolivien, Brasilien, Chile, Ecuador, Kolumbien, Kuba, Mexico, Paraguay, Peru, Uruguay, Venezuela; Stand August 2007.

[662] ALADI, About Us, Overview.

[663] Sands / Klein, Bowett's Law, Rn. 7-034, S. 225.

[664] Sands / Klein, Bowett's Law, Rn. 7-034, S. 225, Fn. 57.

lder in jeglicher Währung verwalten und entsprechende Transfergeschäfte durchführen dürfen.

b. Organe

Gemäß Art. 28 S. 2 lit. a) – c) Montevideo-Vertrag von 1980 hat die ALADI drei „politische Organe“. Diese sind als oberstes Organ der Rat der Außenminister, welcher Entscheidungen auf breiter Ebene fällt. Dieser Rat hat jedoch nicht die Qualität eines „supranationalen Organs“, da die wesentlichen Übereinkünfte der Mitgliedstaaten frei verhandelt werden.[665] Als weitere „politische Organe“ gibt es die Bewertungs- und Konvergenzkonferenz sowie das Komitee der Repräsentanten. Weiterhin gibt es gemäß Art. 29 Montevideo Vertrag von 1980 das Sekretariat als sog. „technisches Organ“.

Der Rat setzt sich gemäß Art. 31 - 33 Montevideo-Vertrag von 1980 aus den Außenministern der Mitgliedstaaten zusammen. Treffen und Entscheidungen sollen in Gegenwart von Vertretern aller Mitgliedstaaten stattfinden, das Komitee beruft diese Treffen ein.

Der Rat ist gemäß Art. 30 S. 2 Montevideo-Vertrag von 1980 ermächtigt und beauftragt,

- Regelungen zu erlassen, welche auf die Vereinfachung der Erfüllung der Ziele der ALADI hinwirken;
- die Arbeit der Gemeinschaft zu überwachen;
- den anderen Organen Richtlinien zu erstellen;
- Regelungen betreffend der Beziehung der Gemeinschaft zu anderen internationalen Organisationen und anderen Entwicklungsstaaten aufzustellen und zu aktualisieren; Anfragen der anderen politischen Organe zu beantworten;
- Befugnisse auf andere politische Organe zu übertragen;

---

[665] Sands / Klein, Bowett’s Law, Rn. 7-034, S. 225.

- über den Beitritt weiterer Mitgliedstaaten zu entscheiden;

- Änderungen und Zusätze zum Montevideo-Vertrag von 1980 vorzunehmen[666];

- den Generalsekretär zu benennen sowie

- sich eigene Verfahrensregeln zu geben.

Die Konferenz setzt sich gemäß Art. 34 Montevideo-Vertrag von 1980 aus Bevollmächtigten der Mitgliedstaaten zusammen und trifft sich auf Anforderung des Komitees regulär alle drei Jahre sowie ferner im Rahmen seiner spezifischen Zuständigkeit zu außerordentlichen Sitzungen. Treffen und Entscheidungen sollen in Gegenwart von Vertretern aller Mitgliedstaaten stattfinden.

Die Konferenz ist gemäß Art. 33 Montevideo-Vertrag von 1980 ermächtigt und beauftragt,

- den Vorgang des Integrationsprozesses zu überwachen und dem Rat Vorschläge bezüglich korrigierender Maßnahmen zu machen;

- Maßnahmen in Bezug auf die wirtschaftliche Integration voranzutreiben;

- die Durchsetzung verschiedener Verfahren in Bezug auf die unterschiedliche Behandlung regelmäßig zu überwachen;

- Maßnahmen zur effektiveren Anwendung des Systems zu verabschieden;

- multilaterale Verhandlungen voranzutreiben;

- Verhandlungen bezüglich von regionalen Rahmenverträge sowie deren Ergebnisse zu fördern und zu Ergebnissen zu bringen;

- die ihm seitens des Rats übertragenen Aufgaben zu erfüllen;

- dem Sekretariat Studien anzuempfehlen sowie

---

[666] entsprechend den Regelungen des Art. 61 Montevideo-Vertrag von 1980.

- sich eigene Verfahrensregeln zu geben.

Das Komitee setzt sich gemäß Art. 36, 37 Montevideo-Vertrag von 1980 aus je einem permanenten Abgeordneten jedes Mitgliedstaates zusammen, wobei jeder Abgeordnete eine Stimme und einen Stellvertreter hat. Bei Treffen des Komitees sowie bei der Verabschiedung von Resolutionen haben zwei Drittel seiner Abgeordneten anwesend zu sein.

Das Komitee als dauerhaftes Organ der Gemeinschaft ist gemäß Art. 35 Montevideo-Vertrag von 1980 ermächtigt und verpflichtet,

- den Abschluss regionaler Rahmenverträge zu fördern sowie jährlich Treffen auf Regierungsebene einzuberufen;
- Maßnahmen zu ergreifen, um den Montevideo-Vertrag von 1980 sowie die Zusatzregularien umzusetzen;
- die Durchsetzung des Vertrages zu überwachen;
- die ihm seitens des Rats und der Konferenz übertragenen Aufgaben zu erfüllen;
- der Gemeinschaft ein jährliches Arbeitsprogramm zu erstellen sowie den Haushalt zu verabschieden;
- die Beiträge der Staaten festzusetzen;
- die seitens des Generalsekretärs vorgeschlagene Struktur des Sekretariats zu verabschieden;
- den Rat und die Konferenz einzuberufen;
- die Gemeinschaft gegenüber Dritten zu repräsentieren;
- dem Sekretariat Studien zu empfehlen;
- beim Rat und der Konferenz Empfehlungen einzureichen;

- dem Rat über die eigene Arbeit Bericht zu erstatten;

- Formalien zur Lösung von Behauptungen bezüglich von Vertragsverletzungen aufzustellen;

- Erklärungen über die Vereinbarkeit von zwischen Mitgliedstaaten und Drittstaaten geschlossenen Verträgen bezüglich des Montevideo-Vertrages von 1980 abzugeben;

- Nebenorgane zu erschaffen;

- eigene Verfahrensregeln aufzustellen sowie

- solche Geschäfte zu erledigen, welche nicht in den Zuständigkeitsbereich der anderen Organe fallen.

Das Sekretariat steht gemäß Art. 38 Montevideo-Vertrag von 1980 unter der Führung des Generalsekretärs, welcher für eine Amtszeit von drei Jahren gewählt wird und einmal wiedergewählt werden kann. Er soll seine Tätigkeit mit Rücksicht auf die anderen politischen Organe ausüben. Das Sekretariat bildet den Verwaltungsunterbau der Organisation. Es ist nach Art. 35 Montevideo-Vertrag von 1980 ermächtigt und verpflichtet,

- den anderen Organen mittels von Vorschlägen zuzuarbeiten;

- Studien einzuholen;

- die ihm übertragenen Pflichten zu erfüllen;

- die Gemeinschaft nach außen zu vertreten;

- ihre Liegenschaften zu verwalten;

- Hilfe von außen anzufordern;

- dem Komitee die Schaffung von Hilfsorganen vorzuschlagen;

- Mitgliedstaaten mit Informationen zu versorgen;

- rechtliche Maßnahmen der Mitgliedstaaten zu bewerten;

- Treffen von Hilfsorganen einzuberufen;
- den Integrationsprozess periodisch zu überwachen;
- wirtschaftliche Fördereinheiten zugunsten wirtschaftlich schwach entwickelter Staaten aufzustellen;
- das Budget und das Arbeitsprogramm der Gemeinschaft vorzubereiten;
- Personal einzustellen und zu entlassen;
- den politischen Organen Auskunft zu erteilen und
- dem Komitee jährlich Bericht zu erstatten.

Gemäß Art. 39, 40 Montevideo-Vertrag von 1980 ist es sowohl dem Generalsekretär als auch den Bediensteten des Sekretariats verboten, Anweisungen von Regierungen oder nationalen oder internationalen Organisationen entgegenzunehmen.

Gemäß Art. 43 Montevideo-Vertrag von 1980 werden Entscheidungen im Rat der Außenminister, in der Konferenz sowie im Komitee mit Zweidrittelmehrheit getroffen, vorausgesetzt, kein Mitgliedstaat stimmt ablehnend in bestimmten wichtigen Fragen.[667]

3. Tatbestand der Nachfolge

Aufgrund der schon eingangs erwähnten wirtschaftlichen Unterschiede zwischen den Mitgliedstaaten der ALALC geriet der Liberalisierungsprozess bereits 1964 erstmals ins Stocken.[668] Nachdem immer wieder erfolglos versucht wurde, die ALALC durch Umstrukturierungsmaßnahmen den tatsächlichen Erfordernissen anzupassen, erkannte man Ende der 70er Jahre, dass man das ursprüngliche Ziel der ALALC, nämlich die Errichtung einer Freihandelszone, nicht mehr zu

---

667 S. a. Sands / Klein, Bowett's Law, Rn. 7-034, S. 225.
668 Hummer, VRÜ 1980, S. 361 (361).

erreichen vermochte. Aus dieser Erkenntnis heraus resultierte die Entscheidung, die ALALC umzustrukturieren. Nach verschiedenen vorbereitenden Sitzungen und Tagungen des Komitees, des Rats und der Mitgliedstaaten kam es am 12. August 1980 letztendlich zur Unterzeichnung des Montevideo-Vertrages von 1980.[669]

Fraglich erscheint jedoch, ob die ALADI die ALALC als Organisation abgelöst hat, oder aber ob es sich um die gleiche Rechtspersönlichkeit mit womöglich abgewandelter Zielsetzung handelt. Zwecks Klärung dieser Frage empfiehlt sich die Lektüre des Montevideo-Vertrages von 1980 und der am 12. August 1980 seitens des Rats der ALALC verabschiedeten Resolutionen.

In der Präambel des Vertrages von Montevideo 1980 zur Gründung der ALADI heißt es, dass die ALADI „anstelle der ALALC" geschaffen werden soll. Weiterhin wird in der Präambel zur Resolution „CM/Resolution 7" vom 12. August von einer „Überleitung des Montevideo-Vertrages in das neue Integrationsschema, welches durch den Montevideo-Vertrag von 1980 eingeführt wurde" gesprochen. Durch diese Resolution wurde beschlossen, dass nach Inkrafttreten des Montevideo-Vertrages von 1980 durch Ratifikation von drei Mitgliedstaaten solche Signatarstaaten, welche den Vertrag noch nicht ratifiziert haben, den Regelungen des Montevideo-Vertrages von 1960 sowie den Resolutionen des ALALC -Ministerrates vom 12. August 1980 unterworfen sein sollen. Diese Handhabe galt nicht für solche Staaten, welche den Vertrag von 1980 ratifizierten, sowie für alle Staaten ein Jahr nach dem Inkrafttreten des Vertrages. Bis zu diesem Zeitpunkt oder bis zur Ratifikation des Montevideo-Vertrages von 1960 hatten Signatarstaaten, welche den Vertrag noch nicht ratifiziert hatten, gemäß Art. 3 CM/Resolution 7 in den Organen der ALADI ein Anwesenheits-, Rede- und Wahlrecht.

Ferner wurde am 12. August 1980 mit der Resolution „CM/Resolution 9" Herr Julio César Schupp mit sofortiger Wirkung zum Ausführenden Sekretär (Executive Secretary) des Exekutivkomitees der ALALC bestimmt. Dies geschah laut Präambel der besagten Resolution vor dem Hintergrund, dass es für dienlich gehalten wurde, dass der Generalsekretär der ALADI auch das Amt des Ausführenden Sekretärs des Exekutivkomitees der ALALC bis zum Inkrafttreten des Montevideo-Vertrages von 1980 bekleidet.

---

[669] Vgl. hierzu ausführlich Hummer, VRÜ 1980, S. 361 (362).

Durch Art. 2 CM/Resolution 7 wurde weiterhin bestimmt, dass die durch den Montevideo-Vertrag von 1960 geschaffenen Organe zum Zeitpunkt des Inkrafttretens des Montevideo-Vertrages von 1980 wegfallen sollen.[670]

Laut Präambel der Resolution „CM/Resolution 8" vom 12. August 1980 war es nötig, Regelungen hinsichtlich des Übergangs des juristischen Systems der ALALC zu dem der ALADI aufzustellen. Dies sollte in Form einer „Revision" geschehen. Weiterhin heißt es in Art. 3 I lit. h) CM/Resolution 8, dass die Organe der ALADI Maßnahmen zu ergreifen haben, welche eine „effektive Fortsetzung des juristischen Status der ALALC innerhalb der ALADI" ermöglichen. Mit dieser Regelung wird der Vorgabe des Art. 54 Montevideo-Vertrag von 1980 entsprochen, laut dessen sich der juristische Status der ALALC mit allen Auswirkungen in der ALADI fortsetzen soll. Vor diesem Hintergrund sollten sowohl die Rechte, als auch die Verpflichtungen der LAFTA deckungsgleich mit denen der ALADI sein.

Teilweise wird die Ansicht vertreten, die ALADI würde sich als Rechtsnachfolgerin der ALALC verstehen, sie wäre auch als solche eingerichtet worden. Auch wären die Rechte der ALALC auf die ALADI übergegangen, ihre Organe hätten zum Zeitpunkt des Inkrafttretens des Montevideo-Vertrages von 1980 aufgehört zu existieren.[671] Ferner wird die Behauptung aufgestellt, dass die ALALC - wenn auch nicht mit Unterzeichnung des ALADI-Vertrages, so doch mit Inkrafttreten der ALADI selbst – untergegangen sei.[672]

Gegen eine solche Sichtweise ist jedoch anzuführen, dass sich, wie dargestellt, der juristische Status der ALALC mit allen Auswirkungen in der ALADI „fortsetzen" soll. Fortsetzen kann sich ein rechtlicher Status jedoch nur, wenn er bestehen bleibt. Anderenfalls müsste davon die Rede sein, dass der neu geschaffene Status dem des Rechtsvorgängers z. B. „entspricht". Die Rechte und Pflichten der ALALC sind auch nicht, wie behauptet, auf die ALADI übergegangen, sondern „entsprechen" denen der ALALC. Einer solchen Bezeichnung kommt letztendlich klarstellende Bedeutung zu. Wäre eine neue Rechtspersönlichkeit gegründet worden, hätte man Rechte „übertragen" müssen oder festlegen müssen,

---

670 Entsprechend Art. 66 Montevideo-Vertrag von 1980.
671 Hummer, VRÜ 1980, S. 361 (363).
672 Hummer, VRÜ 1980, S. 361 (367).

dass diese „übergehen". Dies ist jedoch gerade nicht geschehen. Auch dass ausdrücklich nur die Organe, nicht aber die Organisation selbst, aufgehört haben zu existieren, legt dar, dass die Organisation bestenfalls entkernt und neu strukturiert wurde, aber niemals zu existieren aufhörte.

Aufgrund der Tatsache, dass sich zwar Name und teilweise die Zielsetzung der Organisation, nicht aber deren Rechtspersönlichkeit geändert hat, wird daher auch die These vertreten, dass sich die ALALC 1980 „zu einer bloßen Präferenzzollzone [...] zurückentwickelt" hat.[673] Die „Zurückentwicklung einer Organisation" ist jedoch denklogisch auch nur dann möglich, wenn diese als Rechtspersönlichkeit fortexistiert.

Insgesamt bleibt somit festzuhalten, dass es sich bei dem „Übergang" der ALALC zur ALADI lediglich um eine Revision des Vertrages von Montevideo von 1960 handelte. Eine echte Rechtsnachfolge lag somit nicht vor.

Vergleicht man die Organe der Organisation vor und nach der Revision miteinander, so wird deutlich, dass deren grundsätzliche Aufgabenstellungen in der Organisation gleich geblieben sind und lediglich an die neugesetzten Vertragsziele angepasst wurden. So entspricht der Rat der ALADI sowohl in Funktion, als auch bezüglich der Zusammensetzung dem der ALALC. Gleiches gilt für die Konferenz der ALADI und die der ALAC. Das Komitee der ALALC findet sich schließlich im Sekretariat der ALADI wieder.

---

673 Seidl-Hohenveldern / Loibl, Internationale Organisationen, Rn. 0246.

C. Das Prinzip der Funktionsnachfolge im Völkerrecht

Vor dem Hintergrund der dargestellten Sachverhalte erscheint die Frage erörterungswert, ob das aus dem deutschen Recht bekannte Prinzip der Funktionsnachfolge[674] auf das Rechtsgebiet des Völkerrechts übertragen werden kann. Generell erscheint eine Übertragbarkeit in die Bereiche des Völkerrechts als möglich, in denen bestimmte Sachaufgaben von einem (Völker-) Rechtssubjekt auf das andere übertragen werden. Dies könnte gerade bei der Entstehung und Beendigung Internationaler Organisationen, welche Aufgaben und Tätigkeiten wahrnehmen, die ihnen von Staaten übertragen worden sind, der Fall sein.[675] Zwecks Klärung der Frage erscheint es zunächst als erörterungsbedürftig, was das Prinzip der Funktionsnachfolge genau besagt bzw. welche Voraussetzungen für einen „Funktionsnachfolgetatbestand“ vorliegen müssen.

I. Begriff der Funktionsnachfolge

Unter Funktionsnachfolge versteht man generell eine Nachfolge in Aufgaben, Tätigkeiten und Pflichten. Demzufolge versteht man unter Funktionsnachfolge nicht unmittelbar eine Rechtsnachfolge, welche sich ja gerade durch den Übergang von Rechten auszeichnet.[676] Das Prinzip der Funktionsnachfolge steht inhaltlich dem deutschen Begriff der Betriebsnachfolge sehr nahe. Eine Betriebsnachfolge hat zum Inhalt, dass unter bestimmten Bedingungen aus der Kontinuität des Betriebes die Übernahme der Verbindlichkeiten aus Arbeitsverträgen auch dann gefolgert werden kann, wenn ein Wechsel des Betriebsinhabers stattgefunden hat und wenn insoweit (noch) keine Rechtsnachfolge eingetreten ist. Wenn man dieses Prinzip auf das Gebiet des Öffentlichen Rechts überträgt, spricht man von Funktionsnachfolge.[677] Grundsätzlich wird also der Rechtsgedanke des § 419 BGB[678] in das Öffentliche Recht übertragen.[679] Inhaltlich be-

674 Auch: „Funktionennachfolge“, vgl. Scheuner, in: FS Nawiasky, S. 9 (34).
675 Scheuner, in: FS Nawiasky, S. 9 (46).
676 Däubler, NJW 1954, S. 5 (5).
677 Däubler, NJW 1954, S. 5 (5).
678 Inzwischen weggefallen.
679 Rimann, DVBl. 1962, S. 553 (553).

sagt der Begriff der Funktionsnachfolge, dass die Funktionen eines (öffentlich-rechtlichen) Rechtssubjekts auf ein anderes übergegangen sind. Die Funktionsnachfolge hat somit nichts mit den Verhältnissen der Identität zu tun.[680] Unter Bezugnahme auf die Staatennachfolge entsteht Funktionsnachfolge, „wo es sich nicht um den Normalfall der Sukzession, den Übergang von Rechten und Pflichten auf ein anderes Subjekt [...] handelt, sondern wo Zuständigkeiten, Hoheitsrechte von einem Subjekt auf das andere verschoben werden". „Funktionennachfolge bedeutet Verknüpfung von Rechten und Pflichten zu denjenigen Aufgaben (Hoheitsrechten), mit denen sie verbunden waren in der Weise, dass sie beim Wechsel der Zuständigkeit auf den neuen Träger dieser Funktion übergehen." [681] Es handelt sich dabei um einen funktionellen Tatbestand der Rechtskontinuität, nicht der Rechtssubjektskontinuität, welcher unabhängig von gebietlichen Veränderungen ist.[682] Oftmals werden neben den Funktionen und Aufgaben die mit ihnen verbundenen Hoheitsrechte sowie der Verwaltungsapparat und das Vermögen übergehen. Der Begriff der Funktionsnachfolge bezeichnet allerdings nicht nur den Übergang der mit einem Aufgabenbereich verbundenen Rechte und Aktivposten, sondern auch den der mit den übernommenen Funktionen verbundenen Verpflichtungen und Verbindlichkeiten.[683] Zwecks Klärung der Frage, ob der Funktionsnachfolger von Verbindlichkeiten für solche seines Funktionsvorgängers haftet, wird auf den Übergang des Aufgabenbereiches selbst abgestellt, nicht entscheidend soll dagegen sein, wer dessen Rechtspersönlichkeit fortsetzt.[684]

---

680 Scheuner erklärt zwar, die Funktionsnachfolge sei ein Sonderfall der Rechtsnachfolge und mache den Übergang von Rechten und Pflichten auf ein anderes Rechtssubjekt zur Voraussetzung. Dies wird jedoch als Abgrenzung zum Tatbestand der Rechtsidentität zu verstehen sein. Das Prinzip der Funktionsnachfolge greift gerade dort, wo keine Regelung hinsichtlich des Übergangs von Rechten und Pflichten existiert und zieht den Übergang von Rechten und Pflichten nach sich (der Übergang von Rechten und Pflichten ist also *Voraussetzung im Ergebnis*).

681 Scheuner, in: FS Nawiasky, S. 9 (34).

682 Scheuner, in: FS Nawiasky, S. 9 (34).

683 Hütter, Bindung der Länder, S. 89; Scheuner, in: FS Nawiasky, S. 9 (34).

684 Hütter, Bindung der Länder, S. 89.

II. Funktionsnachfolge im deutschen Recht

1. Prinzip

Damit, unter Bezugnahme auf das deutsche Recht, eine Funktionsnachfolge vorliegt, müssen verschiedene Voraussetzungen erfüllt sein. Zunächst ist notwendig, dass der Funktionsträger gewechselt hat, dass also an die Stelle des alten Funktionsträgers ein neuer getreten ist. Weiterhin ist notwendig, „dass der neue Funktionsträger im Wesentlichen die gleichen Funktionen ausübt wie sein Vorgänger“. [685] Abweichungen, welche unwesentlich sind, sollen in den tatsächlichen Voraussetzungen außer Betracht bleiben.[686] Ferner heißt es, dass mit dem Übergang der Aufgaben vielfach auch ein Übergang des zur Erfüllung dienenden Kapitals stattfinden wird. Dennoch wird die Kapitalübertragung nicht als notwendige Voraussetzung für die haftungsbegründende Funktionsnachfolge angesehen. Vielmehr stellt schon allein die Fortführung der Aufgaben selbst die Rechtfertigung für die Haftung des neuen Aufgabenträgers dar.[687] Dennoch soll es nach dieser Ansicht Fälle geben, in denen es dem Gerechtigkeitsgefühl widersprechen würde, wenn der Funktionsnachfolger haftet, obwohl er das vorhandene Kapital nicht übernommen hat, während man den Übernehmer des Vermögens von einer Haftung freispräche, sofern die Voraussetzungen des ehemaligen § 419 BGB fehlen.[688] Die Gründe für eine solche Sichtweise dürften schlichtweg in der Tatsache zu finden sein, dass der potentielle Gläubiger seine Ansprüche auch befriedigt sehen möchte, anstatt die Ansprüche zwar zu besitzen, sie aber mangels Masse nicht durchsetzen zu können, und das obwohl die Masse eigentlich vorliegt, jedoch aufgrund der Umstrukturierung bei einem anderen Funktions- oder Rechtsträger. An anderer Stelle wird allgemeiner formuliert, dass es bei der Funktionsnachfolge nicht auf die formale Gleichheit der Rechtsperson, sondern eben auf die materielle Gleichheit der Körperschaft sowie auf ihre Mittel und Zwecke ankomme.[689] Auch nach dieser Darstellung ergibt sich jedoch ein „Übergang der den Funktionen innewohnenden Verbindlichkeiten“ aus der „Kontinuität der Funktionen“ selbst.[690]

[685] Däubler, NJW 1954, S. 5 (6).
[686] Däubler, NJW 1954, S. 5 (6).
[687] Döll, Völkerrechtliche Kontinuitätsprobleme, S. 146; Däubler, NJW 1954, S. 5 (6).
[688] Däubler, NJW 1954, S. 5 (7).
[689] Rimann, DVBl. 1962, S. 553 (553).
[690] Rimann, DVBl. 1962, S. 553 (553).

2. Anwendbarkeit bei Fortbestehen des alten Funktionsträgers

Umstritten ist, ob ein Anspruch aus Funktionsnachfolge bestehen kann, sofern der alte Funktionsträger fortbesteht. Für einen solchen Fall wird vertreten, dass auch dann der Anspruchsberechtigte mitunter ein berechtigtes Interesse daran haben kann, seine Forderungen gegen den neuen Funktionsträger zu richten und entsprechend gegen diesen durchzusetzen. Ein Anspruch gegen den Funktionsnachfolger soll dementsprechend nicht ausgeschlossen sein, wenn der bisherige Funktionsträger fortbesteht.[691]

Andererseits wird statuiert, dass eine Funktionsnachfolge bei Fortbestehen des bisherigen Funktionsträgers ausgeschlossen sein soll. Als Argument für diese Sichtweise wird angeführt, dass man für den Fall, dass der Funktionsvorgänger allein aufgrund seiner Existenz noch als Schuldner in Frage kommt, einen Anspruch aus Funktionsnachfolge lediglich mittels der juristischen Fiktion des Untergangs des Funktionsvorgängers begründen könne. Gerade eine solche Fiktion stelle jedoch einen gewaltsamen „methodischen Kunstgriff" dar, durch den die „empirische Realität bewusst verfälscht" würde.[692] So stelle beispielsweise der Begriff des Bankrotts einer Körperschaft lediglich für den Ökonomen oder den Historiker einen Hinderungsgrund hinsichtlich der Zahlungsfähigkeit dar, für den Juristen seien solche Begriffe nicht existent.[693]

Folge dieser Ansicht und zugleich Gegenargument ist, dass der Funktionsnachfolger bei Anwendung dieser Lehre im Falle der Fortexistenz des Rechtsvorgängers nicht haften würde. Er würde somit durch den Funktionsübergang alle Aktiva für sich in Anspruch nehmen, sich bezüglich der mit dem Funktionsbereich in Zusammenhang stehenden Pflichten und Verbindlichkeiten aber der Haftung entziehen und auf den Rechtsvorgänger verweisen können.[694] Als Gegenargument ist weiter zu nennen, dass durch diese Handhabung tatsächliche Verlagerungen von Aufgabenkomplexen mit Rechten und Pflichten unberücksichtigt blieben. Es würde nämlich verkannt, dass materielle Teile eines Funktionsvor-

---

691 Däubler, NJW 1954, S. 5 (6).

692 Heegner, NJW 1954, S. 897 (900, 901), unter Bezugnahme auf BGHZ 8, 180 / NJW 53, S. 381 ff.

693 Heegner, NJW 1954, S. 897 (900).

694 Hütter, Bindung der Länder, S. 123, 124.

gängers aus diesem herausgelöst wurden (z. B. Vermögen, Organisations- und Verwaltungsstrukturen, Personal) und einem neuen Funktionsträger übertragen wurden. Würde man diese Entwicklung in der Funktionsnachfolge über den formalen Rechtsbegriff der Rechtspersönlichkeit lösen wollen, so trüge man zwangsläufig der Tatsache, dass sich der Zuständigkeitskomplex geändert hat, keine Rechnung und erzeugte auf diese Art und Weise einen insgesamt unbilligen Zustand.[695] Es können Fallkonstellationen entstehen, bei denen die Fortexistenz einer Körperschaft oder Organisation wenig über die Haftungsfragen auszusagen vermag. Es erscheint daher schon im Sinne eines Interessenausgleichs wesentlich adäquater, die Tatsache zu berücksichtigen, dass die Zweige einer Verwaltung oftmals auf der früheren Tätigkeit aufbauen bzw. dort ihre Wurzeln haben. Folge dieser Erkenntnis ist, dass im Rahmen der Rechtsnachfolge auf die Kontinuität der Substanz abzustellen ist.[696] Im Ergebnis kann also aus der Kontinuität hoheitsrechtlicher Funktionen, welche durch eine, wie auch immer geartete, hoheitliche Körperschaft ausgeübt wird und welche später durch den Bund, ein Land oder eine andere öffentlich-rechtliche Körperschaft übernommen wurden, zwangsläufig auch auf die Kontinuität der bei der Erfüllung der fraglichen Funktionen und Aufgaben entstandenen Verbindlichkeiten geschlossen werden. Dies gilt auch dann, wenn der ursprüngliche Rechtsträger (der Funktionsvorgänger) nicht untergegangen ist.[697]

Insgesamt kann somit zusammenfassend festgehalten werden, dass zur Begründung eines Anspruches aus Funktionsnachfolge zum einen ein Wechsel des Funktionsträgers stattgefunden haben muss. Weiterhin ist notwendig, dass der neue Funktionsträger im Wesentlichen die gleichen Funktionen wie der alte verfolgt und ausübt. Das Vermögen des alten Funktionsträgers muss nicht übergehen, um einen Anspruch aus Funktionsnachfolge zu begründen, jedoch dient ein Vermögensübergang als Indiz für eine Funktionsnachfolge. Liegt ein Vermögensübergang somit vor, ist dies jedenfalls einem Anspruch nicht abträglich. Probleme können allerdings dann entstehen, wenn Vermögen oder Kapital nicht übertragen wurde.

---

695 Hütter, Bindung der Länder, S. 124.

696 Reinhardt, NJW 1952, S. 441 (445); Scheuner, DVBl. 1950, S. 481 (484); beide unter Bezugnahme auf den Status Deutschlands nach 1945.

697 BGHZ 16, 184 (188, 189); BGH NJW 1952, S. 467 (468) – hier wird anstelle des Begriffes der Funktionsnachfolge der der „organisatorischen Staatensukzession“ gebraucht.

III. Übertragbarkeit des Prinzips der Funktionsnachfolge ins Völkerrecht

Fraglich erscheint jedoch, ob das Prinzip der Funktionsnachfolge ohne weiteres aus dem nationalen Recht in den Bereich des Völkerrechts übertragen werden kann bzw. ob es im Völkerrecht ähnliche oder vergleichbare Konstellationen gibt, unter denen die genannten Prinzipien Anwendung finden können.

1. Argumente für die Anwendbarkeit im Völkerrecht

a. Entscheidungen des IGH in Bezug auf Südafrika

Zwecks Klärung der Frage, ob das Prinzip der Funktionsnachfolge im Völkerrecht Anwendung finden kann, erscheint es sinnvoll, die zuvor bereits erwähnten Entscheidungen des IGH[698] bezüglich der Nachfolge der Vereinten Nationen in das Treuhandsystem des Völkerbundes im Zusammenhang mit Südwestafrika näher zu untersuchen. Wie bereits ausgeführt, hatte der IGH entschieden, dass den Vereinten Nationen ein Kontrollrecht hinsichtlich des Mandatsgebietes zusteht und das dieses seine Schranken dort findet, wo auch das ursprüngliche Kontrollrecht des Völkerbundes endete. Ferner hatte der IGH festgestellt, dass Südafrika, um den internationalen Status des fraglichen Territoriums zu ändern, das Einverständnis der Vereinten Nationen benötigt.[699] Auch musste Südafrika sowohl die jährlichen Berichte als auch die Petitionen der Bewohner Südwestafrikas an die Vereinten Nationen weiterleiten[700]. Begründet wurden die vorherigen Feststellungen mit der eigenständigen Bedeutung des Mandatsvertrages. Es wurde festgestellt, dass in Bezug auf die Verpflichtungen Südafrikas gegenüber dem Mandatsgebiet der Begriff „Mandat" im internationalen und nicht im nationalen Sinne zu interpretieren sei. So habe „Mandat" im Mandatsvertrag lediglich den Ausdruck mit etlichen Begriffen von „Mandat" im nationalen Recht gemeinsam. Der Völkerbund war somit auch nicht, wie von der Regierung Südafrikas angenommen, ein Mandatar im nationalen Sinne des Wortes, sondern hatte lediglich die internationale Funktion und Aufgabe der Überwachung und Kont-

[698] Vgl. S. 18 f.
[699] ICJ Reports 1950, S. 128 (144); UNYB 1948/1949, S. 873 ff.
[700] ICJ Reports 1950, S. 128 (143).

rolle übernommen. Die Zielsetzung des Mandats, welches durch internationales Recht geregelt wurde, so heißt es weiter, überschreite dasjenige, welches durch nationales Vertragsrecht geregelt wurde, bei weitem.[701] Das Mandat wurde vielmehr im Interesse der Bewohner des Territoriums selbst und allgemein im Interesse der Menschlichkeit mit internationaler Zielsetzung geschaffen. Das „Mandat" im Sinne des Mandatsvertrages habe aufgrund dieses speziellen internationalen Charakters mithin die herausstechende Qualität einer „heiligen Treuhänderschaft der Zivilisation".[702] Es sei daher nicht möglich, aus der Analogie des Begriffes „Mandat" im nationalen Recht Schlüsse auf die Bedeutung des gleichen Begriffes im fraglichen Mandatsvertrag zu ziehen. Die internationalen Bestimmungen, welche das Mandat regeln, so wurde weiter geurteilt, begründeten einen internationalen Status für das Territorium, welcher von allen Mitgliedern des Völkerbundes einschließlich der Südafrikanischen Union anerkannt wurde.[703] Sofern die Südafrikanische Union sich somit darauf berufe, dass mit der Auflösung des Völkerbundes auch das Mandatsverhältnis erloschen sei, könne sie keinesfalls geltend machen, dass ihre Machtbefugnisse bezüglich des Mandatsgebietes weiterbestünden. Die Bewahrung der sich aus dem Mandat für die Südafrikanische Union ergebenden Rechte einerseits und die Verneinung der aus dem Mandat resultierenden Verhältnisse andererseits könne somit nicht gerechtfertigt werden.[704]

Bei einer Gesamtschau der vorgebrachten Argumentation des IGH kann festgestellt werden, dass dieser zur Feststellung einer (Teil-) Nachfolge der Vereinten Nationen in die Aufgaben des Völkerbundes auf die abstrakte Bedeutung des Mandatsvertrages und des Mandats selbst abgestellt hat. Das Urteil stellt mithin eine Anwendung des Prinzips dar, dass aus bestimmten völkerrechtlichen Sachverhalten Situationen entstehen können, welche die Bedeutung eines objektiven Status erreichen können und sowohl territoriale als auch andere Veränderungen überdauern. Insgesamt handelt es sich somit um ein Prinzip der rechtlichen Kontinuität aus dem Gesichtspunkt der Erhaltung übergeordneter höherer Interessen der gesamten Völkergemeinschaft heraus ("sacred trust" - „heilige Treuhänderschaft der Zivilisation").[705] Mit dieser Darstellung und Argumentation hat der IGH die Idee einer Funktionsnachfolge der Vereinten Nationen gegenüber dem

[701] ICJ Reports 1950, S. 128 (132).
[702] ICJ Reports 1950, S. 128 (132).
[703] ICJ Reports 1950, S. 128 (132).
[704] ICJ Reports 1950, S. 128 (133).
[705] Scheuner, in: FS Nawiasky, S. 9 (48).

Völkerbund generell verneint. Zwar hatte man auch der Generalversammlung der Vereinten Nationen direkt verschiedene Kompetenzen zugesprochen, allerdings gründeten sich diese auf Artikel 10 der UN-Charta. Hierunter fällt auch das Recht, die Verschickung und Ausfertigung von Petitionen der Bewohner des fraglichen Territoriums zu überwachen und auszuwerten.[706] Diese Kompetenzen stellen somit allenfalls eine faktische Übernahme bestimmter weniger Funktionen des Völkerbundes in Bezug auf das fragliche Mandatsverhältnis dar, sie resultieren jedoch wie dargestellt nicht aus einem Prinzip der Funktionsnachfolge, sondern beruhen auf anderen dargestellten Regelungen. Insofern stellt der vom IGH festgestellte faktische Nachfolgetatbestand keinen Fall dar, in dem eine Funktionsnachfolge zugrundegelegt wird bzw. welcher auf die Anwendbarkeit des Prinzips der Funktionsnachfolge im Völkerrecht schließen ließe.[707] Die genannten Entscheidungen führen somit nicht weiter.

b. Völkerrechtliche Bindung der EG an das GATT

Als Argument für die Anwendbarkeit des Prinzips der Funktionsnachfolge im Völkerrecht kann hier jedoch auf die völkerrechtliche Bindung der EG an das GATT (General Agreement on Tariffs and Trade) verwiesen werden. Das GATT ist selbst keine internationale Organisation, sondern war zunächst als provisorisches Übereinkommen vorgesehen, welches die spätere Gründung der ITO (International Trade Organisation) vorbereiten sollte. Im Laufe der Zeit wurde das GATT allerdings immer weiter einer Internationalen Organisation angenähert.[708] Die ITO hingegen wurde nie gegründet.[709] Das GATT ist ein völkerrechtlicher Vertrag und entfaltet somit nur für seine Vertragspartner Bindungswirkung.[710] Insofern war die EG, welche das GATT nicht unterzeichnet hat, auch nicht als Vertragspartei an das GATT gebunden. Trotzdem hat eine Bindung der EG an das GATT stattgefunden. So wird festgestellt, dass durch das andauernde rechtliche Auftreten der EG wie eine „Vertragspartei sui generis", durch die Anerkennung der EG als eigenständigen Rechts- und Pflichtenträger durch das GATT und die vertragsparteiliche Beteiligung der EG bei ver-

---

706 ICJ Reports 1950, S. 128 (137/138).
707 Scheuner, in: FS Nawiasky, S. 9 (48).
708 Dolzer, Wirtschaft und Kultur, S. 528, Rn. 63; Vgl. auch: Shaw, International Law VI, S. 1286.
709 Sands / Klein, Bowett's Law, Rn. 4-004, S. 116.
710 Schroeder / Selmayr, JZ 1998, S. 344 (344).

schiedenen im GATT geschlossenen Handels- und Beitrittsabkommen in den vergangenen zwanzig Jahren[711] im GATT ein Vertrauens- und Rechtstatbestand geschaffen wurde. Dieser Tatbestand ließe sich am besten mit der Annahme einer durch konkludenten Vertrag begründeten doppelten Mitgliedschaft sowohl der EG-Mitgliedstaaten als auch der EG selbst erklären.[712] Gleichzeitig wird aber statuiert, dass die EG selbst davon ausgeht, dass sie im Wege der Rechtsnachfolge sowohl völker- als auch gemeinschaftsrechtlich an das GATT gebunden ist und daher bei völkerrechtlichen Außenbeziehungen wie eine GATT-Vertragspartei auftritt.[713] Weiterhin haben alle GATT-Vertragsparteien etwa seit 1960 im Rahmen des GATT die Ausübung der vertraglichen Rechte und Pflichten durch die EWG akzeptiert und machen ihrerseits ihre Rechte im Rahmen des GATT gegen die EWG geltend. Dies geschieht auch dann, wenn es sich nur um Handelsbeschränkungen seitens eines einzelnen EG-Mitgliedstaates handelt.[714]

Im Schrifttum wird unter Verweis auf die Rechtsprechung des EuGH ebenfalls festgestellt, dass eine Bindung der EG an das GATT stattgefunden hat.[715] Der EuGH erkannte nämlich eine solche Bindung an, indem er feststellte, dass die EG schrittweise die mit der Zoll- und Handelspolitik verbundenen Aufgaben übernommen hatte. In dem Urteil[716] wird dargelegt, dass die Mitgliedstaaten der EG bei der Übertragung dieser Befugnisse ihren Willen gezeigt haben, die Gemeinschaft an die aufgrund des GATT eingegangen Pflichten zu binden. Auch sei die Gemeinschaft mittels ihrer Organe als Partei der im Rahmen des GATT abgeschlossenen Übereinkommen jedweder Natur aufgetreten.[717] Die Gemeinschaft wird somit auch als „De Facto-Vertragspartei" bezeichnet.[718] Im Urteil „Nederlandse Spoorwegen" stellte der EuGH fest, dass aufgrund der Tatsache, dass der EG auf dem Gebiet der Handels- und Zollpolitik die Kompetenzen von den Mitgliedstaaten übertragen wurden, die sich aus dem GATT für die Mitgliedstaaten ergebenden Rechte und Pflichten auf die EG übergegangen sind.[719]

---

711 Der Text stammt aus dem Jahre 1984; Anm. des Verf.

712 Petersmann, Die EWG als GATT-Mitglied, S. 130.

713 Petersmann, Die EWG als GATT-Mitglied, S. 130.

714 Petersmann, Die EWG als GATT-Mitglied, S. 129; so z.B. 1981 von Hong Kong (L/5362) und 1982 von Japan (L/5427).

715 Vgl. zu den folgenden Ausführungen auch Schroeder / Selmayr, JZ 1998, S. 344 (344).

716 Verb. Rs. 21 – 24/72, International Fruit Company NV, Slg. 1972, S. 1219 ff.

717 Verb. Rs. 21 – 24/72, International Fruit Company NV, Slg. 1972, S. 1219 (1227/1228).

718 Schroeder / Selmayr, JZ 1998, S. 344 (344); Schwarze / Müller-Huschke, Art. 133 EGV, Rn. 206.

719 Pescatore, in: FS Mosler , S. 667.

So habe die EG anstelle der Mitgliedstaaten die Verpflichtungen aus dem GATT übernommen und sei an diese gebunden.[720] Weiterhin hob der EuGH hervor, dass die Wirkung der Bestimmungen des GATT ausschließlich in der EG-Rechtsordnung der Gemeinschaft ihre Beurteilung finden kann und nicht mehr in den Rechtsordnungen der Mitgliedstaaten.[721] Die EG ist daher, soweit sie von den Mitgliedstaaten im Anwendungsbereich des GATT ausgeübte Befugnisse übernommen hat, an die Regelungen des GATT gebunden.[722] Eine Qualifikation der Bindung der EG an das GATT als Mitgliedschaft sui generis oder als doppelte Mitgliedschaft erweist sich somit als nicht zutreffend. Die EG ist ihren Mitgliedstaaten in die Aufgaben, Tätigkeiten und Pflichten gefolgt, welche sich für diese aus dem GATT ergeben und auf diese Art und Weise Vertragspartnerin geworden.[723] Nach oben genannter Definition ist diese Entwicklung insgesamt als Funktionsnachfolge zu qualifizieren.[724] Aus dieser Qualifikation kann der Schluss gezogen werden, dass das Prinzip der Funktionsnachfolge auch im Völkerrecht Anwendung finden kann und auch findet.

2. Gegenargumente

Es gibt allerdings auch Stimmen, welche sich gegen eine Anwendbarkeit der Funktionsnachfolge im Völkerrecht wenden. So wird argumentiert, dass es sich bei dem Prinzip der Funktionsnachfolge sowohl um ein Prinzip als auch um einen Begriff der nationalen (deutschen) Rechtsordnung handele, welcher nicht problemlos in das Völkerrecht übertragen werden kann. Unabhängig davon soll sich eine „Unanwendbarkeit" im Völkerrecht schon aus „Sinn und Zweck" des

[720] Rs. 38/75, Nederlandse Spoorwegen, Slg. 1975, S. 1439 (1450).

[721] Rs. 38/75, Nederlandse Spoorwegen, Slg. 1975, S. 1439 (1449); Pescatore, in: FS Mosler , S. 668.

[722] Verb. Rs. 21 – 24/72, International Fruit Company NV, Slg. 1972, S. 1219 (1228).

[723] Schroeder / Selmayr, JZ 1998, S. 344 (347).

[724] Durch die Funktionsnachfolge ist eine völkerrechtliche Bindung für die EG an das GATT eingetreten, jedoch wurde keine innergemeinschaftliche Geltung des GATT erzeugt. Insofern stellt das GATT auch keinen Maßstab für die Beurteilung der Rechtmäßigkeit sekundären Gemeinschaftsrechts dar. So gilt Art. 300 VII EG (Art. 228 XII EGV) lediglich für von der Gemeinschaft abgeschlossene Verträge, nicht jedoch für solche, an die die Gemeinschaft auf andere Art und Weise gebunden wird. Auch Art. 234 I lit. b) EG (Art. 177 I lit. b) EGV) findet angesichts der Tatsache, dass bezüglich der Bindung der EG an das GATT gerade keine Handlung durch ein Gemeinschaftsorgan vorliegt, keine Anwendung. Vgl. hierzu auch: Schroeder / Selmayr, JZ 1998, S. 344 (347); insoweit a.A: Callies / Ruffert / Hahn, Art. 133 EG, Rn. 174 / 195.

Begriffes ergeben.[725] Es wird vorgebracht, dass das Völkerrecht Koordinationsrecht von Völkerrechtssubjekten ist, welche überwiegend aus souveränen und unabhängigen Staaten bestehen. Auch wäre der dem öffentlichen Recht typische Über- und Unterordnungscharakter[726], mit Ausnahme weniger Fälle, dem Völkerrecht unbekannt.[727] Dies alles spreche für die Unanwendbarkeit des Prinzips der Funktionsnachfolge im Völkerrecht.[728] Weiterhin wird vorgebracht, dass Staaten zunehmend politisch und wirtschaftlich miteinander verflochten sind. Diese Situation könne man nicht mit der ausgebildeten inneren Aufgabenteilung der Staaten vergleichen. Mangels Über- und Unterordnungsverhältnis könne auch kein Abhängigkeitsverhältnis bestehen, welches einen Vertrauens- und Rechtsschutz (des Anspruchsberechtigten)[729] begründen würde.[730]

Scheuner trägt vor, dass nach dem derzeitigen Stand der internationalen Entwicklung die einzelstaatliche Souveränität noch die Basis darstellt. Als Folge dessen sei für die Anwendung des Prinzips der Funktionsnachfolge in Bezug auf die Gründung und Beendigung internationaler Gemeinschaften, welchen bestimmte sachliche Aufgaben zukommen, nur wenig Raum.[731]

Von Seiten weiterer Autoren erfolgen zwar zumindest teilweise Zugeständnisse auf argumentativer Ebene, eine Übertragbarkeit des Prinzips der Funktionsnachfolge ins Völkerrecht wird letztlich jedoch abgelehnt.

Dahm argumentiert, dass sich generell und in erster Linie die Frage, ob und inwiefern Rechte und Pflichten der Vorgängerorganisation auf die Nachfolgeorganisation übergehen, nach dem Willen der Mitgliedstaaten der Organisationen richtet. Auch wird festgestellt, dass sich aus den allgemeinen Regeln des Völkerrechts noch keinerlei Bestimmungen zur Lösung der aufgeworfenen Fragen entnehmen lassen.[732] Ferner wird die Übertragbarkeit des Prinzips der Funktionsnachfolge in das Völkerrecht grundsätzlich abgelehnt, zumindest könne der

[725] Döll, Völkerrechtliche Kontinuitätsprobleme, S. 147.
[726] Vgl. hierzu auch: Detterbeck, Allgemeines Verwaltungsrecht, Rn. 23 ff.; Maurer, Allgemeines Verwaltungsrecht, § 3, Rn. 12.
[727] Vgl. Stein / von Buttlar, Völkerrecht, Rn. 4.
[728] Döll, Völkerrechtliche Kontinuitätsprobleme, S. 148.
[729] Anm. des Verf.
[730] Döll, Völkerrechtliche Kontinuitätsprobleme, S. 148
[731] Scheuner, in: FS Nawiasky, S. 9 (48).
[732] Dahm, Völkerrecht, Band II, S. 120.

Gedanke „nicht ohne weiteres übertragen werden".[733] So gäbe es im innerstaatlichen Rechtskreis verschiedene Funktionen des Staates, deren Erfüllung unentbehrlich seien und aufgrund dessen somit die Erwartung begründet würde, dass sie von dem einen oder anderen Organ des Staates ausgeübt und erfüllt werden würden. Wenn dies der Fall sei, so hätte nach Erlöschen des bisherigen Funktionsträgers der Rechtsnachfolger unter Umständen in die fragliche Lücke zu treten.[734] Dies aber sei im internationalen Recht gerade aufgrund der Tatsache ausgeschlossen, dass keine geschlossene Rechtsordnung existiere. Dennoch sei eine Kontinuität der Rechtsverhältnisse generell wünschenswert. So kann im Hinblick auf Art. 37 IGH-Statut eine Funktionsübernahme durchaus im Sinne der Vertragsstaaten liegen.[735]

Wengler erklärt, dass es sein könne, dass das Organ einer internationalen Organisation oder die internationale Organisation selbst wegfällt, nachdem eine Verpflichtung durch Vertrag stattgefunden hat. Dann sei es auch grundsätzlich denkbar, dass ein neues internationales Organ bzw. eine neue internationale Organisation, welche dieselben oder ähnliche Funktionen ausübt wie die zuvor verpflichtete und weggefallene, in den Vertrag eintritt. Gleiches sei für solche Fälle denkbar, in denen die Funktionen des internationalen Organs bzw. der internationalen Organisation nach Wegfall selbiger nun durch nationale, staatliche Organe ausgeübt werden.[736] Es wird jedoch zu Bedenken gegeben, dass es „offenbar an einschlägiger Staatenpraxis fehlt".[737]

3. Stellungnahme

Bei einer Abwägung sprechen die besseren Argumente für die Anwendbarkeit der Funktionsnachfolge im Völkerrecht. So wird zwar, wie zuvor dargestellt, angeführt, dass das Prinzip als auch der Begriff der Funktionsnachfolge der nationalen (deutschen) Rechtsordnung entspringt und daher nicht problemlos in das Völkerrecht übertragen werden kann. Auch resultiere eine Unanwendbarkeit des Prinzips der Funktionsnachfolge schon aus dem „Sinn und Zweck" des Be-

---

[733] Dahm, Völkerrecht, Band II, S. 120.
[734] Dahm, Völkerrecht, Band II, S. 120.
[735] Vgl. Dahm, Völkerrecht, Band II, S. 121.
[736] Wengler, Wilhelm, Völkerrecht, Band II, S. 1305.
[737] Wengler, Wilhelm, Völkerrecht, Band II, S. 1305.

griffes. Genau diese Behauptungen wurden jedoch eingangs widerlegt. Selbst wenn man davon ausgehen sollte, dass das in Frage stehende Prinzip in der deutschen Rechtsordnung seine Entstehung haben sollte, so kann dennoch festgestellt bleiben, dass es tatsächlich im Völkerrecht Anwendung findet.

Ferner ist zwar richtig, dass das Völkerrecht generell Koordinationsrecht zwischen Völkerrechtssubjekten ist, die nach wie vor aus unabhängigen und souveränen Staaten bestehen. Dennoch sollte daraus nicht voreilig der Schluss gezogen werden, dass der Über- und Unterordnungscharakter, welcher für das nationale öffentliche Recht kennzeichnend ist, dem Völkerrecht bis auf wenige Ausnahmen unbekannt ist. Ein dem nationalen Verwaltungsrecht vergleichbarer Über- und Unterordnungscharakter mag zwar im Völkerrecht eher die Ausnahme als die Regel darstellen, aber es sollte dennoch Berücksichtigung finden, dass er ebenso existiert wie Gleichordnungsverhältnisse im nationalen Verwaltungsrecht. An dieser Stelle kann unter Bezugnahme auf das deutsche Recht etwa der öffentlich-rechtliche Vertrag gemäß Art. 54 ff. VwVfG genannt werden. Bei einem öffentlichrechtlichen Vertrag koordinationsrechtlicher Natur fehlt ein Über- und Unterordnungsverhältnis der Vertragspartner hinsichtlich des Vertragsgegenstandes[738]. Aber auch beim subordinationsrechtlichen Vertrag, bei dem im Normalfall, wenn also keine vertraglichen Beziehungen zwischen den Vertragspartnern bestehen, die Partner in einem Über- und Unterordnungsverhältnis zueinander stehen, fehlt es gerade an einem solchen Subordinationsverhältnis für den Fall der vertraglichen Regelung der jeweils in Frage stehenden Materie[739].

Auch in der zunehmenden politischen und wirtschaftlichen Verflechtung der Staaten kann keinesfalls ein Gegenargument erblickt werden. Zwar kann sowohl hinsichtlich der Qualität als auch bezüglich der Quantität festgestellt bleiben, dass die innerstaatliche Aufgabenteilung weit mehr ausgebildet ist als die interstaatliche Verflechtung in einzelnen Tätigkeitsbereichen. Dennoch muss gesehen und entsprechend gewürdigt werden, dass wie eingangs[740] dargestellt, die Bedeutung Internationaler Organisationen in den vergangenen 150 Jahren stetig zugenommen hat. Staaten haben zunehmend erkannt, dass es neuer Formen des

---

738 Kopp / Ramsauer, § 54 Rn. 47; Obermayer / Tiedemann, § 54 Rn. 48; Stelkens / Bonk / Sachs / Bonk, § 54, Rn. 58.

739 Kopp / Ramsauer, § 54 Rn. 47; Obermayer / Tiedemann, § 54 Rn. 45, 46; Stelkens / Bonk / Sachs / Bonk, § 54, Rn. 58.

740 Vgl. S. 1 ff.

institutionalisierten Zusammenlebens bedarf, um neu entstandene und ständig neu entstehende Probleme anzugehen und gemeinsam zu lösen. Mit dieser Erkenntnis trat weiterhin zunehmend ins Bewusstsein der Staaten, dass die Problemlösung über Internationale Organisationen nur dann Sinn macht, wenn sie sich mit ihrem Beitritt zu einer Internationalen Organisation deren Regelungswerk unterwerfen, um so das Funktionieren und die Arbeit der Organisation zu garantieren. Damit liegt, wenn auch grundsätzlich auf freiwilliger und souveräner Basis, sehr wohl ein Über- und Unterordnungsverhältnis vor. Staaten, welche einer Internationalen Organisation beitreten, ordnen sich auch dieser und ihrem Recht unter.[741]

Dies gilt sowohl hinsichtlich des Primärrechts (Satzung oder Vertrag der entsprechenden Internationalen Organisation) als auch hinsichtlich des aufgrund dieses Vertrages von der Organisation mittels ihrer Organe erlassenen Sekundärrechts.[742] Ein Subordinationsverhältnis kann somit auch zwischen einer Internationalen Organisation und Privaten bestehen. Zumindest in den Fällen, in denen also Subordinationsverhältnisse zwischen Internationalen Organisationen und ihren Mitgliedstaaten oder gar privaten natürlichen oder juristischen Personen bestehen, ist die Anwendung des Prinzips der Funktionsnachfolge somit nicht ausgeschlossen.

Allerdings wird Scheuner und Dahm zuzugeben sein, dass Staaten aufgrund ihrer Souveränität nach wie vor das Recht haben, Rechtsnachfolgetatbestände selbst zu regeln. Folglich können sie die (ungewollte) Rechtsnachfolge durch Funktionsnachfolge ausschließen, indem sie eigene, anderweitige Regelungen treffen.

---

[741] Daran vermag auch die Tatsache nichts zu ändern, dass es sich um eine freiwillige Unterordnung unter den „kleinsten gemeinsamen Nenner“ handeln mag, denn auch dadurch geht der Charakter der Unterordnung nicht verloren.

[742] Ipsen, Völkerrecht, § 31, Rn. 45; Als Beispiele können hier Sicherheitsratsentscheidungen der Vereinten Nationen gemäß Art. 25 UN-Charta sowie Verordnungen gemäß Art. 249 II EG sowie Richtlinien gemäß Art. 249 III EG dienen.

4. Resümee

Das Prinzip der Funktionsnachfolge kann auch im Völkerrecht und somit auch hinsichtlich der Nachfolgetatbestände bei Internationalen Organisationen Anwendung finden.[743]

Übertragen auf das Völkerrecht hat die Rechtsnachfolge durch Funktionsnachfolge somit zur Voraussetzung, dass

- ein Wechsel des Funktionsträgers (hier: der Internationalen Organisation) stattgefunden hat,
- dass der neue Funktionsträger im Wesentlichen die gleichen Funktionen wie der alte verfolgt und ausübt und
- dass die beteiligten Staaten keine anderweitigen Regelungen getroffen haben.

Das Vermögen des alten Funktionsträgers muss nicht übergehen, um einen Anspruch aus Funktionsnachfolge zu begründen. Ein Vermögensübergang stellt jedoch ein Indiz für eine Funktionsnachfolge dar. Ein Vermögensübergang ist ferner der Durchsetzbarkeit von eventuellen Ansprüchen aus Funktionsnachfolge förderlich.

---

[743] Wie oben dargestellt, hat mit der IMO und der WMO ein Funktionsträgerwechsel im Aufgabenbereich der Meteorologie auf internationaler Ebene stattgefunden. Die Aufgabenbereiche selbst sind auch im wesentlichen identisch, die WMO übt also die gleichen Funktionen wie die IMO aus. Dementsprechend wird in der Literatur die Aussage getroffen, dass die WMO mit dem Zeitpunkt des Inkrafttretens ihrer Satzung die Funktionsnachfolge der IMO angetreten hat; vgl. Verdross / Simma, Völkerrecht, § 349 (S. 205).

D. Gesamtergebnis

Staaten haben weitreichende Freiheiten bei der Regelung von Rechtsnachfolgetatbeständen bei zwischenstaatlichen Internationalen Organisationen. Obwohl es noch keine detaillierten und feststehenden Bestimmungen zur Regelung von Rechtsnachfolgetatbeständen bei zwischenstaatlichen Internationalen Organisationen gibt, scheinen Staaten dennoch bemüht, in den konkreten Fällen Regelungen bezüglich aller in Frage kommenden Einzelheiten zu treffen, um juristischen Problemen bei der Rechtsnachfolge zwischen Internationalen Organisationen aus dem Weg zu gehen. Man ist sich also insgesamt der - schon aus praktischen Gründen resultierenden - Pflicht zur Regelung der verschiedenen Fragen bewusst und geht entsprechend mit ihnen um. Die Tatsache, dass es keine kodifizierten Regelungen bezüglich der Rechtsnachfolge zwischen Internationalen Organisationen gibt, eröffnet den Staaten lediglich eine Vielzahl von Möglichkeiten, ohne ihnen jedoch das Bedürfnis und die faktische Pflicht zur Regelung verschiedener Tatbestände zu nehmen.

Oft kommen Staaten bei der - wie auch immer gearteten - Umgestaltung von Internationalen Organisationen ihrem Bedürfnis nach Regelung der Rechtsnachfolge umfangreich nach. In Ermangelung klarer Regelungen wird oft erkannt, dass Staaten zwar Freiheiten in der Regelung der Nachfolgetatbestände haben, übersehen wird jedoch, dass Sukzessionstatbestände anhand klarer Tatbestandsmerkmale definiert und erkannt werden können. Keine Freiheit besteht daher in der Bezeichnung einer - wie auch immer gearteten - Umgestaltung einer Internationalen Organisation. Rechtsnachfolgetatbestände sind klar von reinen Namensänderungen abzugrenzen, bei denen gerade keine Rechtsnachfolge stattgefunden hat, sondern bei denen Rechtssubjektsidentität vorliegt.[744] An Staaten kann daher lediglich die Aufforderung ergehen, zwecks besserer Erkennbarkeit für Dritte (Staaten, Internationale Organisationen, Private) klar zu analysieren und zu deklarieren, welche Veränderungen vorgenommen wurden und wie sich diese auswirken.

---

[744] Auch im deutschen Zivilrecht ist im Falle der Namensänderung einer natürlichen oder juristischen Person kein Fall der Rechtsnachfolge (Erbrecht) gegeben, da das Rechtssubjekt identisch bleibt.

Sollten in einem konkreten Fall keine Regelungen getroffen worden sein, kann dies als Indiz dafür gelten, dass diese aus der Sicht der an dem vermeintlichen „Nachfolgetatbestand" beteiligten Organisationen (und ihrer Mitgliedsstaaten) nicht nötig waren, weil nach dem jeweiligen Selbstverständnis Rechtsidentität zwischen den beteiligten Organisationen besteht.[745]

Eine Haftung Internationaler Organisationen, etwa für Lohn- oder Rentenansprüche von Mitarbeitern oder für Verbindlichkeiten der Vorgängerorganisation nach den Grundsätzen der Funktionsnachfolge, ist unter den genannten Voraussetzungen denkbar. Diese Haftung kann sich sowohl auf Verbindlichkeiten gegenüber natürlichen Personen (z. B. Mitarbeitern der Vorgängerorganisation) als auch auf Verbindlichkeiten gegenüber juristischen Personen des privaten (z. B. Kapitalgesellschaften) oder des öffentlichen Rechts (z. B. Staaten) erstrecken. Verbindlichkeiten können dabei dem Vermögen einer Organisation folgen und auf ein anderes Völkerrechtssubjekt übergehen. Dies gilt auch dann, wenn der Funktionsvorgänger als Rechtspersönlichkeit fortbesteht. Auch aufgrund dieser Tatsache sollten Staaten und auch Internationale Organisationen ein klares eigenes Interesse daran haben, Nachfolgetatbestände juristisch klar zu definieren.

Es steht jedoch nicht zu erwarten, dass Staaten konkrete Regelungen von Rechtsnachfolgetatbeständen bei zwischenstaatlichen Internationalen Organisationen entwerfen und kodifizieren werden. Die dargestellten weitreichenden Freiheiten, welche Staaten im Moment genießen, erlauben ihnen auch, flexibel und individuell auf jeden Nachfolgetatbestand einzugehen. Durch Regelwerke begäben sich Staaten eher ihrer Möglichkeiten, als dass sie diese ausdehnten. Eine Schaffung von festen Normen zur Regelung von Rechtsnachfolgetatbeständen bei Internationalen Organisationen wäre für Staaten nachteilig.

---

745 Bsp.: Panamerikanische Union – OAS.

Literaturverzeichnis

Alpmann / Brockhaus:
Fachlexikon Recht, Münster, Mannheim 2004.

Bleckmann, Albert:
Völkerrecht, Baden-Baden 2001.

Bloed, Arie:
The Conference on Security and Cooperation in Europe, Analyses and Basic Documents, 1972-1993, Dordrecht 1993.

Bortloff, Jens:
Die Organisation für Sicherheit und Zusammenarbeit in Europa. Eine völkerrechtliche Bestandsaufnahme, Berlin 1996.

Brusse, Wendy Asbeek / Griffiths, Richard T.:
Exploring The OEEC's Past: The Potentials And The Sources, in: Griffiths, Richard T. (Hrsg.), Explorations in OEEC History, Paris 1997, S. 15 ff.

Busse, Rudolf / Starck, Joachim:
Warenzeichengesetz nebst Pariser Verbandsübereinkunft und Madrider Abkommen, 6. Auflage, Berlin, New York 1990.

Callies, Christian / Ruffert, Matthias:
Kommentar zu EU-Vertrag und EG-Vertrag, 3. Auflage, München 2007.

Cannegieter, Hendrik Gerrit:
The history of the International Meteorological Organization 1872 – 1951, Annalen der Meteorologie, Neue Folge Nr. 1, Offenbach am Main, 1963.

Caribbean Community Secretariat:
The Caribbean Community – A Guide, Georgetown 1973.

Carnegie, A. R.:
Commonwealth Caribbean Regionalism: Legal Aspects, Yearbook of World Affairs, Band 33, 1979.

Cede, Franz / Sucharipa-Behrmann, Lilly:
Die Vereinten Nationen, Recht und Praxis, Wien, München 1999.

Codding, Arthur George:
Leiden, 1952, The International Telecommunication Union.

Creifelds, Carl / Weber, Klaus:
Rechtswörterbuch, 19. Auflage, München 2007.

Dahm, Georg:
Völkerrecht, Band II, Kiel 1960.

Däubler, H.:
Die Funktionsnachfolge – ein neuer Rechtsbegriff, in: NJW 1954, S. 5 ff.

Detterbeck, Steffen:
Allgemeines Verwaltungsrecht mit Verwaltungsprozessrecht, 7. Auflage, München 2009.

Dischler, Ludwig:
Weltgesundheits-Organisation und Internationale Gesundheits-Ordnung mit einer Einführung von Ludwig Dischler, Frankfurt am Main 1952.

Doehring, Karl:
Völkerrecht, 2. Auflage, Heidelberg 2004.

Döll, Bernhard:
Völkerrechtliche Kontinuitätsprobleme bei Internationalen Organisationen, Berlin, 1967.

Dolzer, Rudolf:
Wirtschaft und Kultur, in: Vitzthum, Wolfgang (Hrsg.), Völkerrecht, 4. Auflage, Berlin 2007, S. 491 ff.

Duden, Deutsches Universalwörterbuch:
6. Auflage, Mannheim, Leipzig, Wien, Zürich 2007.

Eagleton, Clyde:
International Government, 3. Auflage, New York 1957.

Fezer, Karl-Heinz:
Markenrecht, Kommentar zum Markengesetz, zur Pariser Verbandsübereinkunft und zum Madrider Markenabkommen, 3. Auflage, München 2001.

Frings, Paul:
Das internationale Flüchtlingsproblem 1919-1950, Frankfurt am Main, 1951.

Garcia-Amador, F. V.:
Organization of American States, in: EPIL 1997, S. 810 ff.

Glahn, Wiltrud von:
Der Kompetenzwandel internationaler Flüchtlingsorganisationen – vom Völkerbund bis zu den Vereinten Nationen, Baden-Baden 1992.

Göppert, Otto:
Der Völkerbund, Organisation des Völkerbundes, Stuttgart 1938.

Goodman, Neville M.:
International Health Organizations and their Work, 2. Auflage, Edinburgh, London 1971.

Grahl-Madsen, Atle:
The Status of Refugees in International Law, Leyden 1966.

Griffiths, Richard T.:
"An Act of Creative Leadership": The End of the OEEC and the Birth of the OECD, in: Griffiths, Richard T. (Hrsg.), Explorations in OEEC History, Paris 1997, S. 235 ff.

Hahn, Hugo J.:
Die Organisation für Wirtschaftliche Zusammenarbeit und Entwicklung, in: ZaöRV Band 22 (1962), S. 49 ff.

Hahn, Hugo J.:
International Organizations, Succession, in: EPIL 1995, S. 1340 ff.

Harenberg, Bodo (Hrsg.):
Harenberg, Lexikon Aktuell 2003, Dortmund 2002

Heegner, ohne Vornamen:
Die Entscheidungen des Bundesverfassungsgerichts und des Bundesgerichtshofs zum Gesetz 131, in: NJW 1954, S. 897 ff.

Herdegen, Matthias:
Völkerrecht, 7. Auflage, München 2008.

Hobe, Stephan / Kimminich, Otto:
Einführung in das Völkerrecht, 9. Auflage, Tübingen, Basel 2008.

Hütter, Karl-Otto:
Bindung der Länder an die Schulbestimmungen des Reichskonkordats von 1933 Rechtsnachfolge oder Funktionsnachfolge, Diss. Münster 1964.

Hummer, Waldemar:
Die „Lateinamerikanische Integrationsassoziation“ (ALADI) als Rechtsnachfolger der „Lateinamerikanischen Freihandelsassoziation“ (ALALC), in: Verfassung und Recht in Übersee 1980, S. 361-370.

Ipsen, Knut:
Völkerrecht, 5. Auflage, München 2004.

Klabbers, Jan:
An Introduction to International Institutional Law, Cambridge 2002.

Klein, Eckart:
Die Internationalen und die Supranationalen Organisationen, in: Vitzthum, Wolfgang (Hrsg.), Völkerrecht, 4. Auflage, Berlin 2007, S. 265 ff.

Knipping, Franz:
Das System der Vereinten Nationen und seine Vorläufer: Bd. I., Das System der Vereinten Nationen - 2. Sonderorganisationen und andere Institutionen, Bern 1995.

Knipping, Franz:
Das System der Vereinten Nationen und seine Vorläufer, Band II, Vorläufer der Vereinten Nationen, Bern 1996.

Köbler, Gerhard:
Juristisches Wörterbuch, Für Studium und Ausbildung, 14. Auflage, München 2007.

Könz, Peider:
Die Organisation für wirtschaftliche Zusammenarbeit und Entwicklung (OECD).

Kokott, Juliane / Doehring, Karl / Buergenthal, Thomas:
Grundzüge des Völkerrechts, 3. Auflage, Heidelberg 2003.

Kopp, Ferdinand / Ramsauer, Ulrich:
Verwaltungsverfahrensgesetz, 10. Auflage, München 2008.

Kunig, Philip:
Das völkerrechtliche Nichteinmischungsprinzip: Zur Praxis der Organisation der afrikanischen Einheit (OAU) und des afrikanischen Staatenverkehrs, 1. Auflage, Baden-Baden 1981.

Lennert, Gernot:
Die Außenbeziehungen der CARICOM-Staaten, Münster 1991.

Marchisio, Sergio / DiBlase, Antonietta:
The Food and Agriculture Organization (FAO), Dordrecht, 1991.

Maurer, Hartmut:
Allgemeines Verwaltungsrecht, 17. Auflage, München 2009.

Menzel, Eberhard:
Staatensukzession, in: Strupp, Karl / Schlochauer, Hans-Jürgen (Hrsg.), Wörterbuch des Völkerrechts, Dritter Band, 2. Auflage, Berlin 1962, S. 306 ff.

Meyns, Peter:
Von der OAU zur „Afrikanischen Union“, in: Internationale Politik 11/2001, S. 45 ff.

Müllerleile, Christoph:
Die Integration der CARICOM-Staaten: Fortschritte und Hindernisse auf dem Weg zur Karibischen Gemeinschaft, Münster / Hamburg, 1993.

Myers, Patrick R.:
Succession Between International Organizations, London 1993.

Noll, Alfons:
International Telecommunication Union, in: EPIL 1983, S. 177 – 183.

Obermayer, Klaus:
Kommentar zum Verwaltungsverfahrensgesetz, 3. Auflage, Neuwied, Kriftel 1999.

OEEC:
A Decade of Co-operation, Achievements and Perspectives, 9th Report of the OEEC, Paris 1958.

OECD:
Organisation für wirtschaftliche Zusammenarbeit und Entwicklung, Handbuch 1964, Goldschmidt, Rolf / Zweig, Gerhard (Bearbeiter), Bad Godesberg 1964.

OECD:
The OECD at Work, Paris, 1964.

Oppermann, Thomas:
Europarecht, 3. Auflage, München 2005.

Ott, Eberhard:
Die Weltorganisation für Meteorologie (WMO), Berlin 1975.

Peeters, Marc:
World Meteorological Organization, in: EPIL 1983, S. 414 ff.

Pescatore, Pierre:
Die Rechtsprechung des Europäischen Gerichtshofs zur innergemeinschaftlichen Wirkung völkerrechtlicher Abkommen, in: Bernhardt, Rudolf / Geck, Wilhelm Karl / Jaenicke, Günther / Steinberger, Helmut (Hrsg.), Völkerrecht als Rechtsordnung - Internationale Gerichtsbarkeit - Menschenrechte, FS für Hermann Mosler, Berlin, Heidelberg, New York 1983, S. 668 – 689.

Petersmann, Ernst-Ulrich:
Die EWG als GATT-Mitglied – Rechtskonflikte zwischen GATT-Recht und Europäischem Gemeinschaftsrecht, in: Hilf, Meinhard; Petersmann, Ernst-Ulrich (Hrsg.), GATT und Europäische Gemeinschaft, Baden-Baden 1986, S. 119-174.

Phillips, Ralph W.:
FAO: Ursprung, Aufbau und Entwicklung 1945-1981, Münster-Hiltrup, 1983.

Reinhardt, Rudolf:
Identität und Rechtsnachfolge, in: NJW 1952, S. 441 – 445.

Rittberger, Volker / Zangl, Bernhard:
Internationale Organisationen – Politik und Geschichte, Europäische und weltweite zwischenstaatliche Zusammenschlüsse, Opladen 2003.

Rimann, Waldemar:
Zur Rechtsnachfolge im öffentlichen Recht, in: DVBL 1962, S. 553 – 555.

Rosenwick, Norbert:
Die Organisation der Vereinten Nationen – Eine Einführung in ihre Aufgaben und Strukturen, JuS 1994, S. 1000 ff.

Sands, Philippe / Klein, Pierre:
Bowett's Law of International Institutions, 5th Edition, London 2001.

Scheuner, Ulrich:
Die staatsrechtliche Kontinuität Deutschlands, in: DVBl. 1950, S. 481 – 485.

Scheuner, Ulrich:
Die Funktionsnachfolge und das Problem der staatsrechtlichen Kontinuität, in: Maunz, Theodor (Hrsg.), Vom Bonner Grundgesetz zur gesamtdeutschen Verfassung, Festschrift für Nawiasky, München 1956, S. 9 – 48.

Schermers, Henry G. / Blokker, Niels M.:
International Institutional Law: Unity Within Diversity, 3. Auflage, Den Haag 1995.

Schroeder, Werner / Selmayr, Martin:
Die EG, dass GATT und die Vollzugslehre, in: JZ 1998, S. 344 – 349.

Schwarze, Jürgen:
EU-Kommentar, 2. Auflage, Baden-Baden 2009.

Schweisfurth, Theodor:
Die juristische Mutation der KSZE - Eine Internationale Organisation in statu nascendi, in: Beyerlin, Ulrich / Bothe, Michael / Fofmann, Rainer / Petersmann, Ernst-Ulrich, Recht zwischen Umbruch und Bewahrung, Festschrift für Rudolf Bernhardt, Berlin, Heidelberg, New York, London, Paris Tokyo, Hong Kong, Barcelona, Budapest 1995, S. 213-228.

Seidl-Hohenveldern, Ignaz:
Internationale Organisationen aufgrund von soft law, in: Recht zwischen Umbruch und Bewahrung, Festschrift für Rudolf Bernhardt, Berlin, Heidelberg, New York, London, Paris Tokyo, Hong Kong, Barcelona, Budapest 1995, S. 229-239.

Seidl-Hohenveldern, Ignaz (Hrsg.):
Lexikon des Rechts, Völkerrecht, 3. Auflage, Neuwied / Kriftel 2001.

Seidl-Hohenveldern, Ignaz / Loibl, Gerhard:
Das Recht der Internationalen Organisationen einschließlich der Supranationalen Gemeinschaften, 7. Auflage, Köln, Berlin, Bonn, München 2000.

Seidl-Hohenveldern, Ignaz / Stein, Torsten:
Völkerrecht, 10. Auflage, Köln, Berlin, Bonn, München 2000

Shaw, Malcolm N.:
International Law, 5. Auflage, Cambridge 2004, (zit.: Shaw, International Law V).

Shaw, Malcolm N.:
International Law, 6. Auflage, Cambridge 2008, (zit.: Shaw, International Law VI).

Simmonds, K. R.:
Caribbean Cooperation, in: EPIL 1992, S. 533 ff.

Sonnewald, Karl-Heinz:
Satzung der Internationalen Flüchtlingsorganisation (IRO), Englischer und deutscher Text mit einer Einführung von Karl-Heinz Sonnewald, Frankfurt 1951.

Spröte Wolfgang / Wünsche, Harry (Hrsg.):
Der Internationale Fernmeldeverein, Berlin 1977.

Stein, Torsten / Buttlar, Christian von:
Völkerrecht, 12. Auflage, Köln, München, 2009.

Stelkens, Paul / Bonk, Heinz Joachim / Sachs, Michael:
Verwaltungsverfahrensgesetz, 7. Auflage, München 2008.

Stoetzer, Otto Carlos:
Panamerika – Idee und Wirklichkeit: Die Organisation der Amerikanischen Staaten, Hamburg 1964.

Tilch, Horst / Arloth, Frank (Hrsg.):
Deutsches Rechts-Lexikon, Band 3, Q-Z, 3. Auflage, München 2001.

Türk, Volker:
Das Flüchtlingshochkommissariat der Vereinten Nationen (UNHCR), Berlin, 1992.

United Nations Conference on Food and Agriculture:
in: American Journal of International Law (AJIL), Supplement, Official Documents, vol. 37, New York 1943, S. 159 ff.

Verdross, Alfred / Simma, Bruno:
Universelles Völkerrecht: Theorie und Praxis, 3. Auflage, Berlin 1984.

Weber, Hermann:
Vom Völkerbund zu den Vereinten Nationen, Bonn 1987.

Weber, Ludwig:
Universal Postal Union, in: EPIL 1983, S. 383 ff.

Wembou, Michel-Cyr Djiena:
The OAU and International Law, in: El Ayouty, Yassin (Hrsg.), The Organization of African Unity after Thirty Years, Westport 1994, S. 15 ff.

Wengler, Wilhelm:
Völkerrecht, Band II, Berlin, Göttingen ,Heidelberg 1964.

World Health Organization:
Handbook of Resolutions and Decisions of the World Health Assembly and the Executive Board, Volume I, 1948 – 1972, Genf 1973.

Internet-Quellenverzeichnis

About the United Nations / History:
www.un.org/aboutun/history.htm,
am 02.06.2005 (zit.: About the United Nations / History)

About WHO:
http://www.who.int/about/en/,
am 06.03.2006 (zit.: About WHO)

ALADI, About Us, Overview:
http://www.aladi.org/nsfaladi/textacdos.nsf/Inicio2004i?OpenFrameSet&Frame=basefrm&Src=%2Fnsfaladi%2Ftextacdos.nsf%2Ftextacdosingles2004%3FOpenPage%26AutoFramed, am 13.07.2007 (zit.: ALADI, About Us, Overview)

Charter of the Organization of American States:
http://www.oas.org/main/main.asp?sLang=E&sLink=http://www.oas.org/juridico/english/charter.html,
am 18.10.2006, (zit.: Charter of the Organization of American States)

CSCE/OSCE: First Secretary general appointed:
http://www.osce.org/about/15847.html,
am 17.02.2006 (zit.: CSCE/OSCE: First Secretary general appointed)

CSCE/OSCE timeline:
http://www.osce.org/about/15659.html,
am 14.02.2006 (zit.: CSCE/OSCE timeline)

Establishment of the CSME:
http://www.caricom.org/jsp/single_market/csme_summary_key_elements_jun_06.pdf,
am 17.07.2006 (zit.: Establishment of the CSME)

International Court of Justice, Case Summaries:
http://www.icj-cij.org/icjwww/idecisions/isummaries/inamsummary710621.htm,
am 23.06.2005 (zit.: International Court of Justice, Case Summaries)

International Telecommunication Union/History:
http://www.itu.int/aboutitu/overview/history.html,
am 12.11.2005 (zit.: International Telecommunication Union/History)

Organisation for European Economic Co-operation:
http://www.oecd.org/document/48/0,2340,en_2649_201185_1876912_1_1_1_1,00.html,
am 08.07.05 (zit.: Organisation for European Economic Co-operation)

Organisation for Economic Co-operation and Development:
http://www.oecd.org/about/0,2337,en_2649_201185_1_1_1_1_1,00.html,
am 12.07.05 (zit.: Organisation for Economic Co-operation and Development)

The Caribbean Community:
http://www.caricom.org/jsp/community/community_index.jsp?menu=community,
am 21.06.2006 (zit.: The Caribbean Community)

The Caribbean Free Trade Association (CARIFTA):
http://www.caricom.org/jsp/community/carifta.jsp?menu=community,
am 17.06.2006 (zit.: The Caribbean Free Trade Association (CARIFTA))

The Establishment of the Caricom Single Market and Economy – Summary of Status of Key Elements:
http://www.caricom.org/jsp/single_market/csme_summary_key_elements_jun_06.pdf,
am 24.07.06 (zit.: The Establishment of the CSME)

The History of the Caribbean Community (CARICOM):
http://www.caricom.org/jsp/community/history.jsp?menu=community,
am 11.07.06 (zit.: The History of the Caribbean Community (CARICOM))

UNHCR: Basic Facts:
www.unhcr.org/cgi-bin/texis/vtx/basics,
am 20.04.2006 (zit.: UNHCR: Basic Facts)

Universal Postal Union:
http://www.upu.int/about_us/en/glance.html,
am 13.01.06 (zit.: Universal Postal Union)

WIPO – General Information:
http://www.wipo.int/about-wipo/en/gib.htm,
am 18.05.2006 (zit.: WIPO – General Information)

World Meteorological Organization:
http://www.wmo.ch/index-en.html,
am 05.12.05 (zit.: World Meteorological Organization)

Schriften zum internationalen und zum öffentlichen Recht

Herausgegeben von Gilbert Gornig

Band 1 Michael Waldstein: Das Asylgrundrecht im europäischen Kontext. Wege einer europäischen Harmonisierung des Asyl- und Flüchtlingsrechts. 1993.

Band 2 Axel Linneweber: Einführung in das US-amerikanische Verwaltungsrecht. Kompetenzen, Funktionen und Strukturen der "Agencies" im US-amerikanischen Verwaltungsrecht. 1994.

Band 3 Tai-Nam Chi: Das Herrschaftssystem Nordkoreas unter besonderer Berücksichtigung der Wiedervereinigungsproblematik. 1994.

Band 4 Jörg Rösing: Beamtenstatut und Europäische Gemeinschaften. Eine Untersuchung zu den gemeinschaftsrechtlichen Anforderungen an die Freizügigkeit der Arbeitnehmer im Bereich des öffentlichen Dienstes. 1994.

Band 5 Wolfgang Wegel: Presse und Rundfunk im Datenschutzrecht. Zur Regelung des journalistischen Umgangs mit personenbezogenen Daten. 1994.

Band 6 Sven Brandt: Eigentumsschutz in europäischen Völkerrechtsvereinbarungen. EMRK, Europäisches Gemeinschaftsrecht, KSZE – unter Berücksichtigung der historischen Entwicklung. 1995.

Band 7 Alejandro Alvarez: Die verfassunggebende Gewalt des Volkes unter besonderer Berücksichtigung des deutschen und chilenischen Grundgesetzes. 1995.

Band 8 Martin Thies: Zur Situation der gemeindlichen Selbstverwaltung im europäischen Einigungsprozeß. Unter besonderer Berücksichtigung der Vorschriften des EG-Vertrages über staatliche Beihilfen und der EG-Umweltpolitik. 1995.

Band 9 Rolf-Oliver Schwemer: Die Bindung des Gemeinschaftsgesetzgebers an die Grundfreiheiten. 1995.

Band 10 Holger Kremser: "Soft Law" der UNESCO und Grundgesetz. Dargestellt am Beispiel der Mediendeklaration. 1996.

Band 11 Michael Silagi: Staatsuntergang und Staatennachfolge: mit besonderer Berücksichtigung des Endes der DDR. 1996.

Band 12 Reinhard Franke: Der gerichtliche Vergleich im Verwaltungsprozeß. Auch ein Beitrag zum verwaltungsrechtlichen Vertrag. 1996.

Band 13 Christoph Eichhorn: Altlasten im Konkurs. 1996.

Band 14 Dietrich Ostertun: Gewohnheitsrecht in der Europäischen Union. Eine Untersuchung der normativen Geltung und der Funktion von Gewohnheitsrecht im Recht der Europäischen Union. 1996.

Band 15 Ulrike Pieper: Neutralität von Staaten. 1997.

Band 16 Harald Endemann: Kollektive Zwangsmaßnahmen zur Durchsetzung humanitärer Normen. Ein Beitrag zum Recht der humanitären Intervention. 1997.

Band 17 Jochen Anweiler: Die Auslegungsmethoden des Gerichtshofs der Europäischen Gemeinschaften. 1997.

Band 18 Henrik Ahlers: Grenzbereich zwischen Gefahrenabwehr und Strafverfolgung. 1998.

Band 19 Heinrich Hahn: Der italienische Verwaltungsakt im Lichte des Verwaltungsverfahrensgesetzes vom 7. August 1990 (Nr. 241/90). Eine rechtsvergleichende Darstellung. 1998.

Band 20 Christoph Deutsch: Elektromagnetische Strahlung und Öffentliches Recht. 1998.

Band 21 Cordula Fitzpatrick: Künstliche Inseln und Anlagen auf See. Der völkerrechtliche Rahmen für die Errichtung und den Betrieb künstlicher Inseln und Anlagen. 1998.

Band 22 Hans-Tjabert Conring: Korporative Religionsfreiheit in Europa. Eine rechtsvergleichende Betrachtung. Zugleich ein Beitrag zu Art. 9 EMRK. 1998.

Band 23 Jörg Karenfort: Die Hilfsorganisation im bewaffneten Konflikt. Rolle und Status unparteiischer humanitärer Organisationen im humanitären Völkerrecht. 1999.

Band 24 Matthias Schote: Die Rundfunkkompetenz des Bundes als Beispiel bundesstaatlicher Kulturkompetenz in der Bundesrepublik Deutschland. Eine Untersuchung unter besonderer Berücksichtigung natürlicher Kompetenzen und der neueren Entwicklung im Recht der Europäischen Union. 1999.

Band 25 Hermann Rothfuchs: Die traditionellen Personenverkehrsfreiheiten des EG-Vertrages und das Aufenthaltsrecht der Unionsbürger. Eine Gegenüberstellung der vertraglichen Gewährleistungen. 1999.

Band 26 Frank Alpert: Zur Beteiligung am Verwaltungsverfahren nach dem Verwaltungsverfahrensgesetz des Bundes. Die Beteiligtenstellung des § 13 Abs. 1 VwVfG. 1999.

Band 27 Matthias Reichart: Umweltschutz durch völkerrechtliches Strafrecht. 1999.

Band 28 Nikolas von Wrangell: Globalisierungstendenzen im internationalen Luftverkehr. Entwicklung der Regulierung und Liberalisierung unter Berücksichtigung strategischer Allianzen und des Code-Sharing. 1999.

Band 29 Marietta Hovehne: Ein demokratisches Verfahren für die Wahlen zum Europäischen Parlament. Legitimation gemeinschaftlicher Entscheidungsstrukturen im europäischen Integrationsprozeß. 1999.

Band 30 Nina Kaden: Der amerikanische Clean Air Act und das deutsche Luftreinhalterecht. Eine rechtsvergleichende Untersuchung. 1999.

Band 31 Brigitte Daum: Grenzverletzungen und Völkerrecht. Eine Untersuchung der Rechtsfolgen von Grenzverletzungen in der Staatenpraxis und Folgerungen für das Projekt der International Law Commission zur Kodifizierung des Rechts der Staatenverantwortlichkeit. 1999.

Band 32 Andreas Fürst: Die bildungspolitischen Kompetenzen der Europäischen Gemeinschaft. Umfang und Entwicklungsmöglichkeiten. 1999.

Band 33 Gilles Despeux: Die Anwendung des völkerrechtlichen Minderheitenrechts in Frankreich. 1999.

Band 34 Michael Reckhard: Die rechtlichen Rahmenbedingungen der Sanktionierung von Beitragsverweigerung im System der Vereinten Nationen. 1999.

Band 35 Carsten Pagels: Schutz- und förderpflichtrechtliche Aspekte der Religionsfreiheit. Zugleich ein Beitrag zur Auslegung eines speziellen Freiheitsrechts. 1999.

Band 36 Bernhard Mehner: Die grenzüberschreitende Wirkung direktempfangbaren Satellitenfernsehens aus völkerrechtlicher Sicht. 2000.

Band 37 Karl-Josef Ulmen: Pharmakologische Manipulationen (Doping) im Leistungssport der DDR. Eine juristische Untersuchung. 2000.

Band 38 Jochen Starke: Die verfassungsgerichtliche Normenkontrolle durch den Conseil constitutionnel. Zum Kompetenztitel des Art. 61 der französischen Verfassung. 2000.

Band 39 Marco Herzog: Rechtliche Probleme einer Inhaltsbeschränkung im Internet. 2000.

Band 40 Gilles Despeux: Droit de la délimitation maritime. Commentaire de quelques décisions plutoniennes. 2000.

Band 41 Christina Hackel: Der Untergang des Landes Braunschweig und der Anspruch auf Restitution nach der Wiedervereinigung Deutschlands. 2000.

Band 42 Peter Aertker: Europäisches Zulassungsrecht für Industrieanlagen. Die Richtlinie über die integrierte Vermeidung und Verminderung der Umweltverschmutzung und ihre Auswirkungen auf das Anlagenzulassungsrecht der Bundesrepublik Deutschland. 2000.

Band 43 Karsten Bertram: Die Gesetzgebung zur Neuregelung des Grundeigentums in der ersten Phase der Französischen Revolution (bis 1793) und deren Bedeutung für die deutsche Eigentumsdogmatik der Gegenwart. 2000.

Band 44 Ulrike Hartmann: Die Entwicklung im internationalen Umwelthaftungsrecht unter besonderer Berücksichtigung von *erga omnes*-Normen. 2000.

Band 45 Thomas Jesch: Die Wirtschaftsverfassung der Sonderverwaltungsregion Hongkong. Eine Darstellung vor dem Hintergrund der Wiedereingliederung in die Souveränität der Volksrepublik China. 2001.

Band 46 Sven Gottschalkson: Der Ausschluß des Zivilrechtsweges bei Eigentumsverlusten an Immobilien in der ehemaligen DDR. 2002.

Band 47 Gilbert Hanno Gornig/Gilles Despeux: Seeabgrenzungsrecht in der Ostsee. Eine Darstellung des völkerrechtlichen Seeabgrenzungsrechts unter besonderer Berücksichtigung der Praxis der Ostseestaaten. 2002.

Band 48 Andreas Zühlsdorff: Rechtsverordnungsersetzende Verträge unter besonderer Berücksichtigung des Umweltrechts. 2003.

Band 49 Katja Schmitz: Durchgriffswirkung von Maßnahmen der UN und ihrer Sonderorganisationen unter besonderer Berücksichtigung von Resolutionen des UN-Sicherheitsrates - Die Entwicklung supranationaler Strukturen. 2003.

Band 50 Stefanie Rothenberger: Die angemessene Nutzung gemeinschaftlicher Ressourcen am Beispiel von Flüssen und speziellen Ökosystemen. Eine vergleichende Betrachtung zum modernen Verständnis eines klassischen völkerrechtlichen Nutzungsprinzips. 2003.

Band 51 Christoph von Burgsdorff: Die Umsetzung der EG-Datenschutzrichtlinie im nicht-öffentlichen Bereich. Möglichkeit einer zukunftsorientierten Konzeption des Datenschutzes in der Privatwirtschaft unter besonderer Berücksichtigung des BDSG. 2003.

Band 52 Frank Reinhardt: Powerline. Verfassungs-, verwaltungs- und telekommunikationsrechtliche Probleme. 2003.

Band 53 Chie Sato: Immunität Internationaler Organisationen. 2004.

Band 54 Johannes Thoma: EU-Recht und Schranken hoheitlicher Staatstätigkeit. 2004.

Band 55 Wolf Peterhoff: Rechtsansprüche enteigneter Volksgruppen und ihre Durchsetzbarkeit. 2004.

Band 56 Do-Hyub Kim: Das deutsche parlamentarische Regierungssystem als mögliches Modell für Korea. 2004.

Band 57 Alexander Koberg: Die Exilregierung im Völkerrecht. Eine Untersuchung ihrer rechtlichen Klassifikation. 2005.

Band 58 Nils Christian Carstensen: Das Verhältnis des Seerechtsübereinkommens der Vereinten Nationen von 1982 zu fischereirechtlichen Übereinkommen und deren Streitbeilegungsvorschriften. 2005.

Band 59 Oliver Franz: Osttimor und das Recht auf Selbstbestimmung. Eine Untersuchung zur Anwendung des Selbstbestimmungsrechts der Völker am Beispiel Osttimors. 2005.

Band 60 Michael Kadgien: Das Habsburgergesetz. 2005.

Band 61 Felix Wolf: Terrorversicherungen und europäisches Wettbewerbsrecht. Verschiedene Modelle staatlicher Beteiligung an einer Terrorversicherung für Wirtschaftsbetriebe und ihre Vereinbarkeit mit dem europäischen Wettbewerbsrecht. 2005.

Band 62 Heiko Bertelmann: Die Europäisierung des Staatshaftungsrechts. Eine Untersuchung zum Einfluss des Europäischen Gemeinschaftsrechts auf das deutsche Staatshaftungsrecht unter besonderer Berücksichtigung der Haftung für judikatives Unrecht. 2005.

Band 63 Cedric Christian Meyer: Konkretisierung unbestimmter Rechtsbegriffe im deutschen und französischen Anlagenzulassungsrecht. 2005.

Band 64 Philippe Gréciano: Die Gerichtsbarkeit der Europäischen Gemeinschaften. Rechtsprechung und Rechtssprache Europas aus französischer Perspektive. Mit einem Vorwort von Theodor Öhlinger. 2007.

Band 65 Anne-Louise Schümer: Die Stellung des Ministerpräsidenten in den Bundesländern im Vergleich. 2006.

Band 66 Helen Ghebrewebet: Identifying Units of Statehood and Determining International Boundaries. A Revised Look at the Doctrine of *Uti Possidetis* and the Principle of Self-Determination. 2006.

Band 67 Arne Hertel: Beihilfen an kleine und mittlere Unternehmen. 2006.

Band 68 Markus Günther: Europol. Rechtsschutzmöglichkeiten und deren Vereinbarkeit mit nationalen und internationalen Anforderungen. 2006.

Band 69 Christian Wicker: The Concepts of Proportionality and State Crimes in International Law. An Analysis of the Scope of Proportionality in the Right of Self-Defence and in the Regime of International Countermeasures and an Evaluation of the Concept of State Crimes. 2006.

Band 70 Hauke Stöwsand: Zyperns Beitritt zur Europäischen Union. Vom Antrag auf Mitgliedschaft bis zum Protokoll der Beitrittsakte. 2007.

Band 71 Natalie Rowohl: Weltbank und Internationaler Währungsfonds: Ihre Mandate und deren Abgrenzung. Stand und Reformvorschläge. 2007.

Band 72 Ru-Huei Liu: Europäisierung des deutschen Umweltrechts. 2008.

Band 73 Katja Lange: Der Status der Aufständischen im modernen humanitären Völkerrecht. 2007.

Band 74 Tarik El-Shabassy: Die Durchsetzung finanzieller Sanktionen der Europäischen Gemeinschaften gegen ihre Mitgliedstaaten. 2008.

Band 75 Karsten Seifert: Das interamerikanische System zum Schutz der Menschenrechte und seine Reformierung. 2008.

Band 76 Nora Graaff: Staatenverantwortlichkeit. Vom „völkerrechtlichen Verbrechen" zur „schwerwiegenden Verletzung einer zwingenden Völkerrechtsnorm" anhand der ILC-Kodifikationsarbeit. 2008.

Band 77 Aldona Szczeponek: Die Umsetzung des Völkerrechts und des europäischen Gemeinschaftsrechts in Polen. Unter Berücksichtigung verfassungsrechtlicher Lösungen anderer europäischer Staaten. 2008.

Band 78 Christian Friedrich Fonk: Europäische Luftqualitätsziele und nationale Erfüllungsverantwortung. 2009.

Band 79 Christina Prinzhorn: Der Grundsatz des öffentlichen Zugangs zu amtlichen Dokumenten aus der Perspektive des internationalen Rechts. Materiell-rechtliche Vorgaben durch das internationale Recht für Informationszugangsrechte in den nationalen Rechtsordnungen Europas. 2009.

Band 80 Steffen Eicker: Der Deutsch-Herero-Krieg und das Völkerrecht. Die völkerrechtliche Haftung der Bundesrepublik Deutschland für das Vorgehen des Deutschen Reiches gegen die Herero in Deutsch-Südwestafrika im Jahre 1904 und ihre Durchsetzung vor einem nationalen Gericht. 2009.

Band 81 Niels Beisinghoff: Corporations and Human Rights. An Analysis of ATCA Litigation against Corporations. 2009.

Band 82 Gesine Wolf-Zimper: Zielgerichtete Sanktionen des Sicherheitsrates der Vereinten Nationen und effektiver Rechtsschutz. 2009.

Band 83 David Bergius: Die offene Frage des Privateigentums der Vertriebenen im deutsch-polnischen Verhältnis. 2009.

Band 84 Axel Rolf Schneider: Petitionen zum Europäischen Parlament mit Berücksichtigung des Bürgerbeauftragten.2009.

Band 85 Tobias Nord: Rechtsnachfolge bei zwischenstaatlichen Organisationen. 2010.

www.peterlang.de

Kolibri 360 GmbH
Ferdinand-Jühlke-Straße 7
99095 Erfurt, Deutschland
produktsicherheit@kolibri360.de